Brennpunkt Gastronomie
ein Kellner schlägt Alarm

Rene Urbasik

Impressum

Autor: Rene Urbasik
Verlag: SchwarzWeisses Thomas Schwarz, Mittenwald
Druck: WIRmachenDRUCK GmbH, Backnang
Cover-Foto: pixabay.com Tama66

ISBN Softcover: 978-3-9822019-4-8

2021

Inhaltsverzeichnis

VORWORT

Kürzlich las ich in einer Zeitschrift einen interessanten Artikel über das Benehmen der Menschen in den öffentlichen Verkehrsmitteln. Der Autor vertrat die Ansicht, dass es oft die Mitreisenden seien, die eine Fahrt mit Bus und Bahn zur Tortur werden lassen. Leute, die ihre beträchtlichen Großeinkäufe auf sämtliche freie Plätze verteilen, Schichtarbeiter, die genau vor dir ihre Döner konsumieren und Jugendliche, welche sich lautstark über ihre Wochenenderlebnisse unterhalten. Die Liste der Verfehlungen ist lang.

Genauso verhält es sich mit Restaurantbesuchen. Hoffen Sie und Ihre Frau auf einen romantischen Abend im neuen In-Lokal? Dieser kann nur all zu schnell in einem Fiasko enden, wenn mal wieder sämtliche geistigen Amöben der Stadt Ausgang haben. Eine Horde betrunkener Fußball-Fans am Nachbartisch kann einem den Hochzeitstag komplett vermiesen, aber auch ein Mob schreiender Kleinkinder oder ein lautstark telefonierender Nachwuchs-Manager. Auch hier ist die Liste der Alptraumgäste jeden Restaurants lang.

Meine kleine Lektüre beschäftigt sich mit dem Leben in der Gastronomie, aus Sicht der Servicekräfte. Es wird auf das bewusste oder unbewusste Fehlverhalten der Gäste hingewiesen – kritisch, jedoch ohne anzuklagen, immer ironisch und humorvoll. Immer wieder tauchen in den Foren für Hotel- und Gastgewerbe Artikel auf mit Titeln wie „14 Gäste-Typen, die jeder kennt", „Welche Sätze Kellner nicht mehr hören können" oder „Die schlimmsten Gäste des Jahres". Solche Artikel sind nicht nur für Gastronomen interessant, sondern auch für Restaurantbesucher.

Während Erstere anerkennend nicken und seufzen „genau so ist es", erkennen die anderen sich vielleicht in den Beschreibungen wieder. Mit etwas Glück geloben sie Besserung und benehmen sich das nächste Mal disziplinierter. Ich habe quasi ein paar der Dinge, die sowohl Kellner als auch Gäste an anderen Gästen stören, in ein Buch verpackt. Diese Lektüre versteht sich nicht als Anklageschrift, sondern soll eher als Hilfestellung bei künftigen Restaurantbesuchen dienen.

Welche Stolpersteine erwarten beispielsweise Gäste, die mit ihren Hunden das Lokal betreten? Für den Fall, dass Hundebesitzer nicht zu blind oder ignorant sind und womöglich gar keine Stolpersteine sehen oder sehen wollen, habe ich ein paar nützliche Tipps aufgelistet.

Genau so verhält es sich mit Eltern, die ihren Nachwuchs in die Welt der Restaurants einführen. Mit kleinen Seitenhieben zeige ich, wie Wirte und andere Gäste oft unter verzogenen Kindern und deren gleichgültigen Erziehungsberechtigten leiden. Auch hier gebe ich Hinweise, wie man einen Restaurantbesuch für alle Seiten befriedigend gestalten kann.

In einem anderen Kapitel beschreibe ich die Tücken bei der Ausrichtung einer Hochzeitsfeier. Auch hier kommen nicht immer die Vorstellungen der Brautleute und die des Restaurantbesitzers auf einen gemeinsamen Nenner. Oft ist es nicht leicht, den Heiratswilligen zu vermitteln dass der Gastwirt durch jahrelange Erfahrungen gewisse Regeln aufgestellt hat, die doch dringend zu akzeptieren und zu beachten sind.

Nur so haben am Ende der Feier alle Seiten ein Erfolgserlebnis. Auch gehe ich auf die Macht der Bewertungsplattformen im Internet ein und die oft gleichzeitige Ohnmacht der Gastronomen. Wer schreibt solche niederschmetternden Kritiken? Wie viel Wahrheit steckt hinter Behauptungen wie „unfähiges Personal und geschmackloses Essen"? Kann man positive Bewertungen kaufen?

EINE EINFÜHRUNG

Warum dieses Buch?

Gegenfrage: Warum nicht?

Nein, im Ernst – ist es unbedingt notwendig, sich mit den kleinen und großen Sünden der Gäste zu beschäftigen? Mitnichten könnte man mir vorwerfen, ein Nestbeschmutzer zu sein. Immerhin bin ich noch immer selbst in der Gastronomie tätig. Sollte ich da nicht ein wenig nachsichtiger mit meinen Kunden umgehen? Diplomatisch wäre es auf alle Fälle, aber nicht so ehrlich und vor allem – nicht so unterhaltsam.

Richtig, wir Angestellten im Hotel- und Gaststättengewerbe leben von dem Umsatz, den unsere Klienten in unseren Betrieben generieren. Die Serviceleute freuen sich über das Trinkgeld ihrer Gäste und der Chef ergötzt sich an motivierten und zufriedenen Mitarbeitern. Der ewige Kreislauf im Gastro-Zirkus.

Es ist wahr – wir leben von unseren Kunden. Bleiben zahlungskräftige Gäste aus, können wir unsere Speiselokale schließen. Darum möchte ich mich an dieser Stelle bei allen Damen und Herren bedanken, die in unseren Gasthäusern konsumieren und uns unser Gehalt ermöglichen. Im Umkehrschluss haben natürlich auch unsere Klienten Bedürfnisse, die sie in unseren Wirtschaften zu befriedigen gedenken. Es sind meist nicht alleine Hunger und Durst, die Menschen in ein Restaurant treiben. In Zeiten von Internet und der Omnipräsenz diverser Fernsehköche vermag es fast jeder Single, aus wenigen Zutaten eine nahrhafte Mahlzeit herzustellen. Zur Not gibt es auch noch die Fertiggerichte aus dem Discounter, Lieferdienste oder einen zufälligen, ganz uneigennützigen Besuch bei Mama. Die meisten Menschen lieben die Geselligkeit und wo findet man diese am ehesten? Richtig, in einer urigen Kneipe, einer alteingesessenen Wirtschaft oder beim Italiener um die Ecke. Dort begrüßt euch der Patron des Hauses persönlich, freundliche Kellner erkundigen sich nach eurem Wohl und der Abend endet mit einem Schnaps aufs Haus. War das Essen ausgezeichnet, der Service professionell und die Gespräche mit eurem Tischnachbarn interessant, werdet ihr zufrieden nach Hause gehen und bald schon wiederkommen. Wie in vielen anderen Branchen läuft die Interaktion zwischen Wirt und Gast nach dem Prinzip – Geben und Nehmen. Der Kunde möchte einen harmonischen Abend und der Lokalbetreiber das Geld seines Klienten. So trivial möchte ich das Prinzip in der Gastronomie einmal zusammenfassen. Nicht aus jedem Zusammenspiel von unterschiedlichen Interessen muss man eine wissenschaftliche Debatte machen.

Gastronomische Betriebe sind so etwas wie die Wohnzimmer unserer Gesellschaft. Je nach Laune und Motivation gestaltet der Gast den Salon-Besuch nach seinen individuellen Vorlieben. Die junge Studentin begibt sich mit ihrem MacBook in ein gemütliches Straßencafé, um zu lernen. Natürlich beobachtet sie auch gerne die anderen Gäste. Sollte sich der sportliche Latino da vorne zufällig nach ihrer Telefonnummer erkundigen, keine Sekunde würde sie zögern. Das frisch verliebte Paar, das beim Nobel-Italiener einkehrt, hofft auf einen dieser Abende, die in späteren Erinnerungen als Eckpfeiler ihrer Beziehung ausgemacht werden. „Weißt du noch Schatz, der Abend bei Giovanni? Das war so romantisch, wie du mir aus der Salsiccia ein Herz gebastelt hast." Als Gedenken an diesen ganz besonderen Tag wird dieses Paar jedes Jahr zur selben Zeit bei Giovanni aufschlagen und das Salsiccia-Ritual wiederholen. So manches Lokal hat schon Stammgäste durch mehrere Generationen verwöhnt.

Der kleine Ben bestellt beim Kellner „Harry Potter". So nennt sich in ihrem vertrauten Lieblingsrestaurant das Kinderschnitzel. Jürgen, der stolze Papa von Ben, erwähnt, dass dieses Gericht während seiner Adoleszenz „Goofy-Teller" hieß. „Wer ist Goofy?" möchte Ben wissen und Papa Jürgen überlegt, was für ein Tier Goofy eigentlich ist. Auch Opa Franz, Jürgens Vater, meldet sich noch zu Wort, der mit dem Begriff „Harry Potter" nichts anzufangen weiß. Restaurants sind Begegnungsstätten verschiedener Menschen mit vielfältigen Interessen. Ob Oma Krause ihren 70. Geburtstag feiert oder ein paar windige Geschäftsmänner bei argentinischen Rinderfilets und Barolo einen Deal einfädeln – Restaurants sagen zu jedermann freundlich: „Willkommen".

Aber auch Bewirtungsbetriebe jeglicher Couleur haben ihre Spielregeln. Die meisten davon werden bereits von staatlicher Seite vorgegeben. Alkoholausschank und die Lautstärke der Musik werden von den Ämtern diktiert und überwacht. Die übrigen Reglements trifft der Wirt. Die Öffnungszeiten, das Angebot von Speisen und Getränken, die Form des Services. Gehen wir einfachheitshalber mal davon aus, dass die meisten Unternehmer vom Fach sind und ein Kalkül hinter ihren Entscheidungen steckt. Der Restaurantbetreiber entscheidet auch, auf welche Klientel er sich spezialisiert. Sicher wird er niemanden direkt ausgrenzen, allerdings kann man oft schon anhand des Interieurs und dem Angebot der Speisekarte erkennen, welcher Gruppe sein Hauptaugenmerk gilt. Das Nichtvorhandensein einer Kinderkarte oder Spiel-Ecke, dazu Preise im oberen Sektor, sind oft ein Indiz dafür, dass der Wirt Kunden mit gut gefüllter Brieftasche und erlesenen Geschmack bevorzugt.

Ihm jetzt Kinderfeindlichkeit vorzuwerfen und auf sämtlichen Internetforen zu diskreditieren, ist nicht fair. Wenn gastronomische Betriebe mit für den Gast unverständlichen Reservierungssystemen arbeiten, ist das ebenfalls Sache der Betreiber. Gehen wir einfach mal davon aus, dass die Manager dieser Betriebe nach empirischen Erfahrungen arbeiten und das Ganze aus ihrer Sicht durchaus Sinn macht. Es reicht vollkommen aus, dem System zu folgen, statt alles zu hinterfragen, oder in ein negatives Licht zu rücken. Warum sollte das „Reserviert"-Schild auf dem schönen Fenstertisch eine Attrappe sein, nur aus Bosheit ihnen gegenüber?

Warum ist es in anderen Bereichen scheinbar einfacher, gewisse Regeln zu akzeptieren und einzuhalten, als in der Gastronomie? Kaufe ich eine Fahrkarte bei der Deutschen Bahn, akzeptiere ich den Preis und die Abfahrtzeit. Kaufe ich im ALDI-Markt ein, akzeptiere ich das dortige Angebot, die Preise und die Öffnungszeiten. Ich kann mich gerne schon um 7 Uhr vor die Tür stellen, aber der Verkaufsstellenleiter sperrt trotzdem erst pünktlich um 8 Uhr seine Pforten auf und um 20 Uhr wieder zu. Keine Diskussionen sind möglich, dass man im Stau gestanden hätte oder länger arbeiten musste.

Warum gibt es so viele Debatten, um die Öffnungszeiten oder noch mehr um die Schließzeiten von Lokalen? Die sind doch meist an der Restaurant-Tür genauso deutlich verzeichnet wie an den Toren des Supermarktes?

Wenn Ignoranz und eigenes Unvermögen aus dem Restaurantbesuch ein Fiasko machen, ist es einfach, die Schuld dem Wirt in die Schuhe zu schieben. Natürlich darf auch der anschließende, obligatorische Kommentar auf Tripadvisor nicht fehlen. Selbstverständlich werden die Geschehnisse während des Aufenthaltes im Lokal, auf diesem Forum, sehr einseitig und völlig überzogen dargestellt. Mit Fairness hat das letztendlich wenig zu tun.

Meine kleine Lektüre soll dazu dienen, das Verhalten der Gäste zu beleuchten und kritisch zu betrachten. Nein, wir sprechen hier nicht von der breiten Masse, deren Verhalten Anlass zur Kritik gibt, sondern von einer kleinen Minderheit. Leider werden es immer mehr, die sich in Restaurants unmöglich aufführen. Schon ein paar dieser Ignoranten, Arroganten oder Respektlosen reichen, um den Mitarbeitern der Gastronomie und anderen Gästen den Abend zu ruinieren. Wenn man von dem kleinen Prozentsatz der Unzufriedenen absieht, kann die Arbeit im Restaurant durchaus Spaß machen. Um auch weiterhin Spaß zu haben, sowohl als Restaurantbesucher, als auch beim Arbeiten in der Gastronomie, sollte es erlaubt sein, den „nicht so pflegeleichten Gästen" einen Spiegel vorzuhalten und sie zu erziehen.

Eine Vielzahl der Erlebnisse, die ich in diesem Buch zum Besten gebe, haben sich während meiner Arbeit in diversen Ausflugslokalen ereignet.

Ich weise explizit darauf hin, weil nicht jeder gastronomische Betrieb eins zu eins mit anderen Betrieben vergleichbar ist. Weder von den Menschen, die in diesen Häusern ihren Dienst verrichten, noch von der Klientel, die in diesen Lokalen verkehrt. Die Erwartungshaltung an einen Abend im Sterne-Lokal wird eine andere sein, als der Mittags-Snack im Asia-Imbiss an der Ecke. So mancher Serviceangestellte, der sein gesamtes Berufsleben in einem beschaulichen Museumscafé verbracht hat, wird nur ungläubig mit dem Kopf schütteln, angesichts meiner Alltags-Beobachtungen. Er hat es mit einer Kundschaft zu tun, die in der Regel geduldig und friedlich auf den Kellner wartet und keine all zu großen Ansprüche an Service und Speisen stellt. Hin und wieder wird an der Qualität des Kaffees herumgenörgelt oder erwähnt, dass die Auswahl der Kuchen größer sein könnte – aber das war es dann auch schon mit den Negativ-Kommentaren. Auch Mitarbeiter von Betriebs-Kantinen oder Baguette-Shops werden sich nicht wirklich mit meiner Lektüre identifizieren können. Die Angestellten von Restaurants, Bistros und sonstigen gastronomischen Betrieben dagegen wissen, wovon ich schreibe.

Im Übrigen bin ich kein großer Freund des fortschreitenden Genderisierungswahns. Wer sich daran stößt, dass in Beschreibungen des Gastro-Alltags regelmäßig von Kellnern die Rede ist und nicht von Kellnern und Kellnerinnen, darf getrost eine linguistisch korrektere Litcratur zur Hand nehmen. Bei der Überprüfung meines Textes stieß sich das Online-Programm an dem Ausdruck „bis sie am nächsten Morgen von der Putzfrau geweckt wurden". Die „Putzfrau" sollte demnach aus Gründen der Geschlechtsneutralität der weniger deplatzierten Formulierung „Reinigungsfachkraft" weichen. Dem Diktat des Programms habe ich mich nicht gebeugt. Erfahrungsgemäß sind nun einmal 90 Prozent aller Vertreter des „Wischmob-Business" Frauen. Entschuldigen möchte ich mich an dieser Stelle aufrichtig bei allen Lesern, die sich durch kritische Formulierungen und Aussagen gestört fühlen. Nicht alles ist bierernst gemeint und der Hang zur Übertreibung ist seit je her Bestandteil humoristischer Literatur. Es ist schlimm genug, täglich zu erleben, wie humorlos und verbiestert einige Zeitgenossen sind. Mein Beileid gilt all den armen Richtern, die sich permanent mit einer Fülle an Prozessen von gekränkten Egos und beleidigten Leberwürsten herumschlagen müssen. Die Möglichkeit von Shitstorms und Aufrufen, mein Buch zu boykottieren, habe ich bereits durchgespielt. Bevor Sie diese Literatur rituell auf dem Bürgersteig verbrennen möchten, animieren Sie doch Gleichgesinnte, das Buch ebenfalls zu kaufen und bei der Feuerbrunst mitzumachen. Nur so kann gewährleistet sein, dass bei mir die Kasse klingelt und sich mein Werk tapfer in den Bestseller-Listen hält.

HÖFLICHKEIT

Ich trat aus dem Restaurant hinaus auf die Sommerterrasse und ließ meinen Blick über die Gäste schweifen, die an diesem herrlichen Samstag Mittag wieder einmal zahllos erschienen waren. Allen stand der Sinn nach leckeren Speisen und einem professionellen Service. Die Sonne und die milden Temperaturen gab es quasi als Bonus oben drauf. Die Menschen in meiner Servicestation machten einen zufriedenen Eindruck. Kein wildes Gestikulieren, keine fragenden oder gar anklagenden Blicke. Perfekt.

„Toilette?" schnaubte eine derbe, männliche Stimme in mein Ohr. Erschrocken drehte ich mich herum und blickte auf einen mürrischen, leicht ungepflegten Herrn in den frühen 60ern. Weil ich nicht sofort reagierte, wiederholte er unwirsch, ein paar Dezibel lauter: „Toilette?". „Angenehm, Müller" antwortete ich mit gespielter Ernsthaftigkeit und lief weiter. Der ältere Herr wird mir sicherlich verständnislos hinterhergeschaut haben, nur konnte ich das im Weiterlaufen nicht mehr sehen. War mir auch egal.

Es ist in Ordnung, sich unter Zeitdruck kürzer zu fassen als sonst, aber eine Frage, die nur aus einem Wort besteht, war mir dann doch ein wenig zu knauserig. Ich gehe auch nicht zu Gästen an den Tisch und nehme die Bestellung auf, mit dem Wort: „Essen?" oder „Trinken?"

Wo bleiben denn da die guten Manieren? Was mich zu der Frage bringt, inwiefern die viel zitierte gute Kinderstube noch aktuell ist?

Ich möchte kurz in meinem prall gefüllten Sack der Erinnerungen kramen und die eine oder andere Anekdote hervorholen.

An einen ganz normalen Abend waren wir, wie fast jeden Tag während der Hochsaison, komplett ausreserviert. Natürlich gab es auch an diesem Samstag wieder jede Menge Leute, die spontan beschlossen hatten, Essen zu gehen. Meist waren das junge Pärchen oder nicht mehr ganz jugendliche Paare, die auf einen romantischen Abend mit Kerzenlicht an einem der begehrten „Wasser-Tische" hofften. Die ganz jungen, frisch verknallten Kätzchen waren mir die liebsten. Höflich, fast schon demütig, fragten diese nach einen freien Platz. Da legte ich mich beim Oberkellner gerne ins Zeug, damit diese noch einen reservierten Tisch vorbelegen konnten oder auf der Standby-Liste landeten.

Schlimmer war es da oft schon mit den gestandenen Restaurantbesuchern. Da an meinem Arbeitsort sowohl Küche als auch Ambiente stimmte, besaßen wir einen gewissen Ruf als Wallfahrtsort für Betuchte. Also machte sich an solchen Abenden der eine oder andere Möchtegern-High-Society-Anhänger auf den Weg zu uns. In der Regel hip und teuer gekleidet und mit einer gelangweilt dreinblickenden Blondine im Schlepptau. Diese Klientel hielt es scheinbar für unter ihrer Würde, auf einen Geschäftsführer oder Oberkellner zu warten, damit der ihnen einen Platz zuweisen konnte. Auch klar, dass für diese Herrschaften nur ein Tisch in der ersten Reihe infrage kam. Zielorientiert steuerten sie sofort die Tische am Wasser an, auf denen selbstverständlich bereits Reserviert-Schilder standen. „19 Uhr reserviert. Jetzt haben wir es 18.45 Uhr. Das schaffen wir locker" ließ er die Dampfbluse neben ihm wissen. Nur weil diese protestierte, suchte er die halbe Terrasse ab, um einen freien Tisch zu ergattern. Mindestens drei Kellner standen in unmittelbarer Nähe und sahen dem Typen grinsend bei seiner Suche zu.

Endlich hielt er es dann für ratsam, einen von uns nach einem freien Tisch zu fragen. Seine Wahl fiel auf mich. „Zwei" nuschelte er Kaugummi kauend, ohne mich anzuschauen. Stattdessen blickte er an mir vorbei auf die Sommerterrasse und hob zwei Finger empor, für den Fall, dass ich Probleme mit der deutschen Sprache hätte. „Eins" gab ich zurück und zuckte mit den Schultern. „Häh" machte der Typ und anschließend etwas schroffer und fordernder: „Für zwei". „Ganze Sätze vielleicht?" knurrte ich. Zum Glück kam gerade unser Oberkellner um die Ecke, der sich dieses Patienten annahm. Auf dessen Forderung nach einem Platz am Wasser antwortete mein Vorgesetzter, dass es ihm leid tue, aber alle „Wasser-Tische" seien bereits reserviert und die anderen leider auch.

Da zu diesem Zeitpunkt die Terrasse noch nicht einmal zur Hälfte okkupiert war, weil die Rushhour erst gegen 19 Uhr begann, blickte der Typ auf die leeren Tische und knurrte: „Sie wollen mir doch nicht ernsthaft erzählen, dass die Tische alle reserviert sind?" Hier war von vornherein eine sinnvolle Kommunikation unmöglich. Das sah auch unser Oberkellner so, der den Typen irgendwann offen aufforderte, doch bitte das Lokal zu verlassen und sein Glück woanders zu versuchen.

Wutschnaubend zogen die beiden von dannen. Klar musste der Primat im Gehen noch mit einem Handstreich die Servietten von einem eingedeckten Tisch fegen. Kleinigkeit.

Ich bin weiß Gott nicht auf den Mund gefallen, aber ein Mittagsgast schaffte es trotzdem, mich komplett sprachlos zu machen. Auch hier war die Sonnenterrasse an einem wunderschönen Sonntag Mittag komplett ausreserviert. Ein unscheinbarer Herr um die 50, seriös und gut gekleidet, bog um die Ecke und schaute sich nach einem freien Tisch um. Als er mich sah, trat er an mich heran, sah durch mich hindurch, als sei ich eine Glastür und fragte tonlos: „Geht was oder geht nichts?" Ich hatte keine Ahnung, was das für eine Frage sein sollte und welche Antwort er erwartete. „Geht was oder geht nichts?" wiederholte der Mann noch einmal, ohne jegliche Mimik. Weil mir nichts Besseres einfiel, ließ ich den sonderbaren Gast einfach stehen und schlich mich davon. Vielleicht auch nicht die feine Art, aber der Situation angemessen.

An den Kellner heranzutreten und ohne Grußformel nach Toilette, freien Tischen oder sonst etwas zu fragen, scheint mittlerweile normal zu sein. Gerne kontere ich solchen Kunden sofort mit den Worten: „Guten Tag erst einmal oder?" Meist sind sie dann ziemlich verdattert, schaffen es aber wenigstens, ihre Frage mit einem Tagesgruß einzuleiten. Die gute alte Tradition, als Nichtgast, die Örtlichkeit des Lokals aufzusuchen und nach dem großen oder kleinen Geschäft, 50 Cent auf den Tresen zu legen und sich für die WC-Benutzung zu bedanken, wird von immer weniger Menschen praktiziert.

In der Regel halten Spaziergänger ein Restaurant-Abort für eine öffentliche Bedürfnisanstalt. Dass für den Betrieb auch Kosten für Wasser und Strom anfallen, scheint niemanden zu interessieren. Ignoranz und Egoismus in seiner Reinform.

Hat zwischendurch doch mal wieder ein Besucher den Anstand, um Erlaubnis für die Toilettenbenutzung zu fragen, verspüre ich sogleich den Drang, ihm um den Hals zu fallen und dafür zu danken, dass es noch Menschen wie ihn gibt. Wenn Gastronomen sich für eine Selbstverständlichkeit bedanken müssen, dann scheint etwas faul zu sein im Staate Dänemark – und nicht nur in dem. Eine Bestellung aufzugeben, ohne die Bedienung anzuschauen, ist auch so eine Sache. Wobei ich in dieser Angelegenheit schon wieder ein gewisses Verständnis für den Gast aufbringe.

Bedient mich bei meinen Restaurantbesuchen ein übernächtigter, schlecht rasierter Jungkellner, mit stecknadelkopfgroßen Pupillen, fällt es auch mir manchmal schwer, wohlgesonnen den Blick zu heben. Wer mit dem Handy in der einen Hand und der Speisekarte in der anderen nach der Servicekraft ruft, beweist gleich zwei Dinge. Erstens, dass er multitaskingfähig ist und zweitens in seiner Entwicklung zu einem zivilisierten Gast noch ein paar Hürden zu überspringen hat.

Höflichkeit und Respekt fangen schon bei der Anrede an. Dass viele Menschen die korrekte Titulierung für weibliche und männliche Servicekräfte erst einmal im Restaurant-Knigge nachschlagen müssen, ist nur all zu verständlich. „Fräulein" ist heutzutage verpönt und „Herr Ober", so viel ich weiß, nicht mehr zeitgemäß, obwohl ich mich über eine solche Titulierung jederzeit freue. Mit den Fingern schnippen, nach der Bedienung zu pfeifen oder „Hey" und „Hallo" gehen gar nicht, scheinen aber selbst bei unter drei Bieren noch aktuell. Auch eine Anrede als „Meister" oder „Chef" halte ich persönlich für respektlos.

„Sorry, ich bin nicht der Chef. Wenn Sie den sprechen möchten, das ist der Herr mit den kurzen Haaren und dem grauen Anzug dort vorne" antworte ich gerne und ernte regelmäßig verständnislose Blicke.

Ein einfaches „Entschuldigung bitte" oder „Verzeihung" reicht allemal, um die Aufmerksamkeit der Bedienung zu erlangen. Sollte diese nicht sofort reagieren, liegt es meist daran, dass die Kellner einen Gast nach dem anderen bedienen und nicht jenen mit der lautesten Stimme. Fachkräfte versuchen auf jeden Fall schon einmal, Blickkontakt zum Kunden aufzunehmen und ein kurzes Nicken anzudeuten. So weiß der Klient, dass er wahrgenommen wurde und bald an der Reihe ist, seine vielfältigen Wünsche loszuwerden.

Immer mehr Gäste scheinen heutzutage unter chronischem Zeitdruck zu stehen. Dieses Phänomen wird immer offensichtlicher, und das nicht nur an den Wochenenden. Die Bedienungen können weiß Gott nichts dafür, dass sich die Herrschaften mal wieder viel zu viel aufgeladen haben an ihren freien Tagen. Einkaufen, Hausputz, Autowaschen und Bundesliga. Am Sonntag dann Besuch bei den Schwiegereltern, Skatabend mit Freunden, Steuererklärung usw. Für den Restaurantbesuch sind maximal zwei Stunden vorgesehen. Dummerweise rechnen alle anderen Gäste in dem gleichen Takt und erscheinen, so wie Sie, pünktlich um 13 Uhr im Lokal. In der Regel werden Sie Sonntagmittag keinen Schnellimbiss aufsuchen, sondern ein Lokal, deren Mitarbeiter versuchen, Ihre Wünsche so schnell und qualitativ hochwertig wie möglich zu erfüllen. Trotz allem kann und wird es zu Engpässen kommen. Vielleicht sind neue Mitarbeiter in Küche oder Service am Start, denen noch die Routine der Alteingesessenen fehlt. Möglich, dass in einem der Festsäle des Restaurants ein Bankett stattfindet. Dann gehen zunächst einmal 70 Hauptgänge über den Küchenpass, bevor die Herren Köche sich Ihren À-la-carte-Bestellungen widmen.

Geduld ist das Stichwort, auch wenn es schwerfällt. Schauen Sie doch bitte einmal über den Tellerrand hinaus, zu unseren Freunden im Ausland! Haben Sie schon mal während Ihres Urlaubs in Spanien, Italien oder Griechenland darauf geachtet, mit welch einer Ruhe die Einheimischen im Lokal auftreten? Unaufgeregt, ohne auch nur die leiseste Spur von Hektik, warten die Gäste darauf, platziert zu werden und Essen und Getränke serviert zu bekommen. Keinesfalls setzt man sich dort einfach an einen schmutzigen Tisch, sondern wartet höflich, bis die Bedienungen abgeräumt und frisch eingedeckt haben. Ebenfalls verpönt ist das „Dazusetzen" an einen bereits okkupierten Tisch, selbst wenn man die Platzhalter nett fragt. Ich habe schon mehrfach erlebt, dass Leute sich an reservierte Plätze setzen wollten, deren Gäste noch nicht einmal eingetroffen waren. „Die werden schon nichts dagegen haben" lautete dann die einfältige Logik der Kunden. Worauf ich dann entgegnete, dass wir doch bitte die Klienten selbst entscheiden lassen sollten, die diesen Tisch reserviert haben. Wer solche Kapriolen zustande bringt, von dem erwarte ich auch weder ein „Bitte" oder „Danke". Gäste, die wie selbstverständlich ihre Füße samt Schuhe auf dem Stuhl platzieren? Geht's noch? Klar sollt ihr euch wie zuhause fühlen, aber ein wenig Anstand sollte in einem öffentlichen Restaurant schon noch möglich sein. Mit der brennenden Zigarette über die

Terrasse laufen und nach einem freien Tisch Ausschau halten? Absolutes No-Go.

Die Restaurantschmuser, die aller Welt demonstrieren müssen, wie schrecklich lieb sie sich doch haben? Paare jeglichen Alters, die ihre Wollust nicht einmal bis zu ihrer heimischen Schlafcouch konservieren können und sich schon im voll besetzten Restaurant ineinander festbeißen? Ganz schlimm! Nicht nur für die anderen Gäste ärgerlich, sondern vor allem für die Kellner, die sich mit Zweierbeziehungen aufgrund der Arbeitszeiten ohnehin schwertun. Wie kommt man dazu, sich einfach vom Service-Tisch eine Speisekarte zu nehmen und an einen schmutzigen Tisch zu setzen? Welche Gedanken gehen jemandem durch den Kopf, keine Minute später hektisch nach der Bedienung zu winken, weil man bestellen möchte und es sehr eilig hätte? Wen interessiert das? Dann kommen Sie doch einfach wieder, wenn Sie mehr Zeit eingepackt haben. Was wollen Sie bitte schön an einem Sonntagmittag in einem überfüllten Ausflugslokal?

Einem Kollegen rannte ein aufgeregter Gast einmal hinterher, der mit einem 50 Euro Schein wedelte und rief: „Hallo, ich will zahlen. Ich muss unbedingt den Bus bekommen". Daraufhin drehte sich mein Kollege zu dem Hektiker um und klärte diesen seelenruhig auf: „Entschuldigung der Herr, aber sie haben doch noch gar nichts bestellt."

So kann es kommen, wenn man es all zu eilig hat. Da vergisst man auch schon einmal, den ersten Schritt vor dem zweiten zu machen. Immer wieder erlebe ich übereifrige Gäste, die bereits ihre Bestellung aufgeben, ohne überhaupt in die Speisekarte geschaut zu haben. Dann beginnt erst einmal die Fragerunde.

„Haben Sie Schweinebraten?", „Welches Bier haben Sie?", „Was kostet der Apfelstrudel?" Auf meinen vorsichtigen Einwand, vielleicht doch einmal die Speise- und Getränkekarte in die Hand zu nehmen, wird dann unwirsch reagiert, man habe schließlich keine Zeit. Bekommt man tatsächlich einen temporären Vorsprung, wenn man jede Information aus dem Kellner hervorlockt? Wie geht es dann den anderen Besuchern, die aufgrund der Ignoranz einzelner Gäste auf die Bedienung warten müssen? Wenn die Kundschaft dann auch noch, den Stress der Kellner ignorierend, individuelle kulinarische Vorstellungen in die Bestellung fabuliert, wird es ganz heikel. Wehe der Servicekraft, die es wagt, solch hypernervösen Gästen zu entgegnen, sie hätte auch nur zwei Hände. So manch eine von denen findet sich dann ganz schnell auf den üblichen Internetportalen wieder. Gebrandmarkt als „unhöflichster Kellner, der mir je untergekommen ist". Wenn die Unhöflichen und Respektlosen Höflichkeit und Respekt einfordern, kann man nur noch ungläubig den Kopf schütteln.

In meiner langen gastronomischen Karriere bin ich allerhand Egozentrikern begegnet, die nach einer Befriedigung ihrer Profilneurose suchten. Mit grenzenloser Selbstüberschätzung und Überheblichkeit ausgestattet, benahmen sie sich in öffentlichen Restaurants wie eine offene Hose, verlangten aber gleichzeitig Wertschätzung und Respekt. Wie passt das denn zusammen und wie geht man mit solcher Klientel um? Mit einem speziellen Fall dieser Gattung hatte ich es vor ein paar Jahren zu tun. Das Lokal war bis auf den letzten Platz voll besetzt und immer mehr Leute strömten herein. Die Küche war nahe davor, die weiße Flagge zu hissen, und der Service stand kurz vor dem Boiling Point. Gerade war ich dabei, Kaffee und Kuchen von meinem schweren Tablett auf den Tisch einer Gruppe von rüstigen Rentnern abzuladen. Schon als ich mit dem Riesen-Tableau angewankt kam, versuchte mir ein etwa 45-jähriger Mann, den Weg zu versperren. „Ob er endlich bestellen dürfte?" wurde ich zornig angeherrscht. Auch als ich Kaffee und Kuchen am Nebentisch servierte, spürte ich seinen heißen Atem in meinem Nacken. „Hallo, Hallo, was ist denn jetzt? Wird´s heute noch was?" geiferte der seltsame Herr. Mehrfach bat ich um etwas Geduld, was er komplett ignorierte. Dafür hielt er es für eine gute Idee, mir anschließend hinterherzulaufen und mich zu beschimpfen, ich ließe ihn absichtlich zappeln. Meine Frage, ob er denn nicht sähe, dass viel zu tun sei und alle anderen auch warten müssten, entgegnete er wortwörtlich mit dem Satz: „Sie sind unfähig, Aristokraten von normalen Gästen zu unterscheiden und aus Ihnen wäre besser ein Maurer geworden".

Wenigstens sorgte sein Vorschlag eines Jobwechsels für mich noch Wochen später für Heiterkeit unter den Kollegen. Sie schenkten mir zum Geburtstag einen Maurerhelm, Kelle und Blaumann. Sehr witzig.

Wenn der Kunde, aus welchen Gründen auch immer, nicht zufrieden ist mit seinem Essen oder dem Service und dies in Form einer Reklamation kund tut, so ist das sein gutes Recht. So wie man vom Serviceleiter ein gewisses Fingerspitzengefühl im Umgang mit der Beschwerde erwarten darf, so sollte auch der Gast bei der Wortwahl für sein Anliegen Obacht geben. Ich kenne keinen Wirt, Koch oder Kellner, der Ihnen absichtlich oder aus purer Gemeinheit schaden möchte. Wir Gastronomen leben von zufriedenen Gästen und bemühen uns, Ihnen gute und herzliche Gastgeber zu sein. Trotzdem passieren Fehler. Wir sind keine Maschinen, auch wir haben mal schlechte Tage und verhalten uns unangemessen. Dafür bitte ich herzlichst und im Namen meiner Zunftgenossen um Entschuldigung. Es ist die Norm in gastronomischen Betrieben, ihre Reklamation, sollte diese berechtigt sein, zu bearbeiten und zu korrigieren. Eine vergessene Reservierung? Tut uns leid, wir finden gleich einen schönen Platz für sie und der Aperitif geht selbstverständlich aufs Haus. Ihr Steak ist noch blutig, obwohl sie es ausdrücklich medium bestellt haben – entschuldigen Sie bitte – wir richten das Essen komplett neu an und hinterher zaubert Ihnen der Koch ein wunderschönes Dessert als Entschädigung.

So einfach kann es gehen. Cholerische Anfälle und Hysterie sind kein guter Ratgeber bei der Beanstandung einer Dienstleistung. Schon gar nicht, wenn sich grundlos beschwert wird. Nicht nachvollziehbar sind Reklamationen wegen furchtbaren Essens, wenn der Teller aussieht, als hätte ihr Hund mit der Zunge darüber geschleckt – und das, obwohl sie gar keinen Hund dabei haben. Sie haben einen Tisch für 19 Uhr gebucht und wundern sich bei ihrem Eintreffen um 20.15 Uhr, dass der versprochene Platz bereits belegt ist? Statt lautstark zu lamentieren, überlegen Sie doch bitte, ob es nicht sinnvoll gewesen wäre, das Restaurant über ihre Verspätung aufzuklären.

Behandeln Sie ihre Bedienung gut! Motivierte Fachkräfte in der Gastronomie zu finden, wird immer schwieriger. Köche und Kellner, die bereit sind, für ein überschaubares Gehalt einer physisch und psychisch stressigen Profession nachzugehen, sind ein rares Gut. Ein Lächeln hier, ein freundliches „Danke" dort, fördern die Motivation und machen aus professioneller Höflichkeit vielleicht Herzlichkeit. Versuchen Sie es ruhig einmal. Es ist nicht schwer.

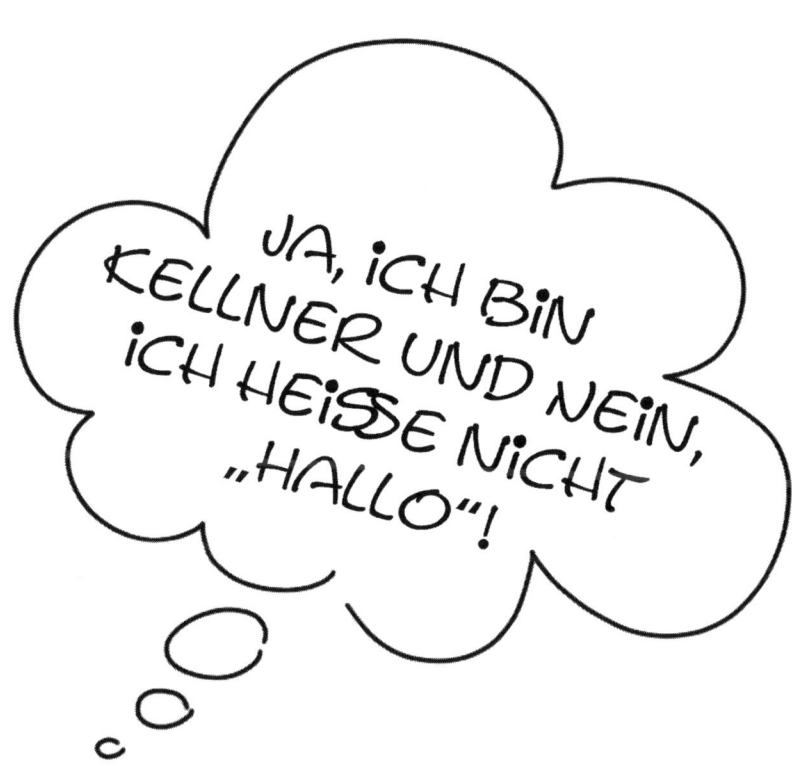

DIE 7 TODSÜNDEN

Jetzt kommt er uns auch noch mit der Heiligen Schrift, wird der eine oder andere Leser denken. Keine Angst, dazu bin ich nicht bibelfest genug. Hochmut, Geiz, Wollust, Zorn, Völlerei, Neid, Faulheit. Negative Eigenschaften, die wir auch in der Gastronomie wiederfinden – bei Kellnern als auch bei Gästen. Da sich diese Lektüre eher um Restaurantbesucher dreht, beschränke ich mich auf dieses Thema.

Der Hochmut
Einst hatte ich das Glück (oder die Ehre) eine richtige Prinzessin bedienen zu dürfen. Für Kellner, die ihren Dienst in Nobelherbergen verrichten, mag das die gängige Praxis sein, für mich war dies seinerzeit Neuland. Ich war jung und hatte wenig Erfahrung. So war ich mächtig aufgeregt, als mir der Serviceleiter verkündete, ich solle mir zur Abwechslung mal ein frisches Hemd anziehen, heute wäre eine echte Prinzessin bei uns zu Gast.
Das Reserviert-Schild mit Namen und Uhrzeit der erlauchten Persönlichkeit stellte er auf einen Tisch in meiner Servicestation. Wie diese Adelige hieß, habe ich vergessen, das tut auch nichts zur Sache. Als ob ich unterscheiden könne zwischen niedrigem oder hohem Adel, ich hatte ja schon Probleme, beim Laufen nicht hinzufallen. Wie sie wohl aussehen würde, die Prinzessin? Im Brokatkleid gewandet, mit einem Zobelfell-Umhang? Auf dem goldenen Haupthaar ein

niedliches Krönchen mit Edelsteinen besetzt? Meine Fantasie ging wieder einmal mit mir durch. Die Noblesse verspätete sich um eine halbe Stunde, was ihr niemand übel nahm. Womöglich hatte ihre Kutsche auf dem Weg zu unserem Lokal einen Platten oder eines der edlen Rösser war gerade etwas widerspenstig und musste vom Kutscher gezüchtigt werden.

Dann stand die fürstliche Person plötzlich in unserem Restaurant und kein Raunen ging durch den Raum, niemand wich ehrfurchtsvoll zur Seite, nicht ein Kniefall war zu sehen. Madame war eine ganz normale junge Frau, nicht einmal eine Schönheit, gekleidet in Bluejeans und weißem T-Shirt. Unser Oberkellner begleitete die Dame zu ihrem Tisch und ich übernahm. „Sooo" sprach ich mit einem ungläubigen Gesichtsausdruck „Sie sind also die Prinzessin?" Sie sah mich an, ohne eine Miene zu verziehen und antwortete: „Yepp, so ist es. Darf ich die Speisekarte bekommen?" Meine Enttäuschung wechselte sehr bald in Erstaunen, ja Anerkennung. Die Dame von Welt benahm sich so gar nicht weltmännisch oder „von oben herab", wie ich vermutet hatte. Gut, theoretisch hätte sie es sich leisten können. Ich wäre noch nicht einmal gekränkt gewesen. Stattdessen plauderte die Adelige völlig normal und ungeniert mit mir, bestellte ein einfaches Gericht, ohne irgendwelche Sonderwünsche und verabschiedete sich freundlich von mir. Das Trinkgeld war angemessen und fiel nicht aus dem herkömmlichen Rahmen.

Dieser angenehmen Überraschung sollten im Laufe meiner gastronomischen Karriere viele unangenehme folgen. Ich begegnete Menschen, die glaubten, es sich leisten zu können, andere Leute wie Untergebene zu behandeln. Menschen, die in ihrem Dasein nichts Beifall-zu-Zollendes geleistet hatten, sondern durch irgendeine glückliche Fügung zu Geld gekommen waren. Adelige bezeichnen solche Emporkömmlinge als „Parvenüs". Genau wie Neureichen haftet den Parvenüs der Makel an, sich hinsichtlich der Umgangsformen und Konventionen, nicht den sogenannten besseren Kreisen anpassen zu können. Wobei meine Erfahrungen eher in die Richtung gehen, dass Altreiche gar nicht so viel Aufheben um ihre Titel oder Honoratioren machen.

Eine Zeit lang war ich als Bedienung bei einem Gourmet-Caterer tätig. Dort bekam ich allerlei Einsichten in die Häuser der feinen Gesellschaft. Die Mitglieder von alteingesessenen Kaufmannsfamilien waren sich nicht zu schade, selbst mit anzupacken, wenn unsere LKWs vorfuhren, um das Equipment auszuladen. Die durch Erbschaften oder Lottogewinne zu Geld gekommenen Auftraggeber schauten durch uns Gastro-Arbeiter hindurch, wie durch eine schmutzige Scheibe und gaben Anweisungen gefälligst nichts kaputtzumachen. Trinkgeld für die geleistete Arbeit war aus deren Kreisen selten zu erwarten. Dafür spielten sie gerne den großen Zampano vor ihren Gästen. Ihre Feste waren Prestige-Angelegenheiten und hatten mit geselligem Zusammensein herzlich wenig zu tun. Krampfhaftes Verhalten der neureichen Gastgeber war steter Begleiter bei all ihren Feierlichkeiten. Alles musste teuer und professionell aussehen, um mit dem Nachbarn, der kürzlich eine Sommer-Party gegeben hatte, gleichzuziehen. Kellner und Köche waren in ihren Augen nur minderwertige Angestellte, die zu funktionieren hatten.

Diese vor allen Augen herumzukommandieren oder herunterzuputzen schien ihnen ein Gefühl von Allmacht zu geben. Am schlimmsten waren die Frauen oder Freundinnen selbsterklärter Millionäre oder Business-Novizen. Man spürte förmlich, welch eine Energie die aufgepimpten Ladys damit verbracht hatten, sich den neureichen Selfmademan zu angeln. Selbst meist aus einfachen Verhältnissen stammend, glaubten sie jetzt das große Los gezogen zu haben. Die Damen gingen förmlich auf in ihrer neuen Rolle als *Grand Lady*. Ständig wurden wir Kellner im harschen Ton aufgefordert, den Gästen mehr Champagner nachzuschenken oder uns gefälligst mit dem Servieren der Vorspeisen zu beeilen.

Es war immer wieder ein befriedigendes Gefühl, den tiefen Fall der einen oder anderen verblassenden Schönheit zu beobachten. Millionärs-Fantastereien, die zerplatzten wie Seifenblasen, jähe Abstürze mit Konkursen und eidesstattlichen Erklärungen. Chronische Champagner-Konsumenten teilten sich plötzlich eine Piccolo-Flasche Sekt Hausmarke und nahmen das Tagesmenü statt Hummer Thermidor. Nicht, dass sich angesichts solcher Niedergänge warme Genugtuung in unseren frostigen Kellner-Herzen breitgemacht hätte...

Der Geiz

In den unterschiedlichen Zweigen der Dienstleistungen ist es hierzulande üblich, zusätzlich zur eigentlichen Rechnung, einen Obolus für die Angestellten zu hinterlassen. Diese Extra-Gratifikation geschieht auf freiwilliger Basis und hängt im Normalfall, hinsichtlich der Höhe, von der Zufriedenheit des Kunden ab. In Deutschland beträgt das sogenannte Trinkgeld zwischen 5 und 10%, in Schwaben kann es auch schon mal unter die 2%-Hürde fallen. Friseure, Taxifahrer, Lieferdienste und Zusteller bessern sich damit ihr Einkommen auf. Auch Angestellte im Gastgewerbe profitieren gerne von diesem traditionsreichen gesellschaftlichen Konsens. Ist der Beifall am Ende der Aufführung das Brot des Künstlers, so ist das Trinkgeld die Anerkennung für den Service der Bedienung. War der Ober besonders freundlich und aufmerksam? Hat die Serviererin echte Herzlichkeit gezeigt statt professioneller Freundlichkeit? Dann gibt es keinen Grund, deren Leistungen nicht zu honorieren. Sie haben durch ihre charmante Art dazu beigetragen, dass der Abend mit der neuen Freundin ein Erfolg wurde. Das sollte uns ein paar Münzen wert sein.

Wie viele dieser Extra-Groschen der Gast letztendlich bereit ist, zusätzlich zum Rechnungsbetrag drauf zu legen, hängt auch von dessen Natur ab. Herkunft, Erziehung oder persönliche Neigungen spielen dabei eine tragende Rolle. Mitarbeiter der Dienstleistungsbranche, die selbst auf ergänzende Zahlungen angewiesen sind, werden in der Regel ebenfalls großzügig sein.

Gebefreudig sind oft auch Gäste, von denen man es nicht erwartet. Menschen, von denen man weiß, dass diese selbst nicht viel verdienen oder die als sehr bescheiden gelten. Oft hatte ich mit dem Annehmen unüblich großer Summen Probleme. Dann weise ich den Gast höflich darauf hin, dass sein Trinkgeld gerade einen Tick zu hoch ausgefallen sei. Ob er sich ganz sicher sei oder er sich bei der Rechnung eventuell verlesen hat? Manchmal wird das Missverständnis rasch aufgeklärt und ein paar Scheine wandern zurück in die Brieftasche des Kunden.

Auch wenn es unehrenhaft klingt, so ist es weit verbreitete Praxis, dass Bedienungen, wenn sie für ein Bankett eingeteilt werden, insgeheim darüber spekulieren, wie hoch das Trinkgeld des Gastes ausfallen wird. Dabei kann man positive und negative Überraschungen erleben.

Eine kleine Hochzeit fand in einen unserer Nebenräume statt. Die frisch Vermählten waren kaum älter als 18 und sichtbar nervös. Das interne Rotationsprinzip hatte entschieden, dass ich die 16 Gäste bedienen durfte. Ein Blick auf das jugendliche Alter der Brautleute und ihrer Geladenen verriet mir sofort, dass ich „Tip-mäßig" nicht viel zu erwarten hatte. Ich hoffe, das liest sich jetzt nicht böse und raffgierig, so ist es nämlich nicht gemeint. Freundlich und unaufdringlich verrichtete ich meinen Dienst. Da das Hochzeitsessen in À-la-carte-Form stattfand, durfte jeder der Anwesenden frei sein Lieblingsgericht auswählen. Entweder waren die Gäste zu bescheiden oder von unserer Speisekarte überfordert – auf alle Fälle betrug die Rechnungssumme letztendlich knapp 350 Euro. Ich habe zwei-Personen-Tische bedient, die höhere Umsätze zu verzeichnen hatten. Sei es drum. Während ich vor meinem geistigen Auge einen 5-Euro-Schein in meine Geldbörse wandern sah, als nett gemeinten Obolus, zahlte der junge Bräutigam mit seiner EC-Karte. Anschließend drückte er mir 80 Euro Trinkgeld in die Hand und bedankte sich für den guten Service. Noch am Abend fiel mir die Kinnlade herunter, wenn ich an die Spendierlaune des jungen Burschen dachte. Zeitgleich verspürte ich einen Anflug von Scham, weil ich die Gesellschaft quasi seit ihrer Ankunft in unserem Restaurant gedanklich vorverurteilt hatte.

Dann gab es wiederum diese Gäste, von denen jeder wusste, dass bei ihnen Geld keine Rolle spielt. Teure Reisen, extravaganter Lebensstil – alle Klischees wurden bedient. Champagner-Empfang, teure Rotweine, ein 5-Gänge Gala Menü. Da wurde geklotzt und nicht gekleckert. Hatte der Gastgeber um Mitternacht ungeplant das Bedürfnis nach einem Käsebüfett, so hobelten wir Servicekräfte Brie und Gorgonzola von riesigen Laiben. Ein gut betuchter Gast ließ einen bekannten Szene-DJ einfliegen, weil sich die im Vorfeld gebuchten Live-Musiker als zu langweilig für seine Feier herausstellten. Der Rechnungsbetrag für solche aufwendigen Partys übersteigt oft jegliches Verständnis. Das Trinkgeld der Kunden ebenfalls – nicht selten unangenehm. 8.000-Euro-Veranstaltungen, durchgeführt von fünf Servicekräften, die bis in die frühen Morgenstunden für ihre Gäste da gewesen sind – honoriert mit einem 50-Euro-Schein und der Aufforderung, doch bitte mit der Küche zu teilen.

Geht's noch? Da wäre es problemloser gewesen, überhaupt kein Trinkgeld zu geben. Das hätte alle Beteiligten besser aussehen lassen.

Die Wollust

Hat Amor seinen Pfeil in die Hintern der Auserwählten versenkt und das Feuer der Liebe entfacht, so laufen die zwei Entflammten los, um jedermann mit ihrer Verbundenheit zu erfreuen. Alle Menschen haben jetzt unfreiwillig teilzunehmen an dieser Demonstration der Zuneigung. An Liebe ist an sich nichts verkehrt, solange man all die schönen Gefühle hinter den eigenen vier Wänden parkt.

Zwei erwachsene Menschen, die sich gegenseitig füttern und miteinander in Babysprache kommunizieren, sind eher peinlich. Ob diese Pärchen ahnen, wie sehr sie ihr Umfeld mit dem ständigen Liebkosen belästigen? Eher nicht, die nehmen ihren Dunstkreis überhaupt nicht wahr. In Restaurants quetschen sie sich dicht gedrängt in winzige Nischen und bleiben dort aufeinander kleben bis die Putzfrau sie am nächsten Morgen trennt. Große Umsätze sind von den Liebenden nicht zu erwarten, denn lodernde Herzen kennen weder Hunger noch Durst... noch Trinkgeld. Mit der Verschmelzung der Seelen beginnt Phase 2 der Romanze. Junge oder jung gebliebene Paare fangen an, die Körper ihrer neuen Lebensabschnitt-Verschönerer zu erforschen. Auch dagegen ist nichts einzuwenden, solange sich die amourösen Aktivitäten auf das heimische IKEA-Bett beschränken. Die Kampfzone auf öffentliches Terrain zu verlegen ist umstritten. Badesee, Blumenwiese und Kinderspielplatz sind okay als Tummelplatz für Liebende – ein Restaurant dagegen sollte tabu sein.

Umfragen zufolge ist ein Beitritt im „*Mile High Club*" gerade mal wieder total „In". Kaum zu glauben, wenn man Fluggäste erlebt, die sich in 10.000 Metern Höhe lieber ängstlich an die Armlehnen ihres Sitzes klammern, als gemeinsam mit dem Partner die Bordtoilette aufzusuchen. Die Furcht, zusammen auf der Damentoilette eines Restaurants beim Tête-à-tête erwischt zu werden, scheint dagegen gering. Das fällt eher unter Mutprobe oder Kavaliersdelikt. So manchem Paar, welches in einem vollen Lokal ungehemmt die Zungen ineinander verknotet, möchte ich zurufen, dass sich schräg gegenüber von unserem Gasthaus ein Stundenhotel befindet. Können die sich ihre wilde Leidenschaft nicht bis zu Hause aufsparen?

Bei anderen, vornehmlich männlichen Gästen, scheint es sich noch nicht herumgesprochen zu haben, dass weibliche Bedienungen kein Freiwild sind. Vielleicht haben sich diese Herren hinsichtlich ihres Frauenbildes zu sehr an der „Curly Maids"-Reihe in diversen Herrenmagazinen orientiert (von denen ich selbstverständlich nur gehört habe). Eine Serviererin, die euch freundlich anlächelt, ist nicht automatisch unsterblich verliebt, und das ändert sich auch nach deinem achten Bier nicht. Euch gutmütig zugrinsende Wesen kennt Ihr wahrscheinlich nur von der Arbeit im Kuhstall, aber das ist hier nicht das Thema.

Benötigt Ihr professionelle Zuneigung und Bewunderung, so begebt Euch bitte in die Häuser mit den roten Lampen und hört auf, die Kellnerinnen zu belästigen. Die Hände gehören auf den Tisch und nicht (aus Versehen) an den Hintern der jugendlichen Aushilfsbedienung. Das Gleiche gilt für die Fraktion der Möchtegern-Millionäre. Die Designer-Hirsche mit dem toughen Auftreten glauben, es reicht vollkommen, den Porsche-Schlüssel auf den Tresen zu knallen und augenblicklich fällt jede Serviererin in Begattungsstarre. Als ob die Kellnerinnen, dank des üppigen Trinkgeldes, heutzutage nicht selbst einen Porsche vor der Tür stehen hätten.

Der Zorn

Einige Gäste fassen ein „Nein" des Geschäftsführers, auf die Frage nach einen freien Tisch, als persönliche Beleidigung auf. Ist deren Selbstbewusstsein solch ein fragiles Gebilde, dass sie manch exzessiven Auftritt im Restaurant nötig haben? Geht es dabei lediglich darum, die anderen Gäste zu beeindrucken oder sich selbst als Mr. Wichtig zu definieren? Vielleicht sind Sie in Ihrer Firma ein großes Tier, dass ständig das Alpha-Männchen raushängen lassen muss, um die Belegschaft klein zu halten. Schwer, dieses Verhalten nach einen 10-Stunden-Arbeitstag im Büro abzulegen. Gewiss. Versuchen Sie es trotzdem! Wahrscheinlich bewegen Sie sich mit der gleichen Attitüde im Supermarkt. Was sich der arme Filialleiter wohl anhören muss, wenn Ihr Lieblingsbier gerade ausverkauft ist? Das Essen dauert Ihnen zu lange? Bitte entschuldigen Sie.

Wie Sie sicherlich schon bemerkt haben, ist das Lokal ausgebucht. Die Köche versuchen, trotz Stress, jeden Teller in ausgezeichneter Qualität an den Gast zu bringen. Auch die Kellner können nicht mehr tun, als zu laufen. Es gibt keinen Grund, unnötig laut zu werden.

Bitte warten Sie geduldig auf Ihr Essen, so wie alle anderen Gäste auch. Sie waren nicht zufrieden mit Ihrem Steak? Es ist in Ordnung, das Essen zu reklamieren, aber auch eine berechtigte Beschwerde sollte in ruhigem Ton vorgetragen werden. Im Übrigen kann weder die Bedienung, noch der Geschäftsführer etwas für Mängel an den Speisen – dafür ist der Koch zuständig. Also schreien Sie nicht den Kellner an, sondern den Küchenmeister... wenn Sie sich trauen... und gegen Küchenmesser immun sind.

Die Völlerei

Kürzlich las ich von einem Restaurant, das jeden Freitagabend mit einer All-you-can-eat-Aktion warb. Das Lokal öffnete Punkt

18 Uhr seine Pforte und genauso pünktlich war auch ein Paar, Anfang 40. Die luden sich die Speisen auf, dass die Soße fast überschwappte bei jedem Gang. Zu trinken bestellten jeder nur ein kleines Mineralwasser, welches sie sich brav den ganzen Abend einteilten. Beim Büfett für 9,49 Euro dagegen schlugen die beiden zu, als gäbe es kein Morgen. Sie bezeichneten sich selbst als Stammgäste. Allerdings sah kein Mensch sie jemals außerhalb des Aktionstages. Als sich die zwei zum sechsten Mal ihre Teller vollmachten, reichte es dem Wirt. Kurzerhand erteilte er den nimmersatten Gästen Hausverbot. Der männliche Anteil des Duos versuchte, seine Gier noch zu verteidigen, indem er darauf hinwies, dass die Teller einfach zu klein seien und er deshalb öfter laufen müsse. Gäste wie diese zwei Exemplare gibt es mehr als genug. In freier Wildbahn trifft man sie gerne während des Urlaubs am Frühstücks- oder Abendbüfett. Kaum vorstellbar, dass diese Herrschaften auch Daheim einen solch immensen Appetit entwickeln. Ebenfalls darf man spekulieren, ob Zuhause auch so viele Überbleibsel auf dem Teller bleiben. Eher nicht, denn dort kostet das Essen schließlich etwas.

Hier aber lädt man sich erst einmal seinen Teller voll, probiert und lässt den Rest der Speise stehen. Die Bedienungen werden das Geschirr schon abräumen, während man selbst von Neuem lossaust um die Prozedur ein weiteres Mal zu wiederholen. Stellt man die Gäste zur Rede, so bekommt man zweifellos die Antwort, man hätte doch schließlich dafür bezahlt. Weitere Diskussionen sind zwecklos.

Auch bei Betriebsfesten neigen die Geladenen gerne zu übergroßem Hunger und Durst. Im 10- Minuten-Takt werden dann alkoholische Mischgetränke geordert, kurz genippt und die nächste Runde bestellt. Was kostet die Welt, wenn der Chef eh die Zeche zahlt? Wann immer ein Möbelhaus feierlich Neueröffnung feiert, sind sie nicht weit – die Pfennigfuchser und die Schnäppchenjäger. Haben sie in einer Zeitung Coupons für Schnitzel satt, inklusive Getränke, zum Sondertarif entdeckt, fahren sie Meilen um sich den Bauch vollzuschlagen. Es sind die gleichen Herrschaften, die auch einen 50-Kilometer-Umweg in Kauf nehmen, wenn die Tankstellen-App meldet, dass der Sprit bei ARAL 2 Cent billiger ist als bei BP.

Was billig ist, muss gut sein und was gut ist, wird auch qualitativ hochwertig produziert – so die Vorstellungen unserer Rabatt-Junkies. Der Besuch in einigen Restaurantküchen, bei der Zubereitung des All-you-can-eat-Büfetts, könnte für Ernüchterung sorgen.

Der Neid

Jeder kämpft um seinen Platz an der Sonne. Welche Prioritäten man dabei verfolgt, hängt von persönlichen Interessen und Vorlieben ab. Allgemein bekannt sein dürfte die „Ich habe es geschafft"-Liste aus einem Sparkassenwerbespot. „Mein Haus, mein Auto, mein Boot". In diesem Clip wird der Nachbar des Besitzers dieser Reichtümer schier grün vor Neid, als er mit dem Erfolg des Konkurrenten konfrontiert wird. Rivalen sind all jene, die auf dem Weg nach der obersten Sprosse der Leiter im Weg stehen. Für den maximalen Erfolg ist manch einer bereit, seine Seele zu verkaufen, so diese denn jemand ersteigern möchte. Einigen sind bereits die kleinen Dinge des Lebens wichtig, um sich auf der Gewinnerstraße zu wähnen. Der Parkplatz in unmittelbarer Nähe zum Eingang des Firmengebäudes, der eigene Toilettenschlüssel auf der Chefetage oder der Familienname ganz oben auf der Spendenliste für die Rettung des Borkenkäfers.

Beim Besuch eines Speiselokals spielen sich oft völlig identische Szenen wie in der Berufswelt ab. Deutsche Restaurantbesucher gelten allgemein als schwierig. Dank ihrer Trinkgeld-Tradition sieht man zähneknirschend über manches Fehlverhalten hinweg. Viele fühlen sich augenblicklich benachteiligt, wenn der Gast am Nebentisch eher sein Essen bekommt als sie selbst. Dass manche Speisen eine längere Zubereitungzeit als andere benötigen, scheint ihnen nicht bewusst zu sein. Warum unterhält sich der Kellner mit den Gästen an dem runden Tisch ewig und lacht gar herzlich? Bei ihnen hat er nur den Standard-Small-Talk abgespult, ohne jeglichen Esprit? Solche Kritiken über die Servicekräfte durfte ich schon des Öfteren auf TripAdvisor lesen. Meist kamen diese Kommentare von Gästen, die das Lokal zum ersten Mal besuchten und kein Verständnis dafür hatten, dass es Stammgäste gibt, mit denen die Kellner ein langes Vertrauensverhältnis innehaben. Warum hat der Gast dort vorne ein größeres Stück Fleisch auf dem Teller und weshalb bekommen die eine Kerze und wir nicht? Vor lauter neidischem Beobachten, wer eventuell in irgendeiner Weise bevorzugt wird, kommt manch einer kaum dazu, den Aufenthalt zu genießen.

In vielen Restaurants gibt es Plätze, die, aus welchen Gründen auch immer, um einiges beliebter sind als andere. Manchmal ist das ein Fensterplatz, wegen der schönen Aussicht, ein anderes Mal irgendeine Nische, die eine besondere Wohlfühlatmosphäre verspricht. Das ist natürlich Quatsch, denn das Essen schmeckt an jedem Tisch gleich.

Lange Jahre war ich in einem Ausflugslokal angestellt. Im Sommer war es ein Highlight für jeden Gast, auf unserer riesigen Sonnenterrasse zu verweilen. Der Gästebereich umfasste drei Reihen, von der natürlich nur eine direkt am Wasser lag. Um die angeblich besten Tische in Seenähe gab es regelmäßig verbale und sogar körperliche Auseinandersetzungen. Wie oft bekamen wir schon bei der Reservierung zu hören, dass die Gäste in der ersten Reihe zu sitzen wünschten, andernfalls würden sie von einem Restaurantbesuch Abstand nehmen. Meistens quittierte die Geschäftsleitung diese frechen Forderungen mit einem „Danke für Ihren Anruf. Vielleicht versuchen Sie es mal in einem anderen Restaurant." Regelmäßig waren es Frauen, die sich vom Schicksal benachteiligt sahen, wenn ihnen ein Tisch in der zweiten Reihe zugewiesen wurde. Männer kämpfen eher um die angeblichen Elite-Plätze, um ihrer Partnerin zu imponieren oder endlich Ruhe zu haben von deren Quengelei. Während Er versucht, seine Begleiterin zu unterhalten, schaut diese oft mit der Aura einer Hydra zu den scheinbar Privilegierten und versucht, die Verweildauer der Tischbesetzer zu errechnen. Sollten diese dann endlich aufstehen, nutzt Madame die Gelegenheit, in der Gästehierarchie aufzusteigen. Mit ihren viel zu kleinen Sommerschuhen wetzt sie los und schleppt ihre persönliche Habe an den elitären Platz.

Doch noch geschafft, endlich *On the Top!*

Die Faulheit

An dieser Stelle mag ich den Gästen keine negativen Eigenschaften andichten. Wenn Kunden lange sitzen bleiben und sich genüsslich im Mobiliar rekeln, hat das weniger mit Faulheit zu tun, sondern ist meist ein Zeichen dafür, dass sie sich wohlfühlen. So soll es sein!

Faul sind eher die Herren und Damen von der Service-Front. Alle zehn Minuten verschwinden sie in den Raucherbereich und tippen auf ihren Smartphones herum, während die armen Gäste fast umkommen vor Durst.

Schämt Euch!

Hallo!
Ich bin heute
euer Kellner!

Hallo!
Ich bin heute
hier Gast!

Darf ich schon
die Getränke
aufnehmen?

Einen Fußgänger...
äh nee!
Einen Radler.

GANZ IN WEIß TEIL 1

Neulich nahm mich eine Bekannte mit auf eine Hochzeitsmesse. Das war das erste mal, dass ich eine solche Ausstellung besuchte. Natürlich war ich zuvor schon über allerlei Anzeigen für Events dieser Art gestolpert und konnte mich des Eindrucks nicht erwehren, dass Hochzeitsmessen gerade wie Pilze aus dem Boden sprossen. Warum war das eigentlich so? Mir fielen noch zwei weitere Expositionen ein, welche meiner persönlichen Einschätzung nach gerade total angesagt waren.

Das waren zum einen Erotik-Messen, die ich dutzendfach plakatiert auf meinem Weg zur Arbeit vorfand und zum anderen Tattoo- und Piercing Darbietungen. Klar, Sex geht immer und die Körperkunst war nicht länger exklusive Domäne von alternativ lebenden Jugendlichen. Von der gelangweilten Hausfrau bis zu fidelen Senioren konnte man bei Besuchen im Freibad mehr oder weniger gelungene Haut-Verschönerungen entdecken.

Aber warum zum Teufel schien es jede Kleinstadt plötzlich nötig zu haben, für Hochzeiten zu werben? Ging dem eine Offensive unseres Familienministers voraus, der sich von Ehelichungen mehr Nachwuchs für das gebärfaule Deutschland versprach? Auch erschloss sich mir nicht ganz, warum besagte Bekannte ausgerechnet mich zu diesem Event mitschleifen wollte. Wahrscheinlich hatte sie doch jede Menge Freundinnen, die sich kaum einkriegten beim Anblick von Brautuniformen und Hochzeitstorten. Die zu jeder Frage rund um den großen Tag einen zweistündigen Monolog zu leisten vermochten.

44

Stattdessen hatte sie mich auserkoren – einen alten Brummbär, der außer „Aha" und „So so" keinen wirklich kreativen Beitrag abzugeben vermochte. Da wir uns schon einige Zeit kannten, dürfte ihr auch ein gewisser Zynismus und Affinität gegen die sogenannten gesellschaftlichen Werte nicht entgangen sein, die mir anhafteten.

Sei es drum – da waren wir – schlurften durch die Gänge der angenehm temperierten Messehalle und blieben bald hier, bald da stehen, um sich mit den neuesten Spleens zum Thema „Heirat" vertraut zu machen. „Ganz in Weiß" - innovativer konnte der Name der Veranstaltung gar nicht klingen. Aus sämtlichen Lautsprechern erklangen schwülstige Musik-endlos-Schleifen aus den Soundtracks der schlimmsten *Love Storys* der vergangenen 50 Jahre. Ach, wäre das ein Segen, wenn sich zwischen all den stereotypen Noten, plötzlich Klänge von *Heavy-Metal-Bands* gesellen würden. So einige Herren würden vorsichtig headbangen, während ihre Partnerinnen ein dezentes Schmollmündchen aufsetzen würden. Man darf ja wohl noch einmal fabulieren. Natürlich blieb es bei sanften Melodien, Harfen-Klängen und ganz viel Piano!

„Du Franzi, ich muss mal kurz ´ne Pause machen und mich setzen. Du weißt schon, die alte Verletzung." Damit blieb ich abrupt stehen. Meine Begleiterin setzte ein sorgenvolles Gesicht auf und seufzte: „Ach herrje, hoffentlich ist es nicht so schlimm." Ich verzog mein Antlitz zu einer angespannten Grimasse: „Wird schon gehen. Brauche nur mal ein Päuschen. Du kannst ruhig schon weiter gehen. Liest mich halt auf dem Rückweg wieder auf und dann gehen wir noch irgendwo lecker einen Cappuccino trinken." Franzi strahlte über das ganze

Gesicht. „Okay. So machen wir das. Gute Besserung." Sie entschwand.

Was jetzt genau solch ein herzliches Strahlen in ihr Gesicht gezaubert hatte, ließ sich nicht exakt bestimmen – die Aussicht auf einen Cappuccino oder endlich mal für eine Weile von mir alten Miesepeter befreit worden zu sein. Egal – mir war es nur recht. Selbstverständlich war die Sache mit der Pause eh lediglich eine Flunkerei gewesen. Es gab keine alte Verletzung, hatte es auch nie gegeben. Wann immer ich die „schlimme Verletzung" aus dem Keller meiner kleinen und großen Notlügen hervorkramte, zuckten die Damen unwillkürlich zusammen und ließen mir meinen Willen. In der Regel fragten sie auch gar nicht nach, was es damit auf sich hatte. Nur zwei Mal hatte ich das Pech, mit Frauen aus der Gesundheitsbranche verbandelt zu sein. Die wollten es aber so was von genau wissen. Wie passiert? Wie behandelt? Konservativ oder Operation? Örtlich oder Ambulant? Welche Medikamente? Reha oder Bettruhe? Behandelnder Arzt, Physiotherapeut etc. Puh, da redete ich mich jedes Mal um Kopf und Kragen ... Aber ich schweife ab.

Ich schaute mich um und mein Blick fiel auf einen Tresen, hinter dem eine ordentlich herausgeputzte, junge Dame stand und nach potenziellen Kunden Ausschau hielt. Dem Schriftlaut über ihren Papptresen entnahm ich, dass sie für Brautmode warb. „1200 Hochzeitskleider". Aha. Der Schausteller neben ihr offerierte Brautschmuck und Accessoires. Nur fünf Meter entfernt lud ein gut aussehender Mittvierziger die Kunden zur Erkundung von Dekoration und Ambiente ein. Dazwischen Probier-Stände für Kanapees und Aperitifs und ein paar Hobby-

DJ´s, die den Umherflanierenden ihre Visitenkarten aufdrängten. Grell geschminkte Schulmädchen besserten sich ihr Taschengeld auf, in dem sie den Klienten Prospekte zum Thema „Hochzeitskutschen" oder „Film und Video" zusteckten. ´An alles ist gedacht´, grummelte es in meinem Kopf ´nur wo sind hier die wahren Profis? Die sogenannten Wedding-Planer, die Event-Manager. Nicht etwa die Schaumschläger, die nur auf den Zug aufsprangen, um sich auf die Schnelle ein paar Euro zu verdienen an der Insuffizienz der Heiratswilligen´.

Ich hatte in meiner gastronomischen Laufbahn so viele Hochzeiten erlebt und dabei Dinge gesehen, die mir den Wunsch selbst zu heiraten, für immer gründlich ausgetrieben haben. Traumatische Erlebnisse mit ganz viel Fremdschämen und noch mehr Kopfschütteln über Tonnen an Dilettantismus. Wie vielen der frisch Vermählten hätte ich nur zu gerne an ihrem großen Tag einen professionellen Berater an die Seite gestellt, der Zeitplan und Ablauf der Hochzeitsfeier überwachte. Sollten die Dinge drohen aus dem Ruder zu laufen, würde dieser Wedding Sentinel korrigierend eingreifen und Steine aus dem Weg rollen, die gerollt werden mussten. Alles zum Wohl der Brautleute und ihres Anhanges. Es gab etliche dieser Rolling Stones.

In der Regel fängt immer alles total harmlos an. Sybille und Thorsten haben sich ganz dolle lieb, trotz oder gerade wegen ihrer bescheuerten Vornamen. Nach gemeinsamer Wohnung und eventueller Nachwuchsplanung kommt Thorsten dann mit einer Heiratsantrags-Inszenierung daher, der die Angebetete nicht widerstehen kann. An dieser Stelle bereits möge man den beiden wünschen, sie würden für „den großen Tag" ähnlich viel Sorgfalt an den Tag legen, wie Thorsten bei seinem Antrag.

Gut, die Sache mit dem Heißluftballon, nebst aufgedruckten „*Marry me*", hatte er bei „Ausgefallene Heiratsanträge - romantisch und überzeugend" stibitzt, aber wie heißt es doch so schön – besser gut geklaut als schlecht neu erfunden. Sybille sagt mit Tränen in den Augen „Ja" und dann geht es in die Planungsphase. Standesamt ist noch der einfachste Programmpunkt.

Die einzige Sache, die es eventuell noch zu überlegen gäbe, wäre die Terminfindung. Hin und wieder gibt es ja ganz putzige Zahlenkombinationen im Datum, wie 06.06.2016 oder 11.11.2011 und dann schließen die Herren und Damen Standesbeamten Ehen im Akkord. Auch keine all zu schöne Vorstellung – so eine Fließband Heirat.

Das Thema Kirche ist dann schon etwas heikler. Er ist vor ein paar Jahren ausgetreten, sie hat eigentlich auch keine Lust, aber die Eltern sind halt strenggläubig oder wie er es nennt; altmodisch. Irgendwie wird ein Kompromiss gefunden, mit dem alle leben können, und dann wird es endlich spannend. Das junge Paar stellt sich die Frage – wie soll eigentlich unsere Hochzeitsfeier ablaufen? Thorsten ist gedanklich noch bei seinem Junggesellenabschied (saufen mit den Jungs vom Fußballverein und hinterher Tabledance), Sybille ist bereits einen Schritt weiter. Längst hat sie sich Ratschläge eingeholt von den besten Freundinnen und damit fangen die Probleme meist auch schon an. Stichwort: Individualität.

Das Individuum, welches sich von anderen Persönlichkeiten abgrenzt – also nicht gleichgeschaltet ist wie beispielsweise zwei gute Freundinnen. Sybille und Beate sind zwei gute Gefährtinnen, weil sie sich seit der Grundschule kennen, zusammen auf dem Konzert von Bon Jovi waren und zweimal gemeinsam Urlaub in Kroatien gemacht haben. Das heißt aber ganz gewiss nicht, dass die beiden gleich viel verdienen – also dasselbe Budget für den großen Tag aufbringen und sich für dieselben Dinge begeistern können. Warum den Ideen der besten Freundin lauschen, statt sich selbst erst einmal zu hinterfragen: „Was möchte ich?" oder auch nicht ganz unwichtig „Wie überzeuge ich Thorsten?" Natürlich beugt sich der männliche Homo sapiens früher oder später dem Willen seiner besseren Hälfte. Er weiß instinktiv, dass es eh keinen Zweck hat, ihre Kopfgeburten durch kluge Einwände zu zerstreuen – irgendwann hat sie ihn eh weich gekocht. Auch ist eine solche Hochzeit nun einmal für die Frau wichtiger als für ihn. Es ist IHR großer Tag – darauf hat sie schon auf sämtlichen Probeläufen vom Kindergarten bis zur Studentenzeit hingearbeitet. Männer verstehen rein gar nichts von der Bedeutung einer Hochzeit für eine Frau, aber wenigstens demonstrieren sie ihren guten Willen. Das reicht schon mal für den Anfang.

Zurück zur besten Freundin. Die wird von nun an wichtigster Ansprechpartner in allen Fragen rund um den finalen Tag. Beate, so nennen wir die Dame einmal, ist ein steter Quell neuer Inspirationen. Hat Beate bereits mindestens einen „Höhepunkt" hinter sich – dann redet sie wenigstens aus Erfahrung und kann auf eigene Verfehlungen während der Feier hinweisen und Warnungen einstreuen. Das befreit sie natürlich nicht davor, neue Fehler zu machen. Die Idee „Was bei mir funktioniert hat, wird auch bei euch eine große Nummer" gehört ins Reich der Fiktionen. Trotz allem ist diese Beate auf alle Fälle gewinnbringender als eine selbst unverheiratete Beate, die sich ihr gefährliches Halbwissen meist aus Soaps, Dokus und der „Bunte" zusammengebastelt hat. Nie gehen ihr die Ideen aus, ganz egal wie unrealistisch diese auch sind. Was bei George und Amal Clooney in Venedig funktionierte, könnte allerdings eine Nummer zu groß sein für Sybille und Thorsten aus Bottrop.

Bevor man sechsspännige Kutschen mit geschmückten Schimmeln, 1.000 weiße Tauben am Firmament und den Auftritt eines A-Promis zwischen Hauptgang und Dessert in Betracht zieht, lohnt oft ein erster prüfender Blick in die Geldbörse. Budget-Planung heißt das Zauberwort. Hat man am Ende des Monats bereits Probleme, die neue Waschmaschine zu finanzieren oder den Fiat Panda durch den TÜV zu bekommen, könnte es heikel werden mit all dem Pomp und Glimmer. Da sollte man sich vielleicht doch eher für ein All-you-can-eat-Buffett beim Chinesen um die Ecke entscheiden. Die Faustformel lautet also: Was können wir uns leisten und wie steht die Finanzierung in Einklang mit unseren Wünschen. Egal in welchem Restaurant ich bisher gearbeitet habe, erschienen exakt am Sonntagnachmittag, wenn das Kaffee-Geschäft gerade brummte, junge, unsicher wirkende Pärchen auf dem Radar, die sich einmal unverbindlich über Hochzeits-Modalitäten beraten lassen wollten. Unangemeldet – natürlich.

Am schlimmsten war meine Zeit als Restaurantleiter in einem sogenannten Romantik-Hotel, wo jedes Wochenende die Pärchen im 5-Minuten-Rhythmus angewackelt kamen, um sich beraten zu lassen. Ganz klar, dass kaum jemand von den Herren aus der Chefetage Zeit hatte, sich um die Anfragen der frisch Verliebten zu kümmern. Also wurde den Heiratswütigen in Windeseile der Ballsaal und die anderen Räumlichkeiten präsentiert, eine Bankettmappe mit Menü-Vorschlägen in die Hand gedrückt und schon wurden die Täubchen genau so ratlos zurückgelassen, wie sie gekommen waren. Meist strichen die zwei unsere Lokalität sofort wieder von ihrer Liste, weil (Eintrag bei Tripadvisor) das Personal extrem unfreundlich und unprofessionell sei. Der ewige Dauerbrenner bei der Bewertung lautet einmal mehr: „Die haben es wohl nicht nötig".

Bitte – liebe Hochzeitsaspiranten – ruft doch einfach kurz an und macht einen Termin mit einem Restaurant – oder Bankettleiter aus. Viele eurer Fragen könnte man somit auch schon im Vorfeld klären, um Zeit und Mühe zu sparen. Veranstaltet das Etablissement überhaupt Hochzeiten, bietet das Haus Räumlichkeiten für die gewünschte Personenzahl, wie sehen die Konditionen aus?

Sollten jetzt einige Leser den Kopf schütteln über meinen Verdacht – es gäbe Restaurants, die Vermählungs-Happenings kategorisch ablehnen, so sei ihnen glaubhaft vermittelt – ja es gibt sie tatsächlich. Wirtschaften, die kein Interesse an solcherart Veranstaltungen hegen, sondern eine andere Klientel bevorzugen. Die Gründe dafür sind wie immer vielschichtig. Was die Terminbesprechung angeht – so haben wir Gastronomen durchaus Verständnis dafür, dass die meisten Leute halt am *Weekend* die meiste Zeit haben, da sie unter der Woche arbeiten.

Bitte akzeptiert aber im Gegenzug auch, dass in unserem Beruf eher an den Wochenenden Hochbetrieb herrscht und wir daher nur einen Bruchteil unserer Zeit für eure gesammelten Fragen haben. Warum nicht an einem verregneten Montagabend vorbeischauen? Bei der Gelegenheit vielleicht ein Gericht von der neuen Wochenkarte ausprobieren und auf diesem Wege die Qualität von Küche und Service einschätzen...

GANZ IN WEIß TEIL 2

Endlich ist auch diese Hürde genommen. Das junge Glück hat eine geeignete Lokalität gefunden und ist mit den Konditionen des Gastgebers zufrieden. Wobei Letzteres in der Regel nicht ganz so einfach ist. Sybille möchte bis in die frühen Morgenstunden feiern – der Wirt sagt „Nein", weil er sein für die Feier abgestelltes Serviceteam am nächsten Tag bereits wieder fit und ausgeschlafen für das Mittagsgeschäft benötigt. Hobby-DJ Thorsten möchte die Musik bis Ultimo aufdrehen, woraufhin der Pächter sofort sein Veto einlegt. Die Musik müsse pünktlich zur Geisterstunde heruntergeschraubt werden, da er Ärger mit den Nachbarn befürchte.

Ich selbst arbeitete einst in einem Restaurant, dessen Betreiber sich größtenteils auf Hochzeiten spezialisiert hatte und auf jeder Hochzeitsmesse Werbung für sein Lokal machte. Dummerweise stand er mit den meisten Nachbarn auf Kriegsfuß und jedes Wochenende sah man ihn mit Körben voller Champagner von Tür zu Tür gehen, um die Anwohner vorzuwarnen und zu beschwichtigen.

Die Tischdekoration ist der nächste heikle Punkt auf der langen Liste von Stolpersteinen. Sybille und ihre beste Freundin Beate haben wochenlang getüftelt, Kataloge gewälzt und Dokumentationen geschaut. In diesem Punkt hat Thorsten ohnehin kein Mitspracherecht – das ist echte Frauendomäne. Nicht, dass der bald-Ehemann darüber auch nur eine winzige Träne verdrückt hätte. Am Abend vor der großen Feier rücken die zwei Damen im Lokal ihrer Wahl an und präsentieren ihre geistigen Ergüsse. Körbe, die fast überquellen mit Herzen, Steinchen, Schleifen und Blumen. Da das ausführende Serviceteam gerade frei hat, wird einem Geschäftsführer oder irgendeinem Praktikanten erklärt, wie die Ladys sich das Gebilde am nächsten Tag vorstellen. Manager und Praktikant nicken eifrig, verstehen aber nur Bahnhof. Weil die Damen so eifrig daher schnattern, wagt keiner von ihnen einen Einwand. Dass die Visionen der Hochzeitsaspiranten und die Interpretationen der Kellner nicht synchron liefen, würde sich dann spätestens am nächsten Abend herausstellen – wo es in der Regel bereits zu spät war.

Ich selbst habe einen solchen Fall erlebt, wo die Braut mich und meine Crew am Morgen vor der großen Show instruiert hat, wie ihre aufwendige Dekoration im Detail auszusehen hätte. Auch sie brachte ganze Wagenladungen voller Kisten mit Muscheln, bunter Glasperlen und Steinchen in den Festsaal. Dazu ein Faltblatt mit der Dekorationsanordnung in aller Ausführlichkeit. So ungefähr stellte ich mir einen IKEA-Bauplan vor – auf schwedisch... Ich gab sämtliche Accessoires in die Hände meiner Service-Damen, die in solchen Arbeiten erfahrungsgemäß kompetenter waren. Das Ganze gestaltete sich aber selbst für die Versierten unter uns zur Herkulesaufgabe. Es wurde geflucht und neu arrangiert, wieder und wieder. Dabei zerrann die Zeit wie Sand zwischen unseren Fingern. Zeit, die eigentlich zum Eindecken und dem Arrangieren für das Fest eingeplant war. Zum Schluss musste ich noch zwei Auszubildende hinzuholen, weil wir mit unseren Vorbereitungen einfach nicht vorankamen und es allmählich eng wurde bis zum Eintreffen der Gäste. Als dann die

Hochzeitsgäste am Abend eintrafen, war es die Braut, welche als erstes in den Festsaal einmarschierte, einen Blick auf das Gesamtkonstrukt auf den Tischen warf und leise, unter Tränen zischte: „Das ist alles Scheiße".

Seitdem lehnte mein damaliger Chef es kategorisch ab, Servicepersonal für Dekorationen abzustellen. Das macht Sinn. Die Zeit und die Nerven, welche die Umsetzung der Geistesblitze der Heiratskandidatin kosten, stehen in keinerlei Verhältnis mit dem Gewinn des Hausherrn. Liebe künftige Braut – bitte sucht und findet in eurer Verwandtschaft eine kreative Gestalterin, jemanden, der bereit ist, am Vorabend oder dem frühen Morgen in der Feierstätte aufzutauchen und die Dekoration zu übernehmen. Habt ihr noch ein paar Euro über, so engagiert einen Profi – das Netz ist voll mit Adressen von Leuten, die sich für euch gerne für einen kleinen Obolus ins Zeug legen.

Schon kommen wir zum wohl wichtigsten Punkt bei einer solchen Feier: dem Essen. Mit dem Festmahl steht und fällt jede Party, wage ich jetzt einmal kess zu behaupten. Die Kellner können Flickflack schlagen, Helene Fischer springt als Überraschungsgast aus der Torte und ein Braunbär spielt Klavier – alles umsonst und schnell vergessen, wenn die Herren Köche einen schlechten Tag haben. Nächtelang haben Sybille und Thorsten diskutiert, wie sie diesen Kraftakt bewältigen sollten. Ihnen war nicht entgangen, dass es gewisse Widersprüche hinsichtlich der tollen Location und den Kochleistungen gab – sollte man den vielen Hobbykritikern im Internet glauben schenken. Schwer einen Ort zu finden, wo alles zusammenpasste. Wählt man einen Veranstaltungsort, den man für die Dauer der Veranstaltung pachten kann – gibt es in der Regel keine Alternative zu einem Catering-Unternehmen. Da kann man sich auch im Vorfeld bereits über Qualität und Preise im Web informieren. Meist sind diese Unternehmen etwas teurer und haben den Nachteil, dass sie keine zu vermietenden Zimmer anbieten. Feiert man in einem Gasthaus, so entfällt das Problem in der Regel. Im Normalfall verfügt das Etablissement selbst über ein paar Zimmer für das Hochzeitspaar und die aus Uganda angereiste Verwandtschaft der Braut. Sollte dies nicht der Fall sein, so gibt es sicherlich einige Beherbergungsbetriebe in unmittelbarer Nachbarschaft.

Nun denn – die nächste Frage steht auf dem Programm – Buffet oder Menü?
Auch hier gibt es wieder jede Menge Pro und Contra. Als ich als Restaurantleiter im bereits erwähnten Romantikhotel arbeitete, gehörte es zu meinem Aufgabenbereich junge, heiratswillige Paare bei der Ausarbeitung ihres Gelages beratend zur Seite zu stehen. Tauchte die Fragestellung „Buffet oder Menü" auf, argumentierte ich oft und gerne mit der Floskel, eine Speisenfolge würde dem festlichen Charakter des Abends eher gerecht werden als ein Büfett. Mochte dieses auch noch so aufwendig und reichhaltig arrangiert sein – irgendwie lief es trotzdem immer gleich ab. Wie in All-Inclusive-Urlauben auf den Ramschseiten der Reisevertreter. 18.30 Uhr öffnete das Restaurant im 3-Sterne-Bettenbunker und seit 18 Uhr wartete eine gierige Meute sehnsüchtig darauf, dass die Pforten endlich entsperrt würden. Hauptsache als Erstes die Teller vollschlagen, bis das Porzellangeschirr fast zerbrach. In der Regel wurde noch

nicht einmal gewartet, bis die Kellner die Getränke aufgenommen und gebracht hatten. Zu groß die Angst, die knusprigen Schweinekoteletts könnten bereits von der gierigen Meute vollständig verzehrt worden sein.

Essen in Buffet-Form ist sehr oft eine wirklich unansehnliche Sache. Ein ständiges Durcheinandergelaufe und Unruhe, die tatsächlich nicht zum festlichen Charakter eines solchen Anlasses passen. Ich bin mittlerweile nicht mehr ganz so sicher wie in früheren Tagen, ob ein Buffet nicht doch manchmal die cleverere Alternative darstellt. Schaue ich mir die immer größere Schar von tatsächlichen und Hobby-Vegetariern, Veganern, Allergikern etc. an, so kann ein solches Buffet durchaus eine tolle Sache sein. Viele Probleme, die bei der Menüauswahl einhergehen, werden schon im Vorfeld zerstreut. Wer es mit toten Tieren nicht so hat, hält sich tapfer an Salat und Gemüse, wer Fische seit der Kindheit verabscheut, darf sich gerne vom Rinderfilet drei Stück auf den Teller schaufeln und wer Süßspeisen verachtet, für den kommt die Käse-Ecke gerade recht.

Wesentlich mehr gibt es bei einem Menü zu beachten.Das fängt bereits bei der Anzahl der einzelnen Gänge bzw. deren Portionsgrößen an. In der Regel sind die Gastgeber mit ihren zu erwartenden Gästen vertraut – *Wedding Crasher* einmal außer acht gelassen. Junge Leute, Mittelschicht, kräftige Bauernburschen mit gigantischen Appetit – da fangen die Überlegungen bereits an. Es bringt nichts, einer Meute Möbelpackern optisch hübsch angerichtete Mini Häppchen Foui Gras und Löffelbiskuit anzubieten, wenn diese gewohnheitsgemäß ein halbes Schwein auf Toast zur Nachtstunde verschlingen.

Findet das feierliche Essen bereits am frühen Abend statt, und soll hernach noch getanzt werden, empfiehlt es sich eher, zu klotzen als zu kleckern. Gerne darf je nach Bedarf auch noch der gute, alte Mitternachtsimbiss serviert werden. Es muss ja nicht unbedingt der Hackfleischigel aus Omas Zeiten sein. Etwas pfiffiger darf der Snack schon daherkommen. Die Gulaschsuppe hat sich bewährt, für die Moderneren ein Chili con Carne und Käse geht sowieso immer.

Wie bereits erwähnt, bringen klassische Speisefolgen heutzutage wesentlich mehr Stolperfallen mit sich, als in früheren Jahren. Überlegen sich Sybille und Thorsten ein wunderbares Menü, das bestimmt ein jeder mag, so sieht das in der Praxis oft ganz anders aus. Erster Gang: bunter Gartensalat mit gebratenem Lachsfilet. Während die Kellner servieren, beginnt bereits am zweiten Tisch eine junge Blondine zu grummeln. „Sorry, ich mag keinen Fisch". Den mortalen Meeresbewohner einfach zur Seite zu legen und nur die Grünbeilage zu verzehren, kommt natürlich nicht infrage. Immerhin ist der Salat bereits vom Fisch verseucht. Nun grummelt der Maitre in sich hinein, weiß er doch, dass gleich Ärger in der Küche droht. Er trägt den vollen Teller wieder zurück in die heiligen Hallen und ruft den Gardemanger zu: „Du Heiner, ich brauche bitte einmal nur Salat". „Wieso nimmst du den Fisch nicht einfach runter, du Depp?" ruft ein anderer Koch ihm zu. „Weil der Salat angeblich nach Fisch riecht" mault unser Kellner. „Dumme Nuss" faucht der Gardemanager und richtet in Windeseile einen neuen Salat an. Mit der „dummen Nuss" ist im Übrigen ausnahmsweise nicht unsere arme Bedienung gemeint. Schon kommt Kellner Nummer 2 angewetzt: „Sorry Heiner, kannst du bitte einen Salat ohne Joghurtdressing machen. Madame ist allergisch gegen Milchprodukte".

Mit einem Kopfschütteln macht sich der arme Heiner daran, einen weiteren Salat anzurichten, dieses Mal mit Vinaigrette. Natürlich wiederholt sich das Ganze auch beim 2. und 3. Gang. Die Küche kommt kaum hinterher mit dem Neuarrangieren ihres Menüs für einzelne Nörgler. Natürlich leidet darunter auch das nebenher laufende À-la-carte-Geschäft. Vielleicht eines der Gründe, warum viele Betriebe schlichtweg keine Lust mehr auf Hochzeiten haben. Zu viel Unberechenbarkeit, zu viel Aufwand und am Ende – zu wenig Ertrag.

Das bedauernswerte Brautpaar möchte ich an dieser Stelle ausdrücklich in Schutz nehmen. Die haben sich gewiss im Vorfeld genau überlegt, wie sie es möglichst allen Recht machen können. Restaurantleiter und Küchenchef haben ihnen bei einer der Bankett-Besprechungen sicherlich einige wertvolle Tipps mitgegeben. Saisonale Gerichte wie Spargel oder Wild, regionale Klassiker, Portionsgröße etc. Sybille hat sich extra die Mühe gemacht, im Vorfeld abzuklären, wer aus dem Gästekreis eher ein vegetarisches Menü bevorzuge oder ob es eventuell Allergien gäbe. Dass sich nicht alle Gäste geoutet hatten, kann ihr schlicht nicht angelastet werden.

Noch schlimmer ist es bei einem Auswahl-Menü. Hier hat der Gast die banale Aufgabe, im Vorfeld zu entscheiden, ob er am Tag X Vorspeise 1 oder 2 zu konsumieren wünscht und welcher Hauptgang es bitte schön sein darf. Der Hochzeitseinladung lag dann auch ein Zettel bei, auf dem sich die werten Gäste bitte festlegen sollten, ob es Melone mit Parmaschinken oder die Fischpastete mit Zitronenschaum und anschließend das Wiener Schnitzel mit Spargel aus der Region oder lieber das Lachsfilet mit Linguini sein solle. Sybille hat brav alle Antwortkärtchen gesammelt, die Anzahl der Menüs zusammengeschrieben und dem Restaurant per E-Mail-Anhang zugesandt. Alles richtig gemacht, liebe Sybille, aber die Praxis sah wieder einmal ganz anders aus.

Da wusste Thorstens Schwager nach über zwei Monaten gar nicht mehr, wonach ihm damals, beim Ausfüllen der Karte, der Sinn gestanden hatte. Hm, das Schnitzel vom Nachbarn sah aber auch zu verführerisch aus. „Hatten Sie Fisch oder Fleisch zum Hauptgang?" hört man den Ober fragen. „Na das Schnitzel selbstverständlich" herrscht ihn Thorstens Schwager an. Schon stand die Fleischspeise vor ihm und wurde mit riesigen Appetit verzehrt. Am letzten Tisch möchte eine gutgelaunte Bedienung die letzten Teller, ausnahmslos Fisch, loswerden mit dem fröhlichen Spruch: „Sooo, jetzt wird's einfach – Lachs für alle". Der Wunsch nach „einfach" platzte sogleich wie eine Seifenblase und der eben noch frohlockende Kellner wackelt mit vier Tellern Lachsfilet zurück in die Küche und ruft: „Keine Ahnung was da schief gelaufen ist, die wollen alle das Schnitzel". Da freut sich die Küchenbrigade natürlich wie Bolle. Nicht nur dürfen sie jetzt vier Schnitzel in Rekordtempo klopfen, panieren und braten, nein, der Lachs ist auch nicht mehr zu gebrauchen. Nicht einmal für das À-la-carte-Geschäft, denn offiziell steht dieses Gericht nicht in der Karte, sondern wurde extra, weil gewünscht, für diese Hochzeitsgesellschaft eingekauft und veredelt. Ein weiterer Kostenfaktor für den Geschäftsführer, der nur ungern ein Verlustgeschäft machen möchte. Er denkt kurz darüber nach, ein paar Flaschen Wasser und einige Softdrinks zusätzlich auf die Rechnung zu setzen, um den Verlust auszugleichen. Wie seine Entscheidung letztendlich ausfällt, bleibt sein Geheimnis.

Hinzu kommt der Zeitfaktor. In vielen Betrieben schließt die Küche zwischen 21 Uhr und 21.30 Uhr. Geht es länger, erwarten die Herren Köche selbstverständlich eine Überstunden-Gratifikation. Daher sind die Betreiber daran interessiert, das Kapitel Verköstigung der Gäste schnell hinter sich zu bringen. Was natürlich nicht möglich ist, wenn es während der Menüfolge ständig Umbestellungen und Rückläufer gibt. Hinzu kommen noch Reden und Auftritte während der einzelnen Gänge. In der Regel besprechen die Bankettleiter mit dem Brautpaar den Ablauf ihres Festes. Es wird festgelegt, wann das Brautpaar eine Pause wünscht, wann eine Darbietung geplant ist und wie lange diese in etwa dauern wird. All die schönen Pläne werden einmal mehr über den Haufen geworfen, wenn sich plötzlich Gast XY erhebt und ungeplant eine ausufernde Ansprache hält. Ganz blöde, wenn gerade ein halbes Dutzend Kellner mit dem Hauptgang in den Festsaal einmarschiert. Ich habe mehrfach erlebt, dass diese Ignoranten uns dann anwiesen, uns flugs wieder in die Küche zurück zu trollen. Aber nix da, du selbstverliebter Egomane, melde deine Rede gefälligst vorher beim Oberkellner an. Damit du deinen großen Auftritt hast – dafür werfen wir nicht den gesamten Serviceablauf über Bord.

Überhaupt – die Reden und Auftritt auf Hochzeitsfeiern. Klar, dass der Bräutigam mit ein paar markigen Worten seine Liebe zur frisch Angetrauten öffentlich zementieren muss. Auch für ein Statement des Brautvaters habe ich noch Verständnis – allerdings nicht für Reden über 10 Minuten. Wozu braucht es Leinwand-Projektionen in Spielfilmlänge, wo Sybilles gesamtes Leben, vom ersten Furz im Kinderbett bis zum Verlust der Jungfräulichkeit, für alle Anwesenden dokumentiert werden? Was soll Claudia und Horsts Auftritt, in dem sie allen Anwesenden in Form eines vergaloppierten Reimes erklären, wie lieb sie das Brautpaar doch hätten? Kimberly Jolante und ihr neuer Partner aus dem Senegal machen es auch nicht besser. Sie initiieren das erste von insgesamt drei Party-Spielchen. Das allseits beliebte Ratespiel „Wie gut kenne ich meinen Partner?". Sybille soll Thorstens Lieblingstier (vietnamesisches Hängebauchschwein) erraten und Thorsten Sybilles Lieblingsfarbe (kariert). Kimberly Jolante und ihr senegalesischer Begleiter kennen das Spielchen noch zur Genüge vom Besuch des Ausländeramtes, dass sich auf Aufdecken von Schein-Ehen spezialisiert hat. So richtig zünden will das Spiel nicht, zieht sich dafür wie Kaugummi. Es wird locker 24 Uhr, bis der ganze Unfug endlich vorbei ist. Jetzt erst kann der DJ dem Feiervolk einheizen. Der erste Song ist noch nicht einmal vorbei, da kommt auch schon der Lokalinhaber angerannt und schnauzt den DJ an, er solle die Musik gefälligst leiser stellen, wegen der Nachbarn. Das sei auch so mit dem Brautpaar besprochen worden. So plätschert der Abend dahin und Sybille und Thorsten wünschten sich insgeheim, sie hätten einen fähigen Wedding planner zurate gezogen, der ihr großes Fest in die richtige Bahn gelenkt hätte. Stolpersteine überall...

Die schönsten Hochzeiten, auf denen ich gearbeitet habe, waren immer diejenigen ohne großes Brimborium. Ein toller Empfang mit Häppchen zur Linderung des ersten Appetits, gefolgt von einem entspannten Menü und so Gott will – noch etwas musikalische Unterhaltung durch Live-Musiker. Falls es doch ein DJ sein soll – so knausert bloß nicht an der falschen Stelle. Was gibt es Schlimmeres als einen egozentrischen Hobbyplattenaufleger, der den Anwesenden seinen persönlichen Musikgeschmack aufzwingen möchte. Zum Glück geht der Trend inzwischen zur Zweit- oder Dritthochzeit. So manche Braut oder Bräutigam durfte ich gar zum zweiten Mal in unserer Herberge begrüßen, im Normalfall mit einem anderen Partner. Das macht es für alle Protagonisten leichter. Die frisch Vermählten und das Service-Team sind bereits aufeinander geeicht. Jeder weiß, was er vom anderen zu erwarten hat. Die Gastgeber werden relaxter, die Abläufe sind ein Stück weit routinierter und überhaupt – der ganze Abend Entspannung pur. Lasst doch einfach die erste Hochzeit ausfallen und beginnt mit der zweiten.

Ach und ganz zum Schluss – bitte vergesst das Trinkgeld nicht. Hochzeiten sind jedes Mal eine furchtbar aufwendige Angelegenheit. Wenn das Brautpaar und ihre Gäste den Festsaal betreten, sind die Herren und Damen von der Service-Front schon viele Stunden auf den Beinen. Sie haben Besteck und Gläser poliert, eingedeckt und den Raum geschmückt. Während der Feier sind sie für euch da und wenn ihr schon die Äuglein geschlossen habt, räumen sie noch immer den Saal auf. Bei Beträgen über 5.000 Euro 20 Euro Trinkgeld für 3-4 Kellner rauszurücken, halte ich persönlich für eine Frechheit. Hochzeiten sind oft zähe Veranstaltungen, die den Kellnern einiges abverlangen. Physisch und psychisch. Dankt ihnen dafür. Seid nicht all zu knauserig.

Heute haben wir geschlossen. Morgen machen wir wieder für sie da.

KÖNNEN SIE MAL EIN FOTO MACHEN?

„Können Sie mal ein Foto von uns machen?" hörte ich eine aufgeregte Jungmännerstimme in meinem Windschatten. Kaum drehte ich mich langsam um, hielt mir ein nervöser Knabe sein Smartphone ins Gesicht. Wäre er noch ein bisschen aufdringlicher auf mich zugekommen, wäre eine Kollision mit meiner Stirn unumgänglich gewesen. Puh, da hatte ich ja noch einmal Glück gehabt. Warum der blonde Schlacks so aufgekratzt war, konnte ich beim Anblick seiner jugendlichen Begleiterin erahnen. Eine langbeinige Blondine im kurzem Mini und mit tiefem Ausschnitt stand einen Meter hinter dem Burschen und schaute gelangweilt, Kaugummi kauend, umher. `Wo der Pickelkopf die Schnecke wohl aufgerissen hatte?` dachte ich. Ob die Dampfbluse seinem Charme erlegen war oder eher der Anziehungskraft seiner gut gefüllten Brieftasche, konnte man bereits erahnen, ohne ein wacher Beobachter zu sein. Sah im Übrigen verdammt nach dem ersten Date aus und, ohne in Häme zu verfallen, wahrscheinlich auch das letzte.

Sei es drum – da stand ja noch der Wunsch nach einem von mir geschossenen Foto im Raum. „Ähem ja klar, kann ich machen" entfuhr es mir in bester Dienstleistungsmanier. Ich nahm das Samsung Galaxy (noch nicht einmal iPhone – tzzzzt, schäm dich) und drückte auf den Auslöser. „Ey, danke Mann" entfuhr es dem Möchtegern-Casanova und schon flatterten die zwei Täubchen von dannen. Ich schaute der blonden Praline noch kurz auf den wohlgeformten Hintern und wandte mich dann wieder den anderen Gästen zu. Die machten allesamt den Eindruck, als wären sie gerade bestens bedient und wunschlos glücklich. Na dann, Zeit für ein kleines Päuschen.

Die kleine Foto-Begebenheit folgte mir noch ein wenig nach. Es hätte durchaus schlimmer kommen können gerade eben. Nur ein einziges, simples Bildchen brauchte ich heute zu knipsen. Das war mein persönlicher Minus-Rekord für die letzten sechs Monate. Unglaublich. Musste an der Nervosität des verliebten Gockels gelegen haben. Anders war diese Genügsamkeit nicht zu erklären. Für gewöhnlich kam ich nicht unter fünf Bildchen aus der Nummer heraus. Wenn es blöd lief, hielten mir auch noch sämtliche Begleiter ihre Mobiltelefone mit eingebauter Hochleistungskamera entgegen und erwarteten ebenfalls ein persönliches Erinnerungsfoto.

Ich erinnere mich ziemlich genau an eine 12-köpfige Gruppe Spanier, die während eines wüsten Gelages, allesamt ein Bild mit der eigenen Kamera von mir verlangten. Bei Torero Nummer drei brach ich dann meine Fotokünste ab – sehr zum Missfallen der andalusischen Gäste. Ich verwies darauf, dass doch bestimmt ein jeder von ihnen Whatsapp auf seinem Handy installiert hätte, wodurch ein Austausch der Bilder innerhalb von Sekunden möglich sei. Außerdem war es eher unwahrscheinlich, dass sich die Fotos oder das Fotomotiv beim 12. Ablichten großartig ändern würden. Das war Fakt, trotzdem folgte meinem Abgang böses Geraune. Da hatte die Paella-Fraktion in der Heimat sicherlich einiges zu berichten. Die humorlosen, unfreundlichen Deutschen in ihrer

Paradedisziplin: Grobschlächtigkeit und Verbissenheit. Darauf einen Plastikeimer Sangria mit Strohhalm.

Es gab tatsächlich Zeiten, da habe ich gerne auf die Fotowünsche meiner Gäste reagiert. Ich glaube, das war, bevor in fast jedem Mobiltelefon eine Kamera eingebaut wurde. Der Gastgeber fragte mich, ob ich mit der modernen Technik umgehen könne. Falls ich seine Frage nicht wie aus der Pistole geschossen mit „Ja" beantworten konnte, wurde ich 5 bis 10 Minuten instruiert. Hatte mein Gast „sein" Bild, dankte er mir für meine Geduld und Hilfe und zeigte sich später beim Trinkgeld doppelt spendabel. Es passierte vielleicht ein, höchstens zwei Mal im Monat, dass ich um Assistenz beim Erstellen eines Gruppenfotos gebeten wurde. Die gute, alte Zeit. Gast X besaß einen klassischen Fotoapparat, vielleicht eine Leica oder eine Samsung, und in dem klobigen Teil befand sich ein hochmoderner Kodak-Film, ausreichend für 25 Bilder. Wie sich viele der Leser noch erinnern können, wurde dementsprechend gegeizt bei den Aufnahmen.

Da wurde dann schon dreimal überlegt, ob Motiv A, B oder C am besten als Erinnerung taugte. Gab es einen festlichen Anlass, so wurden die geladenen Gäste aufwändig in ihre jeweilige Position gezwungen und zum Bewegungsstopp verurteilt. Der große Moment war nahezu unwiederbringlich, und weil dies einem jeden klar war, wurde auch pariert. Natürlich war dabei wenig Platz für Individualität oder gar Spontanität. Die Fotografien sahen meist unnatürlich und gestellt aus, es sei denn, man machte heimlich hinter dem Rosenstrauch Bilder vom Objekt seiner Begierde. Aber besser ein aufgesetztes Lachen als die zerknirschten Gesichter auf den Porträts irgendwelcher

Vertreter von Adelsgeschlechtern. Die mussten bekanntlich oft stundenlang regungslos in ihren Herrscher-Posen verharren, bis der liebe Maler endlich den richtigen Pinsel oder die Farbe seiner Wahl gefunden hatte. Was war das noch für ein Nervenkitzel, wenn man die vom Filmstudio entwickelten Fotografien nach ein paar Tagen abholte. Man bekam einen verschlossenen Umschlag in die Hand gedrückt und konnte es kaum erwarten, diesen dann draußen aufzureißen, um zu schauen, welche Bilder „etwas geworden waren". Wie oft war falsch belichtet worden, Aufnahmen waren verschwommen oder sonstwie unbrauchbar. Ärgerlich, aber beim nächsten Mal wusste man es besser.

Klar, dass dies heutzutage keine Rolle mehr spielt. Man schaut sich das eben fotografierte Bild in der Kamera-Galerie an, entscheidet sofort, ob man die Aufnahme behalten oder löschen möchte. Zur Not kann man ja gleich noch eine Serie schießen ... Mit dem Fotografieren ist es so wie mit vielen anderen Dingen – wenn die Ressourcen unendlich erscheinen wird geprasst, als gäbe es kein Morgen. Die Lieblingsfilme und Serien werden auf tragbare 3-TB-Festplatten gepresst und weil man ja stets auf dem neuesten Stand sein muss, und die Zeit knapp ist, kommt man immer seltener zum wiederholten Schauen. Ich kenne Leute, die mit einer privaten Musikbibliothek von über 100.000 Titeln prahlen. Hier gilt das Gleiche wie für Filme und Serien – vor lauter sammeln und archivieren kommt man kaum zum Konsumieren.

Von meinem ersten Taschengeld kaufte ich mir auf Flohmärkten Langspielplatten, manchmal einfach nur, weil ich den Bandnamen toll oder das Album-Cover schrill fand. Stellte sich der Tonträger als unbefriedigendes Hörerlebnis heraus, wurde nicht lange geflucht, sondern tapfer so ausführlich und oft aufgelegt, bis man die Scheibe doch irgendwie ganz interessant fand. Schließlich war das Ding teuer gewesen und überhaupt – ich hatte nur ca. 50 Tonträger, und da konnte ich mir einfach keinen Flop leisten. Heute stehen einem Handybesitzer für gewöhnlich 32, 64 oder mehr Gigabyte zur Verfügung, und da sind Speichererweiterungen noch nicht einmal eingerechnet. Dementsprechend scheint es nicht wirklich eine große Rolle zu spielen, wie oft auf den Auslöser gedrückt wird – egal ob Foto oder Video. Die Leute besuchen heutzutage scheinbar nur noch Sehenswürdigkeiten, um ihre eigene Ablichtung des Events zu machen. Egal ob Naturspektakel oder Baudenkmal – Hauptsache das Ganze ist auf dem Speichermedium verewigt. So ziehen sie wie ferngesteuert weiter von einem Highlight zum nächsten.

Das eigene Empfinden, das Verewigen des Bildes im Herzen und in der Großhirnrinde kommen dabei zu kurz. Man kann sich das Ganze schließlich immer und immer wieder auf dem Handy anschauen. Ähnliche Erfahrungen mache ich neuerdings auf Konzerten. Früher ging man zu Live-Auftritten, genoss die Stimmung und hatte insgesamt einen tollen Abend. Hatte man durch exzentrischen Alkoholgenuss am nächsten Tag keinen Kater, so blieb die Erinnerung an die Bühnenshow haften. Es gibt Bandauftritte von vor 25 Jahren, an die ich mich noch so gut erinnere, als wären sie erst gestern gewesen. Heute werden von jedem Musik-Erlebnis hunderte Bilder geknipst und sofort mit den sozialen Medien geteilt. Die Frage ist – wie viel von dem Bühnengeschehen bekommt man effektiv mit und was bleibt in Erinnerung? Man bringt sich selbst um das Vergnügen eines plastischen, nachhaltigen Andenkens. Das, was man auf dem Handy gespeichert hat, könnte man sich genauso gut hinterher auf YouTube anschauen oder als Blu-Ray bei MediaMarkt kaufen. Lasst uns weniger Bilder knipsen und öfter den Moment genießen.

Denn auch hier stellt sich letztendlich wieder die alles entscheidende Frage: Wer schaut sich all diese Fotos überhaupt an? Steht die fürs Ablichten verwendete Zeit und Energie noch im Einklang mit der späteren Betrachtung? Kann man 1000 Bilder am Stück, von ein und dem selben Ereignis, betrachten, ohne gesundheitlichen Schaden zu nehmen? Nicht eingerechnet die Mühe, welche sich der wackere Filmer mit der anschließenden Nachbearbeitung seiner Meisterwerke gibt. Dutzende von Bildbearbeitungsprogrammen machen heutzutage aus den meisten Laien einen Künstler. Dabei reden wir hier nicht davon, sich auf Instagram lustige Katzenohren aufzusetzen, sondern um reine, unverfälschte Bild-Ästhetik. Farben verändern, Tiefenschärfe, ein paar Blitze im Hintergrund... Ein paar Pics, die man selbst unter die Rubrik „besonders wertvoll" eingestuft hat, landen irgendwo in den sozialen Medien und werden von den 769 Facebook-Freunden pflichtbewusst geliked. Aber was ist mit den anderen 3000 Bildchen, die auf dem Speichermedium schlummern?

Letzte Weihnachtsfeier. Dieter nimmt nach dem fünften Weißbier eine bemalte Dekorationskugel vom Tisch und hält sie von hinten über den Kopf von Heidi, der dickbrüstigen Sekretärin vom Chef. Da diese Aktion letztendlich auch schon den Höhepunkt der Weihnachtsfeier darstellen soll, beeilen sich sämtliche Kollegen, schnell ein Dutzend Bilder von diesem

Highlight zu schießen. Wem soll man den Unfug aber später präsentieren? Wen interessiert so etwas? Fragen über Fragen. Im Alkoholrausch mag so eine Weihnachtskugel auf dem Kopf einer Kollegin vielleicht noch ganz witzig sein, aber nüchtern betrachtet?

Vor Kurzem bereiste ich mit meiner Lebensgefährtin für ein verlängertes Wochenende den schönen Gardasee. Das Hotel, welches wir uns gemeinsam ausgesucht hatten, punktete auf sämtlichen Online-Bewertungsseiten mit einem „supertollen Frühstücksbüfett". Auch wenn ich selbst nicht der größte Frühstücksfan des Planeten bin, so fiel die Entscheidung für besagtes Refugium vor allem wegen dieses Kriteriums. Uns erwartete tatsächlich ein wunderbares Büfett, das keine Wünsche offenließ. In der Mitte des Arrangements hatten sich die Kochkunsthandwerker etwas Besonderes einfallen lassen. Der wunderbare, saftige Serranoschinken wurde eingebettet in eine riesige Honigmelone, aus der die Profiköche einen Hahn geschnitzt hatten. Na klar war das Vieh ein echter Hingucker. Fast jeder der über 100 Frühstücksgäste flanierte zu besagtem Büfett und machte etliche Bilder von diesem Arrangement. Je länger ich dem unsäglichen Schauspiel beiwohnte, desto genervter wurde ich. Unsinnig zu erwähnen, dass ich bei dem Auflauf und Gedränge nicht einmal an den leckeren Schinken herankam.

Gehört das Fotografieren der Gäste eigentlich zu meinen Service-Aufgaben? Ich tat mich schon früher schwer mit Dingen wie Zigaretten für den Gast besorgen. Klar ist das eine Service-Leistung und natürlich bin ich Mitarbeiter im Gastgewerbe. Mal abgesehen von der Tatsache, dass ich Nichtraucher bin, leuchtet es mir einfach nicht ein, wie man zu einem Restaurantbesuch ausreichend Rauchwerk vergessen kann. Die Geldbörse steckt man doch auch ein. Hinzu kommt noch die Bettelei nach Wechselgeld. Ein herkömmlicher Kellner ist im Idealfall mit einem festen Stock an Münzen ausgestattet, der schnell kleiner wird bei viel Kaffeegeschäft oder einer hohen Anzahl an Einzelzahlern. Kommen dann auch noch Gäste daher, die einen 10-Euro-Schein „klein gemacht" wünschen, wird es langsam eng mit den Münzeinheiten. Besorge ich mir für die Arbeit Kleingeld bei meiner Hausbank, so rollt die Bankangestellte meist mit den Augen und grummelt: „Muss erst schauen, ob ich so viel da habe". Besuche ich die Filiale einer anderen Bank, bezahle ich inzwischen eine Wechselgebühr von 2 Euro. Das ist dann eine Verlustrechnung für mich.

Muss ich die Gäste also auf deren Wunsch hin fotografieren? Des lieben Friedens Willen greife ich in der Regel mechanisch zu deren Smartphone und mache lieblos zwei, drei Bildchen. Ich habe aber die Foto-Bitte auch schon abgelehnt, vor allem wenn gerade viel zu tun war, was selbst dem entspanntesten Gast auffallen hätte müssen. Trotzdem wurde ich mit der Bitte um Ablichtung von ihm und seiner Freundin belästigt. „Jetzt nicht" oder „Tut mir leid, ich habe gerade keine Zeit" kommen bei den Foto-Süchtigen gar nicht gut an. „Haben Sie wenigstens Zeit zum Kassieren" wurde ich kurz nach meinem temporären „Nein" giftig gefragt. Über die anschließende Höhe des Trinkgeldes breiten wir schnell den Mantel des Schweigens. Ich erinnere mich noch gut an die Zeit, als ganz selten der Kellner dazu auserkoren wurde, ein Erinnerungsfoto der Gast-Protagonisten zu schießen. Da ging man einfach an den Nebentisch und fragte die anderen Herrschaften, ob es denn wohl möglich sei, bei der Fotoherstellung behilflich zu sein. Wenn nicht gerade gegessen wurde, kam man dem Wunsch der übrigen Besucher in der Regel gerne nach.

Fazit: Besser ein Selfie machen oder die anderen Gäste fragen, als die Kellner belästigen. Ich träumte noch ein Weilchen von der guten alten Zeit, als mir jemand auf die Schulter klopfte. Ich drehte mich jäh erschrocken um und eine korpulente Dame Mitte 50 stand mit ihrem Smartphone in der Hand vor mir. Fünf Meter vor ihr hatten sich noch vier weitere Exemplare der Marke „Dickmann in der Selbstfindungsphase" aufgebaut und grinsten mit der Sonne um die Wette. „Können Sie schnell ein Foto von mir und meinen Freundinnen machen?" fragte die Wuchtbrumme. „Selbstverständlich gerne" grinste ich sardonisch und sah dem fidelen Quintett beim Posieren zu.

Wer behauptet,
dass es keine
dummen Fragen
gibt,
hat noch nie
in der Gastro
gearbeitet!

LIEBE AM ARBEITSPLATZ

Auch die Damen und Herren von der Servicefront haben ein Liebesleben, auch wenn dieses bisweilen dem einer Eintagsfliege bedenklich nahe kommt. Es gibt sie tatsächlich, die Berufe, welche als sogenannte „Beziehungskiller" gebrandmarkt sind. Berufssoldat, Polizist, Weltraumarzt oder Serienkiller taugen nicht gerade für eine harmonische Partnerschaft. Wem in jugendlichem Alter, in Ermangelung einer fundierten schulischen Ausbildung von den Sachbearbeitern des Berufsausbildungszentrums die Profession eines Gastronomen angeraten wird, hat mit Sicherheit noch keine Vorstellungen von den Widrigkeiten des Berufes. Gerne wird, um diese Larven überhaupt in irgendeine sinnvolle Tätigkeit zu stecken, auf all die schönen Dinge verwiesen, die mit dem Kellnerberuf einhergehen... theoretisch.

Gute Weiterbildungsmaßnahmen werden da genannt, die Verdienstmöglichkeiten sind oft riesig, und die Karriereleiter kann rasch erklommen werden. Letzterem kann ich nur zustimmen, allerdings mit einem süffisanten Schmunzeln. Ich habe in meiner langen gastronomischen Laufbahn Koch-Azubis im dritten Lehrjahr erlebt, die kurzerhand zum Küchenchef ernannt wurden. Nicht etwa, weil sie besonders helle Kerzen waren, sondern weil sie von den vier Ceranfeld-Primaten am ehesten für eine leitende Position zu taugen schienen. Auch im Service wird hin und wieder um das Amt des Oberkellners gewürfelt. Wenn man manche Bankettleiter bei der Arbeit beobachtet, kommt man sehr leicht darauf, dass dieser Posten oft nicht aufgrund besonderer Geschicklichkeit im Umgang mit Gästen oder überquellender Cleverness vergeben wird. Eloquenz oder Charme? Fehlanzeige. Aber zurück zu den angehenden Auszubildenden im Gastgewerbe. Die schalten für gewöhnlich bereits nach der Ansage – hier lässt sich prima Asche verdienen – auf Durchzug. War da noch was von Wochenendarbeit, unregelmäßigen Arbeitszeiten und Verlust der Menschenwürde? Die 70%, die entweder die Lehre schon nach kurzer Zeit schmeißen oder sich gleich nach der Ausbildung beruflich neu orientieren, sprechen eine deutliche Sprache. Hat man es sich erst einmal schön gemütlich gemacht in der gastronomischen Komfortzone, wird es von Jahr zu Jahr schwieriger, auszusteigen.

Ich habe in all der Zeit, die ich in der Gastronomie verbrachte, von wenigen beständigen Verbindungen in unserem Beruf gehört und noch weniger selbst erlebt. Oft fingen die Schwierigkeiten bereits an, als man noch nicht einmal eine Beziehung, welcher Art auch immer, hatte. In der prä-romantischen Phase, dem Kennenlernen, kam stets irgendwann die unvermeidliche Job-Frage. Antwortete ich dann ehrlich, dass ich bei der Berufswahl nicht aufgepasst hätte, aber ansonsten ein ganz netter Typ sei, drucksten die Damen gerne herum. Nicht nur die Leiterin eines Pharma-Konzerns oder die sehr nette Atomphysikerin, sondern ironischerweise auch Friseurinnen oder Fleischereifachverkäuferinnen. Als ob deren Beruf, hinsichtlich der Anerkennung im sozialen Ranking, nicht auch eher ein Nischendasein fristen würde.

Hatte ich, in der Vergangenheit, endlich die erste Hürde überwunden und konnte mit Witz und gutem Aussehen punkten, wurde es auch schon wieder brenzlig. Das nunmehr 3. Date stand an. Date Experten wissen – nicht das erste Date ist entscheidend, auch nicht der Recall, nein, es ist das 3. Date. Da wird die Spreu vom Weizen getrennt. Hier entscheidet sich, ob das Schiff in Richtung Beziehung steuert, oder ob es einmal mehr zum Rohrkrepierer wird. Dass beim berüchtigten 3. mal auch in der Regel das Horizontal-Debüt ansteht, macht diesen Tag noch ein Stück spannender. Ich hatte mir extra ein neues Hemd gekauft und die Unterhosen gebügelt.

Schon beim Aufstehen war ich aufgeregt ohne Ende. Was würde der Abend bringen? Mit Anne, der Neuen, war ich für 19.30 Uhr verabredet. Ein Abendessen beim Italiener stand auf dem Plan. Ich hatte am Abend zuvor noch sämtliche Kritiken zu diesem Restaurant gelesen und war entspannt, was die Lokalwahl betraf. Hübsches, ruhiges Ambiente, ausgezeichnetes Essen und dezenter Service. Was sollte da noch schief gehen? Das Telefon klingelte. Hm, wer mochte mich denn so früh am Morgen stören? Richtig, der Chef. So so, aha, nein, so was aber auch. Ein Kollege hatte sich heute früh krank gemeldet, dem Nächsten war der Hund weggelaufen. Natürlich hatte sich auch gerade an diesem Tag noch kurzfristig eine Trauergesellschaft mit 50 Leuten angesagt. Ob ich einspringen könne, und selbstverständlich würde er es wieder gut machen. Ich sagte loyal zu und informierte Anne, dass wir unser Treffen leider verschieben müssen. Zunächst zeigte sie Verständnis.

Am Abend bekam ich dann den Laufpass per Whatsapp-Nachricht. Irgendetwas von wegen „sie bräuchte jemanden, auf den man sich verlassen könne" und „sie ließe sich nicht hin und her schieben, wie es mir gerade passe".

Auch im Small Talk mit Fremden schlägt mein Gegenüber gerne mal die Hände über dem Kopf zusammen und es fallen Floskeln wie: „ach her je – ich könnte das nicht – alleine wegen der Arbeitszeiten." Als ich einst bei hochsommerlichen Temperaturen meinen Dienst auf der Terrasse unseres Restaurants verrichtete, schüttelte eine freundliche Dame meine Hand und gab mir unaufgefordert einen Einblick in ihr Seelenleben: „Ich bewundere Sie ja so für ihre Nerven und ihre Zähigkeit. Mein Sohn hat vor einem halben Jahr eine Lehre in der Gastronomie angefangen und nach nur 2 Monaten gekündigt. Seine Kumpels sind am Wochenende Motorrad gefahren, und er musste arbeiten." Sie verschwieg mir auch nicht, dass er danach eine neue Ausbildung begonnen hatte – dieses Mal als Verkäufer bei REWE. Auch dort sei er nicht all zu glücklich. Vor allem wenn kurz vor 20.00 Uhr noch Leute zum einkaufen kämen, die zwei Wagen vollmachten und ihre gesammelten Einkäufe auch noch mit ihrer Kleingeldsammlung zahlen wollten. Hört, hört – auch andere Berufe haben so ihre Tücken.

Lese ich die Expertentipps für erfolgreiche Beziehungen zwischen Gastronomen und Nichtgastronomen, muss ich manchmal laut lachen. Klar, dass die Zeitschriften und Online-Ausgaben, welche sich für unser Business spezialisiert haben, den Kellnern und Köchen ein gutes Feeling vermitteln möchten. Es soll schließlich auch in 10 Jahren noch Menschen geben, die uns in den Restaurants bekochen und bedienen. Die Wahrheit ist, dass es generell schwierig ist, Beruf und Partnerschaft unter einen Hut zu bringen. Romanzen unter Gastronomen haben ihre eigenen Gesetze und funktionieren oft noch etwas komplizierter. Die Gründe dafür würden die Grenzen meiner kleinen Lektüre allerdings sprengen. Gastronomen haben lange Schichten und arbeiten in der Regel noch, wenn der herkömmliche Schichtarbeiter bereits die Leselampe ausgeknipst hat. Ein Arbeitsende kann oft nicht genau vorausgesagt werden, meist taxiert man den Feierabend mit Pi x Daumen und „ca."-Angaben. Das ist oft unbefriedigend für beide Seiten. Man hat sich etwas ganz fest vorgenommen, ist bereits seit Wochen voller Vorfreude, und dann passieren Dinge, die kein Mensch erwartet hat. Eine Busladung hungriger Gäste kehrt plötzlich bei euch ein. Ein sehr wichtiger A-Prominenter beschließt spontan, eurem Lokal einen Besuch abzustatten. Natürlich inklusive Manager, Bodyguards und Groupies. Ein Kollege rutscht auf einer Bananenschale aus, ein Rudel Wölfe belagert euer Hotel und niemand traut sich nach draußen.

Etwas Ähnliches habe ich während meiner Lehrzeit tatsächlich erlebt. Ich hatte über eBay die letzten beiden Tickets für ein lange ausverkauftes Konzert meiner Lieblingsband ersteigert. Für die Wildecker Herzbuben war meine halbe Ausbildungsvergütung draufgegangen. „Egal" dachte ich „man lebt nur einmal". Als meine Begleitung hatte ich Marianne auserkoren, meine Flamme aus der Berufsschule. Dem Restaurantleiter hatte ich das Versprechen abgetrotzt, mich auf jeden Fall nur bis 18 Uhr arbeiten zu lassen. Ich hatte ihm dafür unentgeltliche Doppelschichten und ein freundlicheres Auftreten versprochen. Just an diesem Nachmittag gab es in meinem Ausbildungshotel eine Wahlveranstaltung. Eine Menge Leute wurden erwartet. Die Partei, welche geladen hatte, ihre Anhänger, Presse und Fernsehen. Dass diese Veranstaltung bei uns stattfinden sollte war nicht weiter verwunderlich. Schließlich hatten wir den größten Saal im Umkreis von 50 Kilometern. So dachte ich. Die Wahrheit war, dass unser Bankett-Team zu blöde gewesen war, sorgfältig zu recherchieren, wer sich da bei ihnen angesagt hatte. Es handelte sich um die damals berüchtigte Partei der „Republikaner" unter Schirmherrschaft ihres Vorsitzenden Schönhuber. Die Linken hatten natürlich schon Wind bekommen, was da hinter unseren sorgfältig polierten Fensterscheiben abging. Es dauerte nicht lange, da formierten sich die ersten Demonstranten vor unserem Hotel und forderten von der Hotelleitung einen Abbruch der Werbe-Veranstaltung. Die Protestierenden wurden immer mehr, und sie wurden zusehends aggressiver. Schon flogen die ersten Farbbeutel und kurz darauf auch schon Steine. Die Polizei traf ein – es gab ein riesiges undurchsichtiges Tohuwabohu. Weder Gäste noch Angestellte durften das Haus verlassen. Erst kurz nach Mitternacht hatte sich die Lage so weit beruhigt, dass wir uns, immer noch von Polizisten flankiert, auf die Straße wagten. Zu ungefähr dieser Zeit gab die Band, deren Konzert ich nur zu gerne beigewohnt hätte, gerade ihre allerletzte Zugabe. Marianne sprach dann auch zwei Monate lang nicht mehr mit mir, weil ihr meine „dämlichen Ausreden" allmählich „zum Hals heraushingen".

Einer der brandheißen Tipps für eine erfolgreiche Partnerschaft zwischen Gastronomen und Nichtgastronomen nennt sich „Zeitmanagement". Klingt schon mal super-romantisch. Gemeint ist die innovative Idee des Artikelverfassers, so viel wie möglich miteinander zu reden in der kargen Freizeit. Also Sie, die Nichtgastronomin, ist eine Studentin. Sie hat Prüfungsstress, die Bücher, die sie zum Lernen bräuchte, sind vergriffen und der Professor ist eine Zumutung. Mit dem Nebenjob gibt es auch Probleme, die Eltern nerven und die beste Freundin erwartet ein Kind. Ihr Freund ist seit sechs Monaten ein Kellner, der in einem gut gehenden Ausflugslokal jobbt. Tagsüber werden sie von Gästen überrannt, und am Abend kommt er meist spät nach Hause. Daheim angekommen möchte er nur noch drei Dinge – eine heiße Dusche, ein kaltes Bier und danach schlafen. Am liebsten eine Woche lang. Als er die Tür öffnet, erwartet ihn bereits seit Stunden seine Freundin Jaqueline. Sie hat dringenden Redebedarf. Du bist ihr Freund, dir vertraut sie ihre Probleme an. Im Idealfall bist du zusätzlich als Konfliktlöser und Friedensrichter qualifiziert. Wie groß ist jetzt seine Motivation, bis zum frühen Morgen mit Jaqueline zu diskutieren. Zuhören wäre vielleicht noch ein Kompromiss, aber Ratschläge zu erteilen zu Themen, die man sich erst erarbeiten müsste bzw. die einen gar nicht interessieren? Ein Kellner-Kollege erzählte mir kürzlich, dass er für gewöhnlich nach Feierabend noch ein paar Runden mit dem Auto um den Block fährt, bis das Licht im Schlafzimmer erloschen ist. Erst dann schleicht er auf Socken ins Haus und hofft, dass seine Frau bereits tief und fest schlummert.

Wir Kellner und Köche kommen heim und brauchen verständlicherweise eine ganze Weile, bis wir abgeschaltet haben. Im Kopf rattert noch eine Maschine aus Hektik, Krach und schnellen Bewegungen. Warum hat die Abrechnung heute nicht gestimmt? Wer hat das falsche Essen am Abend mitgenommen und es nicht zugegeben? Wieso ist der Chef in letzter Zeit so schlecht gelaunt? In solchen Momenten brauchst du selbst jemanden, der dich auffängt, aufmuntert und verbal streichelt. Nur allzu verständlich, dass unsere gestresste Studentin irgendwann genug hat von dieser öden Beziehung. Er versteht sie einfach nicht und er ist ein schlechter Zuhörer und ein Ignorant. Immer geht es nur um ihn und seinen ach so schweren Job. Eine weitere Bombenidee unseres Autors ist es, sich eigene Feiertage zu schaffen. Als ob es nicht demütigend genug ist, ständig sämtliche Familienfeste und Feiertags-Begegnungen abzusagen. Der Gastronomen-Flüsterer empfiehlt, einfach drei Tage nach dem offiziellen Feiertag nachzufeiern. Also – Beispiel Weihnachten. Wir bitten den Kirchenvertreter, das Gotteshaus am Abend noch einmal für eine private Messe zu öffnen. Vielleicht könne er noch einen netten Kinderchor organisieren, der ein paar katholische Christmas-Songs zum Besten gibt. Am Abend gibt es Gans mit Blaukraut und Kartoffelknödeln. Selbstverständlich tanzt die gesamte Verwandtschaft zu eurer nachträglichen Weihnachtsfeier auch ein zweites Mal an. Unternehmungen mit gemeinsamen Freunden sind auch schwer zu organisieren. Wenn du frei hast, können die nicht und an den Wochenenden geht gleich gar nichts.

Vergessen wir nicht die Wiedergutmachungs-Empfehlung unseres pfiffigen Schreiberlings. Ist ER im Service tätig, darf er an gemeinsamen, freien Tagen den Tisch besonders nett eindecken. Ist ER Koch, soll er doch in der kollektiven Freizeit extra fein für sie aufkochen. Damit punktet man vielleicht noch beim ersten oder zweiten „Vergehen", dann ist aber Schluss mit dem Verständnis. Aus meinem Bekanntenkreis ist zu vernehmen, dass Profiköche in ihrer kargen Freizeit wenig Lust verspüren, auch noch privat zu kochen.

Nachdem die Damen und Herren von der Gastro-Front in der Regel am Wochenende arbeiten, ist es schwierig, irgendwelchen Vereinen oder Gruppierungen beizutreten. Der Freundeskreis trifft sich am Abend zum Feiern – du servierst mürrischen Rentnern Schnitzel mit Pommes. Eine ganz blöde Idee ist es, zu versprechen, später nachzukommen. Ein ums andere mal musst du deine geplante Ankunftszeit verschieben. Wenn du dann tatsächlich, weit nach Mitternacht, in der Party-Location eintrudelst, sind schon alle besoffen und nehmen dich kaum noch wahr. Stocknüchtern, unter all den Alkohol-Leichen, furchtbar, furchtbar, furchtbar. Beim nächsten Mal wirst du dann nur noch aus Höflichkeit eingeladen, wobei niemand mit dir rechnet. Beim übernächsten Mal vergisst man dich dann vollkommen. Deine neuen Freunde sind von nun an die Kollegen. Keine Ahnung, wie das in anderen Berufen läuft. Kommen sich zwei Sparkassen-Angestellte häufig beim gemeinsamen Münzgeld-Rollen näher? Zwei Polizisten, auf Streiftour durch das Revier? Für die nette Serviererin bleibt irgendwann, aus Mangel an Freizeit, nur noch der Koch oder der Kellner-Kollege als fester Freund. Wer jemals mit seinem Partner im selben Betrieb gearbeitet hat, weiß, dass dies ein Himmelfahrts-Kommando sein kann.

Gerade in der Gastronomie, wo es oft nicht all zu hohe, moralische Barrieren gibt, kann es zu brenzligen Situationen kommen. Wenn der Partner auch noch zu latenter Eifersucht neigt, wird es ganz schwierig. Hat der Gast vom Stammtisch gerade mit deiner Freundin geflirtet? Warum schleicht dein

Freund aus dem Service ständig um die dralle Blondine mit den aufgespritzten Botox-Lippen herum?

Schlimm sind auch die Streit-Phasen. Kommt es morgens, beim gemeinsamen Frühstück, zwischen einem Paar, welches nichts mit der Gastronomie am Hut hat, zu einer verbalen Auseinandersetzung – so ist diese in den meisten Fällen bereits am Abend vergessen und verziehen. Jeder hat an unterschiedlichen Orten gearbeitet, hatte Zeit die Meinungsverschiedenheit zu verarbeiten und sacken zu lassen. Mama oder die beste Freundin wurden konsultiert, um deren Meinung zur Streitfrage einzuholen. Unser Gastro-Pärchen dagegen sieht sich bereits eine Stunde, nachdem er wutentbrannt die gemeinsame Wohnung verlassen hat, auf der Arbeit wieder. Der Zorn ist noch nicht verraucht, die Wunden all zu frisch. Dazu kommt noch ein unentspanntes Arbeitsumfeld. Hier kühlen Kopf zu bewahren und die Standardformel „Privates und Arbeit voneinander trennen" zu beherzigen, fällt oftmals schwer. Während meiner Ausbildung verliebte ich mich einmal in eine dänische Praktikantin namens Hella. Sie kam aus Aalborg und war ein freches, rothaariges Ding, dass Gästen und Personal gleichwohl den Kopf verdrehte. Dass ich für zwei Monate der Auserwählte ihrer Gunst sein durfte, hatte wohl an ihrer Sehschwäche gelegen. Kaum hatte sich mein Danish-Dynamite in der nächsten Fielmann-Filiale eine moderne Gleitsichtbrille zugelegt, berichtigte die Skandinavierin ihren Fehler und zog einen älteren Koch vor. Mein Herz war gebrochen.

Am allerschlimmsten war es, die zwei Turteltauben jeden Tag auf Arbeit erleben zu müssen, während ich mit dem Gespött der

anderen Kollegen leben musste. „Never fuck the Business".
Damals habe ich diese Lektion auf die harte Tour lernen müssen
und seitdem beherzigt.

Fazit: Gastronomen sollten sich lieber eine Schildkröte zulegen.
Funktionierende Beziehungen mit einem anderen Menschen
sind möglich, jedoch in der Regel unbefriedigend für beide
Seiten.

MIT KINDERN IM RESTAURANT

Neulich las ich in einer Zeitschrift von einem Restaurant auf der Ostseeinsel Rügen. Auf dem Foto des Oldschool/Oma-Restaurants war der (Thilo Sarrazin nicht unähnlich aussehende) Wirt abgelichtet und zeigte auf ein Schild, auf dem doch tatsächlich stand: „Ab 17 Uhr – Adults only Restaurant". Moment! Handelte es sich bei diesem Bericht etwa um einen Fake oder war der 1. April vorverlegt worden und niemand hatte es mir gesagt? Auf alle Fälle war mein Interesse geweckt worden. Was hatte es mit diesem Schild auf sich? Mein Blick fiel auf die Bildüberschrift. „Wirt auf Rügen sperrt Kinder aus", hieß es da reißerisch. Mein erster Gedanke war, dass irgendeinem Käseblatt das Wasser gerade mächtig bis zum Hals stand und ein flotter Redakteur mit solcherart Schlagzeilen Leser gewinnen wollte. Wenn man sich den Artikel näher betrachtet, nimmt die Geschichte einen ganz anderen Verlauf. Der Besitzer des Restaurants hatte nach langem Abwägen einen einmaligen Alleingang gewagt. Nach 17 Uhr werden Kinder bis 14 Jahre nicht mehr in sein Restaurant gelassen. Er wolle den Abendgästen einfach eine Oase der Ruhe verschaffen. Ein edler und uneigennütziger Gedanke, für wahr. Er war am Tag dieser Entscheidung weder mit dem falschen Fuß aufgestanden, noch war ihm der Toilettendeckel beim wassertrinken auf den Kopf gefallen. Er ist lange genug als Lokalinhaber dabei und seine Idee ist das Resultat jahrelanger Beobachtungen. Was er da erkannt hat und was Stein des Anstoßes war, ist einer der Punkte, der Gastronomen und Restaurantbesitzern zusehends

Fieberschübe beschert. Das zum Teil, selbst mit Metzgergemüt, nicht mehr zu ertragende Gebären unserer zu klein geratenen Gäste – nein, keine Hobbits oder Zwergpygmäen – die Rede ist von Kindern. Unser wackerer Lokalbesitzer fand es an der Zeit, endlich einmal ein Zeichen zu setzen. Er reklamierte, dass es während des Abendgeschäftes immer wieder zu hässlichen Szenen in seinem Betrieb gekommen sei. Es ginge um Kinder, die andere Gäste belästigen, an Tischdecken zerren und Rotweingläser umschmeißen. Natürlich gab er vor allem den Eltern der verzogenen Rotznasen die Schuld. Diese säßen bräsig auf ihren Plätzen und ließen die Kleinen einfach machen. Natürlich war die Society „not amused" über so viel Courage. Der Aufschrei der Empörung war von der beschaulichen Ostseeinsel bis in die Alpen zu vernehmen. Was erlaubte sich dieser Fiesling? Wie das meistens so ist, verstanden viele Leute die an sich gut gemeinte Idee des Betreibers vollkommen falsch. Andere dachten sich wohl, ehe ich das jetzt groß hinterfrage, mache ich erst einmal den großen Zampano. Sich aufregen und boykottieren, bloß nicht mal auf die Idee kommen, die eigene Mitschuld an der Misere zu suchen. Der Vorwurf einer kinderfeindlichen Grundeinstellung war noch das mindeste, was man dem standhaften Wirt nachsagte.

Auf Facebook liefen die Drähte heiß und ein ganzes Regiment von Laptop-Revolutionären haute in die Tasten, bis die Funken sprühten. Eine von den Medien aufgestachelte Meute beschimpfte den Betreiber des Lokals unflätig und rief gar zum Boykott der Speise-Werkstatt auf. Ein Wunder, dass nicht eine Gruppe von Aktivisten aus lauter Betroffenheit den „Friday for Children" eingeführt hat. Andere Restaurants nutzten die

Gelegenheit, sich bei den Kunden einzuschleimen, indem sie öffentlich verkündeten, dass in ihren Lokalen Kinder ausdrücklich erwünscht seien. Ein bisschen mehr Solidarität unter Gastronomen wäre an dieser Stelle wünschenswert gewesen, frei nach dem Motto „ein Wirt hackt dem anderen kein Auge aus". Es war angenehm, zu erfahren, dass neben dem üblichen Geschrei und Gezanke, auch verständnisvolle Kommentare zu dem erschienenen Artikel auftauchten. Menschen, die sich als zahlende Kunden verstanden, die viel Geld für ein Abendessen in ruhiger Atmosphäre ausgaben. Eben dieses gemütliche Ambiente wird jedoch empfindlich gestört, wenn in unmittelbarer Nähe des eigenen Tisches, verzogene Bälger ihre Kämpfe und Streitereien austragen. Kleinkinder, die sich gegenseitig mit Essen bewerfen, laut umher schreien und ungebremst gegen Mobiliar laufen, sind keine angenehme Kulisse für einen zufriedenstellenden Restaurantbesuch. Die lieben Moralapostel, die sich gleich wieder echauffieren und zur verbalen Keule greifen, möchte ich beruhigen. Erst denken, dann reden oder schreiben.

Niemand ist kinderfeindlich, weil er in einem Restaurant einfach mal abschalten und einen harmonischen Abend haben möchte. Ja, wir sind alle einmal Kind gewesen und ja, die meisten von uns haben eigene Sprösslinge. Natürlich sind das auch nicht nur kleine Sonnenscheine und ganz klar, auch wir sind schon in der Öffentlichkeit auffällig geworden. Trotzdem sollten wir nicht am Thema vorbei reden, sondern die Essenz der Aktion unseres Wirtes hinterfragen und sachlich argumentieren. Wie unsinnig sind Schlussfolgerungen wie:

90

Und was kommt als Nächstes? Rentner ab 65 aus den Lokalen verbannen, weil diese nicht mehr so viel verzehren und somit Umsatzfeinde seien? Andersgläubige, weil deren Speisewünsche mit den Angeboten des Wirtes oft nicht korrespondieren? Hilfe, es herrscht Rassismus in der Gastronomie... Die Oberschlauen halten gleich mal einen abendfüllenden Vortrag zum Thema „Soziologie und Ethik". Es wird über soziale Ungerechtigkeit lamentiert, über die Benachteiligung von alleinerziehenden Müttern und wie teuer Kitas seien. Thema verfehlt, 6, setzen. Vielleicht ist es der Trend zum Einzelkind, der hierzulande aus normalen Erziehungsberechtigten Helikoptereltern zu machen scheint. Junge Mütter, die neun Monate lang ganz viel Zeit damit verbracht haben, sich in die Thematik einzulesen. Ein halbes Dutzend Bücher haben sie verschlungen, um ja nichts falsch zu machen bei der Erziehung des kleinen Jonas. Natürlich hat jeder der Starpädagogen sein eigenes, garantiert unfehlbares Universalrezept zur Aufzucht des Nachwuchses.

Ähnlich verhält es sich bekanntlich auch mit Diäten.

Puh, gar nicht so leicht, da nicht den Überblick zu verlieren. Fragte man früher bei trivialen Problemchen mit dem Neugeborenen die eigene Mutter oder Großmutter um Rat, ist heutzutage der Gang zum Psychologen oder Ergotherapeuten Usus. Minimalste Abweichungen von der Entwicklungsnorm lösen riesige Lawinen aus. Berechtigte Kritik am Verhalten des Kindes werden als Affront betrachtet. Kleine Menschen werden auf einen goldenen Thron gestellt und für göttlich erklärt. Stolze Eltern, wo man auch hinschaut. In diese „Brave New World" hinein eine Aktion zu starten, wie der Mecklenburger Wirt, sieht dann wie eine Herkulesaufgabe aus – oder eine ganz, ganz dumme Idee. Ich habe nie eine Lawine der Empörung erlebt, wenn für sogenannte „Adult Hotels" geworben wird. Unser Wirt und der Hotelbetreiber folgen doch demselben Ziel. Menschen jeglichen Alters eine Flucht vom Alltag zu ermöglichen. Mal ungestört von übereifrigen Müttern und verhaltensauffälligen Kleinkindern den Urlaub oder das Essen genießen. Hat man diesen Hotelbetreibern jemals Kinderfeindlichkeit oder gar Rassismus vorgeworfen? Muss der Hoteldirektor, welcher in seiner Broschüre „Gay friendly" stehen hat, sich beschuldigen lassen, heterosexuelle Paare auszugrenzen? Political Correctness, wo man auch hinschaut. Moralisten und Sittenwächter gehen auf die Barrikaden.

Gebt doch zum Spaß mal den Begriff „Kinderrestaurant" bei Google ein. Euch erwarten schlappe 111.000 Begriffe zu dem Thema. Von der nordischen Tiefebene bis ins Allgäu wird für sie geworben. Hotels und Restaurants, die sich auf junge Familien und deren Nachwuchs spezialisiert haben. Personal, das sich morgens zum Frühstück eine Handvoll Beruhigungstabletten einwirft, um dann für die lieben Kleinen in lustige Clownskostüme zu schlüpfen. Köche, die den ganzen Tag am Herd stehen, um für die Kids Burger, Spaghetti und Pizza zuzubereiten. Auf den Tischen liegen Plastikdecken mit Tiermotiven, es wird von Plastiktellern mit Plastikbesteck gegessen und ... oops, mein Fehler. Plastik geht ja mittlerweile auch nicht mehr – Greta sei Dank. Also, es wird von recycelbaren Tischdecken gegessen, mit... ähem Bio-Besteck. Keine Ahnung was das ist, aber es liest sich gut. „Spiel, Spaß und Spätzle" lockt beispielsweise Kinder und ihre Eltern im süddeutschen Raum in ihre Gemäuer. Dort dürfen die lieben Kleinen sogar in die Küche und eigene Speisen kreieren. Was da von den Steppkes zusammengerührt wird, müssen *Mom* und *Dad* hinterher essen. Die Spucktüte sponsert der Restaurantbesitzer.

Ja ja, unsere Kinder. Der Ärger mit ihnen zieht sich durch jegliches Alter. Befinden sie sich noch im Säuglingsalter, werden sie in Tanklaster-großen Maxi-Cosis ins Restaurant gefahren und versperren mit ihrem Gefährt sämtliche Laufwege für Gäste und Angestellte. Durch lautes, nervtötendes Geschrei machen sie alle Anwesenden darauf aufmerksam, dass es Zeit für die Fütterung sei. Während ringsum alle anderen Gäste mit Kopfschütteln reagieren, brabbelt die Mama des kleinen Schreihalses fröhlich weiter mit der besten Freundin. Erst wenn fast alle Gäste entnervt das Weite gesucht haben, fällt der jungen Mutter wieder ihre eigentliche Aufgabe ein. Flugs wird mitten im Gastbereich der BH gelüftet und dem hungrigen Kleinkind eine XXL-Milchdrüse hingehalten.

Wehe, falls es einen der anderen Restaurantbesucher nicht gefallen sollte, dann würde sie hier aber erstklassig ein Fass aufmachen. Guckte etwa der Geschäftsführer des Lokals irgendwie schräg zu ihr rüber? Der sollte es erst gar nicht wagen, die Klappe aufzureißen. Sie war schließlich eine Mutter ... und seit letzter Woche eine Alleinerziehende noch dazu. Sechs Jahre später kehren Mama und Sohn zurück in das Lokal. Inzwischen hat sich auch noch eine junge Dame dem Duo von einst angeschlossen. Daisy ist jetzt vier Jahre alt. Das ständig schreiende Bündel von damals ist zu einem properen Kerlchen herangewachsen. Mama hat inzwischen im Internet einen neuen Versorger gefunden. Der muss jedoch ganz viel arbeiten, damit Mama, Jonas und Daisy zu Hause bleiben können. Weil Mutti so viel Zeit hat, liest sie ständig neue Bücher über Aufzucht und Pflege von Heranwachsenden. Mal steht die Frage im Raum, ob Kinder elektrische Zahnbürsten benutzen dürfen, dann wieder, ob es gesund sei, den Jungen Kuhmilch zu geben. Der Allergologe sagt „Nein", weil diese Allergien auslösen könne, der Allgemeinmediziner erklärt „Ja", weil Milch den Knochenaufbau beschleunigt. So viele Fragen. So viele verschiedene Antworten. Jetzt hat der Jonas auch noch ADHS. Die Ärzte konnten Frau Baumanns These noch nicht bestätigen, aber sie ist felsenfest davon überzeugt. Der Kleine kann sich so schlecht konzentrieren und überhaupt, er kann einfach nicht ruhig sitzen bleiben wie andere Kinder. Ständig muss er aufstehen, umherlaufen oder irgendetwas anfassen. „Dieses verdammte ADHS", denkt Frau Baumann. „Warum musste es gerade meinen Jungen treffen?" Jedes Kind, das heutzutage aufgeweckt und impulsiv ist, hat sofort eine Aufmerksamkeitsstörung oder sonstwelche psychischen Defekte.

Als Kinderpsychologe kann man gerade wahnsinnig viel Geld scheffeln, falls man selbst gute Nerven hat. Wegen der Eltern, nicht wegen deren Sprösslinge. Weil Mutter Baumann in einer pädagogischen Broschüre gelesen hat, dass es ratsam sei, Kindern ihren eigenen Willen zu lassen, schreitet sie nicht ein, als Jonas an der Tischdecke vom Nachbartisch zieht. Die Blumenvase fällt um und das Wasser ergießt sich in den Schoß einer älteren Dame. Diese schreit erschrocken auf und ihr Ehegatte ruft der Mutter zu, „ob sie nicht gefälligst auf ihren

Sohn aufpassen könne!" „Kinderhasser" brüllt Frau Baumann zurück, „wegen Leuten wie Ihnen gehen die Geburtenraten in Deutschland permanent zurück". „Wir haben selbst drei Kinder", ruft das Paar vom Nebentisch zurück „aber die wissen wenigstens, wie man sich in einer Gaststätte benimmt". „Pah" macht Mutter Baumann nur. Der junge Aushilfskellner eilt herbei und legt neue Tischwäsche am Nachbartisch auf. Dasselbe darf er später an Mutter Baumanns Tafel machen, wenn Jonas fertig diniert hat. Am besten wird sein, hinterher nicht nur die Tischwäsche, sondern das ganze Möbelstück zu verbrennen, so hat es Jonas krachen lassen. „Dürfen wir auch endlich mal bestellen oder haben sie auch was gegen Kinder?", kreischt Mutter Baumann. Der junge Aushilfskellner erscheint sofort an ihrem Tisch und zückt Kugelschreiber und Notizblock. Es folgt ein Lehrbeispiel aus dem Opus „Kinder sind die Gäste von morgen". Ach herrje, welch ein niedlicher Satz!

Was kommt da auf zukünftige Gastronomen alles zu? Eine Welle von eingebildeten Allergikern, Neurotikern und Selbstdarstellern dringen in die scheinbar heile Welt der Restaurants ein. Niemand kann sie aufhalten. Wie ein Tsunami werden sie alles überrollen. Von ihren Eltern vererbtes Verhalten, kombiniert mit selbst angeeigneten Ticks – die Todeskombi für jeden Kellner. Mutter Baumann bestellt für Jonas und Daisy Nudeln mit Tomatensoße. Aber ohne Tomatensoße, wenn es geht. Der Kellner: „Also nur Nudeln pur?" Mutter Baumann fährt den Nachwuchs-Maitre an: „Nein, natürlich mit zerlassener Butter und ganz viel Parmesan. Aber nur für Jonas. Daisy möchte schon mit Tomatensoße. Die

Tomatensoße aber extra." Der Kellner diensteifrig: „ Okay, die Soße also separat oder mit extra Soße?" Mutter Baumann verwirrt: „Wie bitte? Was?" Der Kellner, bleibt auch weiterhin höflich, weil er den Job noch nicht so lange macht. „Die Soße apart, also separat, nicht zusätzlich extra Soße?" Mutter Baumann unwirsch: „Ja natürlich, extra". Der Kellner versucht die Arme und Hände der anderen Gäste, die nach ihm winken, zu ignorieren. „ ...aber ohne Käse. Ist das richtig?" Mutter Baumann: „Doch schon. Aber extra". Dann meldet sich Jonas energisch zu Wort: „Ich will keine Nudeln. Ich will Schnitzel. Mit Pommes... und ganz viel Ketchup." Mutter Baumann rollt mit den Augen: „Also dann, für Jonas keine Nudeln, sondern das Schnitzel... aber Natur... ohne Panade... und die Pommes ohne Salz." Der arme Aushilfskellner ist den Tränen nahe. „Aber welche Nudeln soll ich jetzt streichen? Die ohne Soße?" Die Gäste von morgen halt. Schaue ich in meine Glaskugel, so sehe ich Jahre später Daisy mit ihren zwei besten Freundinnen das Lokal betreten. Der Aushilfskellner von damals hat nach gewissen traumatischen Erlebnissen während seiner Probezeit das Handtuch geworfen. Er ist jetzt Hundefriseur in Wuppertal, weil er mit Tieren einfach besser kann.

Daisy bestellt sich einen laktosefreien Latte Macchiato mit Sojamilch. Nach dem ersten vorsichtigen Nippen an ihrem Kaffee winkt sie sogleich den Kellner herbei. „Entschuldigung, die Latte ist eiskalt". Ist sie natürlich nicht. Die moderne Kaffeemaschine ist exakt eingestellt worden und es gab die letzten Monate nicht eine Reklamation über zu kalten Kaffee. Der Kellner nimmt die Latte grummelnd wieder mit und bringt eine neue. Dieses Mal hat er die Tasse extra noch mit heißem

Wasser ausgespült. Auch beim zweiten Versuch ist Madame nicht zufrieden. „Immer noch zu kalt", mault sie. „Entschuldigung, wenn wir die Maschine noch heißer stellen, fällt der Milchschaum zusammen und sie haben nur noch heiße Milch", erklärt der Kellner höflich. 'Was ihm einfiele sie belehren zu wollen', poltert die junge Dame los. Das Temperament hat sie von ihrer Mutter geerbt. Sie hat jetzt keine Lust mehr auf Latte Macchiato und bestellt einen frischgepressten Orangensaft. „Tut mir leid, den haben wir nicht", entgegnet die Bedienung. „Sie werden doch wohl irgendwo in der Küche eine Saftpresse rumstehen haben", zischt Daisy „Servicewüste Deutschland. Tzzzzt." So nimmt der Tag seinen Lauf und ein weiterer Kellner denkt über Umschulung und Jobwechsel nach.

Dabei können Restaurantbesuche mit Kindern so einfach sein. Man muss nur ein paar Grundregeln beachten und schon rollen potenzielle Stolpersteine von ganz alleine aus dem Weg. Es fängt mit der Restaurantauswahl an. Hat sich das Lokal auf Business Lunch oder Operngäste spezialisiert, werden sie sich dort, mit Kleinkindern im Gepäck, eher deplatziert vorkommen. Vielleicht finden sie noch nicht einmal einen Kinderstuhl oder einen Wickeltisch vor. Familienrestaurants, die sich auch über kleine Nachwuchsgäste freuen, werden diese Utensilien selbstverständlich in petto haben, genau wie eine Kinderkarte und Malstifte.

Haben Mama und Papa gerade so richtig Appetit auf Experimentalküche, so liegt das wahrscheinlich nicht im Interesse der lieben Kleinen. Isst Mama gerne scharfe

Currygerichte? Die Wahrscheinlichkeit liegt nahe, dass der Filius eher an Spätzle oder Nudeln interessiert ist. Denken sie daran, Kindern Ablenkung mitzunehmen. Das Lieblingsbuch, Lieblingsspielzeug oder Kuscheltier. Geben Sie Ihren Kindern vor dem Restaurantbesuch eine Kleinigkeit zu essen. Wahrscheinlich werden sie, wie alle anderen Gäste auch, am Sonntag zur Rushhour im Lokal eintreffen. Da kann es schon einmal etwas länger dauern. Zeitversetzt essen ist nie verkehrt. Hat man es im Restaurant mit einer versierten Fachkraft zu tun, wird diese schon bei der Bestellung fragen, ob die Kinderessen vorab kommen sollen. Die Kids sind dann schon mal beschäftigt und die Erziehungsberechtigten haben anschließend sogar den Hauch einer Chance, ihr eigenes Essen zu genießen. Kinderpsychologen raten den stolzen Eltern gerne, den Nachwuchs im Restaurant alleine bestellen zu lassen. Das fördere das Selbstvertrauen der Jungen. Das ist sicherlich nicht von der Hand zu weisen. Aus Sicht der Kellner ist das nicht immer eine gute Idee.

Ich selbst habe es schon erlebt, dass Mütter ihre Kleinkinder aufforderten, ihr Essen selbst zu ordern. Wohlgemerkt an einen Sonntagmittag, wo das Restaurant brechend voll war. Mir stand schon der Schweiß auf der Stirn, von allen Seiten wurde gerufen und gewunken. Klein Caspar-Aurelio bohrte mit dem Finger in der Nase, fuhr mit einem Spielzeug-Feuerwehrauto über das Tischtuch und sabberte dabei. „Komm schon, kleiner Mann, sag dem Ober was du essen möchtest", forderte die Mutter ihren Sohn auf. Mütter können so ignorant sein, wenn es um den eigenen Nachwuchs geht. Gefühlte fünf Minuten später – mir schlief schon fast die Hand mit Stift und Block ein – erbarmte

sich das Kind mit dem exotischen Namen endlich. „Ich will Eis".
„Nein, Eis gibt es erst später. Was möchtest du jetzt essen?
Möchtest du Pizza?" „Pizza", entfuhr es dem Kleinen. „Ähem, wir
sind kein italienisches Restaurant. Wir haben keine Pizza",
entgegnete ich und bot an, noch einmal über die
Essenswünsche nachzudenken. Ich verwies dabei ausdrücklich
auf die Kinderkarte. Scheinbar reichte dieser Hinweis bereits,
um die junge Mutter explodieren zu lassen. Bis in die Küche
wurde ich von der Furie verfolgt und in einem fort angeschrien,
ihr Kind gefälligst höflich zu behandeln, es hätte schließlich
auch Respekt verdient. Respekt für welche Glanzleistungen in
seinem kurzen Leben? Wer von den jungen Eltern interessiert
ist, zu sehen, wie man auch mit Kindern einen entspannten
Restaurantbesuch hinbekommt, dem sei ein Blick zu unseren
französischen Nachbarn empfohlen. Französische Eltern sind
scheinbar weitaus weniger auf ihren Nachwuchs fokussiert, als
dies bei uns der Fall ist. Wie auch immer – sollte sich das
Beispiel des Rügener Wirtes durchsetzen – den Bedienungen,
den Eltern und den anderen Gästen bliebe viel Ungemach
erspart. Darauf ein Pumuckl-Teller und eine Kinderlimonade.
Prost!

Achtung Eltern:

unbeaufsichtigte Kinder
bekommen von uns
einen doppelten Espresso
und einen Hundewelpen
geschenkt!

Das Management!

DIE NEUEN PÄCHTER SIND DA

Gehen sie gerne mal auswärts essen, statt sich mit dem lästigen Abwasch und den vorwurfsvollen Blicken des Lebensgefährten herumzuärgern? Wozu der nervige Einkauf, das stundenlange schnippeln, raspeln und häckseln? Das Ewige am Herd stehen, rühren, abschmecken und nachwürzen? Das Leidige in die Hocke gehen, um nachzuschauen, ob der Auflauf im Backofen schon fertig ist?

Dankbarkeit ist in der Regel von der Familie auch nicht zu erwarten. Sohnemann erklärt, er hätte sich gerade erst zwei BigMac und einen Vanille-Shake beim Mäcki um die Ecke reingezogen und seine Schwester lässt wissen, sie sei seit Kurzem Vegetarierin und esse den Schweinebraten nicht. Besser macht es dagegen der Herr des Hauses und dein treuer Ehemann. „Hm, das war wieder super lecker" säuselt er und haucht dir einen zärtlichen Kuss auf die Stirn. Dann, während er sich den Mantel vom Haken krallt, um die Wohnung zu verlassen, macht er doch noch alles kaputt mit den Worten: „Du Schatz, nimm doch nächstes Mal nicht so viel Salz, ja?" Gedemütigt auf der ganzen Linie. ´Na warte Freundchen`, denkt die wackere Hausfrau `das passiert mir kein zweites Mal´. Um einer weiteren Nichtwürdigung ihrer Kochkünste zu entgehen, entsinnt sie sich einer nahe gelegenen Alternative. Nein, nicht etwa den Alten und die undankbaren Kinder auf den Mond zu schießen oder selbst ins Frauenhaus umzusiedeln. Schließlich bringt er die Kohle nach Hause und der Nachwuchs ist so übel auch nicht. Bei der nächsten Gelegenheit tut Mutter ihre

Kopfgeburt kund: „Leute, hört mal her – wollen wir nicht mal wieder alle zusammen schön essen gehen?" Kurze Stille in der Runde. Fragende Blicke. Was wollte Mutter hören? War das eine Fangfrage? „Fishing for Compliments" oder doch seriös gemeint? Papa gewinnt als Erstes die Fassung wieder: „Okay, aber wo soll es denn hingehen?" Das letzte Mal, dass Familie Neumann auswärts essen war, liegt schon eine halbe Ewigkeit zurück.

Vor zwei Jahren, beim Geburtstag von Onkel Horst, waren sie auf diesem Landgasthof in der Lüneburger Heide. Die gesamte Verwandtschaft war sich hinterher einig, dass dies der furchtbarste Gasthof gewesen sei, in dem sie jemals eingekehrt waren. Was Onkel Horst da wohl geritten hatte, sie in diesen abgewrackten Schuppen einzuladen? Dessen Geschmack war ohnehin schon sehr speziell, wovon sein skurriler Kleidungsstil und der kanariengelbe Citroen zeugten. Muttern zuckt mit den Schultern und lässt sich zu den nichtssagenden Satz hinreißen: „Irgendwo, wo es schön ist und gut schmeckt." Das sollte korrekterweise auch auf das eigene Heim zutreffen. Das Hauptaugenmerk hieß nun aber „auswärts essen". Also noch einmal – es sollte schön sein und gut schmecken. Da hatte schon mal jeder von den vier Mitgliedern des Familien-Ensembles seine eigenen Vorstellungen. Wie alle Wünsche und Erwartungen unter einen Hut bringen? Mitten in die kurze aber intensive Diskussion ist es wiederum Muttern, die eine zündende Idee hat. „In der Klaus-Kinski-Allee hat ein neues Restaurant aufgemacht. Die Müller von nebenan meinte, das wäre ganz nett." Ob es irgendwo auf der Welt tatsächlich eine Klaus-Kinski-Allee gibt? Egal, ich schweife ab. Der Vorschlag wird noch einmal geprüft, abgewogen und für akzeptabel erklärt. Am darauf folgenden Samstag ist es dann soweit. Alle haben sich hübsch herausgeputzt und Papa hat am Geldautomaten noch ein paar druckfrische Scheine erstanden. Tochter Sonja verzichtete, nach allerlei gutem Zureden, sogar auf ihr übliches Gothic-Outfit und selbst der Kajalstift wurde nur ganz dezent eingesetzt. Einige Zeit später steht die hungrige Familie dann vor besagtem „neuem Restaurant". Das Familienoberhaupt hatte schon mal im Internet vorrecherchiert.

So ganz neu war der Laden nun doch nicht – also nicht im Sinne von gerade aus dem Fundament gestampft. Eher frisch gestrichen. Das Restaurant „Goldener Hahn" hatte lediglich einen Pächterwechsel erlebt, so Vaters Erkenntnis. Der vorherige Pächter war in finanzielle Schieflage geraten, wusste Google zu berichten. Wenigstens hatten sie nicht das böse Wort „pleite" verwendet. Wie sich Vater Neumann die Frontseite des Restaurants so anschaute, fühlte er Erinnerungen in seinen Kopf aufsteigen, die er nicht recht einordnen konnte. Dann urplötzlich war es, als hätte der Stadiontechniker im Weserstadion die Flutlichtanlage angeknipst. Er kannte den Laden. Hier hatte er schon gegessen, nicht ein- oder zweimal, nein, etwa ein Dutzend mal, wahrscheinlich sogar öfter. Nüchtern war er da niemals eingekehrt und allein erst recht nicht. Entweder mit den Arbeitskollegen nach dem sechsten Feierabendbier oder den Fußballkumpels, frustriert nach einer weiteren Heimpleite. „Zur fröhlichen Einkehr" hatte der Schuppen geheißen, entsann sich Herr Neumann. Alles war hier damals billig gewesen. Das Bier, der Schnaps und das Essen sowieso. Teuer war nur die Rechnung im Anschluss, weil so viel billig einfach dazu einlud noch mehr zu trinken und zu essen. Apropos speisen. Nahrungsaufnahme wurde zwischen all den Getränkelagen auch hin und wieder betrieben. Auf der Speisekarte warteten die üblichen Verdächtigen auf eine Bestellung. Schnitzel, Curry-Wurst, Kartoffelsalat und Gulaschsuppe. Was halt auf die Tische kommt, in solchen ausschließlich für Männer gemachten Lokalen. Gerichte wie diese wären auch in einem Imbiss, in der Nähe des Fußball-Stadions gut gelaufen. Ob es geschmeckt hatte, wusste Herr Neumann nicht mehr zu sagen, satt geworden war er immer. Wie konnte solch ein Laden pleite gehen? Was hatte der Wirt wohl falsch gemacht? Klar, die meisten seiner damaligen Kumpels waren seriöser geworden und blieben nun eher daheim. Der Wirt hatte es schlussendlich doch ein wenig übertrieben mit seinem Sparzwang. Auf eine Neuanschaffung des kaputt gegangenen Fernsehers hatte der Pächter verzichtet und somit auf die beliebten Sky-Übertragungen.

Womit konnte man eine sportbegeisterte Klientel noch locken? Bestimmt nicht mit dem uralten Kicker-Automaten vor der Toilette oder der vergammelten Dartscheibe, wo es nur noch zwei Pfeile im Sortiment gab. Das ausgeschenkte Bier einer bekannten Brauerei war irgendwann als zu teuer empfunden und durch eine billige Plörre ersetzt worden. Die Schnitzel kamen aus der Fritteuse und der Kartoffelsalat vom Lidl-Markt. Dann hatte nur zwei Straßen weiter ein neues Lokal aufgemacht, mit zwei Großbildleinwänden und Wi-Fi. Der Wirt dort ließ leckere Burger und Pizzen servieren und zu sämtlichen Sport-Events gab es Themen-Abende. Klar, dass die Meute irgendwann weitergezogen war wie die Lemminge. So ungefähr musste die „finanzielle Schieflage" zustande gekommen sein, von der im Netz zu lesen war. Doch nun verlassen wir die nette Familie Neumann, wünschen ihnen einen guten Appetit und einen vergnüglichen Abend.

Schauen wir einmal ins Innere des Lokals und den neuen Pächtern bei der Arbeit zu. Fritz und Dieter sind ein sogenanntes gleichgeschlechtliches Paar oder wie Oma flüsternd zu sagen pflegte: „Die Herren von der anderen Fakultät." Das klingt auf jeden Fall interessanter, läuft aber aufs Gleiche hinaus. Die beiden Herren sind Mitte 50, mit Sinn für Kunst und Kultur, belesen und reisefreudig. Fritz ist gelernter Bühnendekorateur und hat viele Jahre beim Theater gearbeitet. Dieter besaß bis vor Kurzem einen Antiquitätenhandel. Der lief ausgezeichnet und finanzierte ihren opulenten Lebensstil. Zusammen pflegten sie Geselligkeit und besaßen einen großen Freundeskreis. Luden die zwei Freunde in ihre opulente Altbauwohnung ein, wurde aufgetischt, dass sich schier die Tische unter der Last der Speisen und Getränke bogen. Dieters große Leidenschaft war das Kochen. Er konnte Stunden in der wunderschönen ARAN-Volare-Küche verbringen, um zu dünsten, braten und pochieren.

Nächtelang schmökerte er in modernen Kochbüchern, schaute im TV den Profis bei der Arbeit zu und erweiterte seinen Horizont. Natürlich machte es auch großen Spaß, den riesigen Tisch im Wintergarten zu decken, Blumengestecke zu platzieren und edles Porzellan und Besteck aufzulegen. In ihrem Freundeskreis wurden sie bewundert und hofiert für ihren erlesenen Geschmack. Irgendwann am Abend sprach es immer wieder einer der Freunde aus, was beiden schon lange im Kopf herumschwirrte: „Sagt mal, warum macht ihr denn nicht ein eigenes Lokal auf?" Ja warum eigentlich nicht? Wo der Dieter doch solch ein grandioser Koch war und beide vollendete Gastgeber. Was konnte da schon schief gehen? Menschliche Vögel twitterten schon bald interessante Nachrichten in ihre Hörkanäle. In der Kinski-Allee würden neue Pächter für ein alteingesessenes Lokal gesucht. 'Was das denn vorher für ein Etablissement gewesen sei' wollte Fritz wissen. Der menschliche Vogel antwortete mit einiger Verachtung in der Stimme; „Ach, irgend so ein Proleten-Schuppen für Fußball-Idioten". Die beiden Herren machten schon bald einen Termin mit dem Restaurantbesitzer aus und wurden sich handelseinig, was die Pacht betraf. Einig waren sich auch Fritz und Dieter. Der Laden war aktuell eine Spelunke, allerdings ebenso eine Goldgrube. Der Bühnendekorateur hatte sofort allerlei Visionen, inwiefern die Ruine verändert werden müsse, um daraus den Gourmet-Tempel zu bauen, der Beiden vorschwebte. Grob überschlagen wäre ein hübsches Sümmchen zu investieren. Selbstverständlich würde ihr neues Steckenpferd diese Investition wert sein. Bei so mancher all abendlicher Flasche Prosecco malten sie sich aus, wie überwältigt die Gäste sein würden, wenn sie ihre Luxuswirtschaft betraten. Fassen wir kurz zusammen: zwei nicht mehr ganz junge Herren spielen mit dem Gedanken, ein Restaurant zu eröffnen. Sie sind im soliden Rahmen finanziell liquide und teilen die Leidenschaft für gutes Essen und aufwendige Dekoration. Werden diese zwei Eckpfeiler ausreichen, um ein erfolgreiches Restaurant zu etablieren?

Kaum, denn anschließend begehen Fritz und Dieter all die Fehler, die gastronomischen Laien und auch Profis immer wieder unterlaufen.

Business-Plan? Nie gehört.

Finanzierungskonzept? Keine Ahnung.

Das angehende Gastro-Paar hat ein bisschen hin und her gerechnet und festgestellt, dass sie finanziell auf so starken Beinen stehen, dass sie weder auf Bank- noch auf Brauerei-Kredite angewiesen sind. Ganz nebenbei wäre die Aussicht auf ein Darlehen ohne Business-Plan eh so gut wie aussichtslos. Wann immer die neuen Restaurant-Pächter auf ihr erdachtes Konzept angesprochen wurden, unterschritten die nachfolgenden Monologe selten eine Länge von zwei Stunden. Die beiden wussten mit bewundernswerter Sicherheit exakt zu sagen, wo die Plüsch-Couch stehen solle und welches Bild eines Malerfreundes wo zu hängen hätte. Dieter hatte genaue Vorstellungen von Speisekarte und Lieblingschampagner. Von Themenabenden am Freitag (Burlesque- und Travestie-Theater) bis hin zum 5-Gänge-Surprise-Menü am Samstagabend, war alles durch konzipiert. Pomp und Glimmer, raffinierte Speisen und eine Wohlfühl-Atmosphäre par excellence – all dies konnten sie blumenreich beschreiben. Das jähe Erwachen aus diesen Träumereien kam schon während der Umbau- und Einrichtungsphase. Die Küche, die Fritz und Dieter vom vorherigen Pächter übernommen haben, eignet sich nicht wirklich für ihre überbordenden Gourmetphantastereien. Wie erwähnt, hatte sich der letzte Wirt, vorwiegend auf das Anbraten von Schweineschnitzeln mit Pommes und Wurstsalate konzentriert. Dieter besteht auf eine moderne Komfortküche mit allem drum und dran. Der Besitzer mag nicht in eine neue Küche investieren, also finanzieren die beiden ihre moderne Restaurantküche aus eigener Tasche. Als Nächstes steht ein humorloser Herr vom Bauamt auf der Matte und moniert, dass die Abluftanlagen zu klein wären. Nachdem Fritz und Dieter eine zusätzliche Abluftanlage einbauen ließen, um ihre Konzession nicht zu gefährden, sind sie schlappe 20.000,– Euro los. Geld, welches nicht eingeplant war. Der Hobbykoch merkt alsdann, dass er den Strombedarf für seine Küche völlig falsch eingeschätzt hat. Die Aufrüstung der Stromversorgung verschlingt ebenfalls Geld, mit dem sie nicht gerechnet haben. Derweil schlägt sich Fritz mit allerlei bürokratischen Hürden herum. Mittlerweile verflucht er sich selbst dafür, aus Kostengründen auf einen Berater verzichtet zu haben. Nun darf er sich selbst in eine schier unüberwindliche Materie aus Paragrafen und Verordnungen einlesen. Was für Lizenzen braucht er, welche Genehmigungen müssen eingeholt werden, welche Vorschriften gilt es zu beachten und was für Versicherungen sind Pflicht?

Ohne Gaststättengesetz ist kein Ausschank von Alkohol möglich, ohne alkoholische Getränke kann er gleich Pommes und Nudeln an Fünftklässler verkaufen. Sein Partner Dieter wird sich künftig mit Hygienerecht und Lebensmittelrecht auseinandersetzen müssen. Wie war das noch mit ihren geplanten Event-Abenden? Travestie-Show und Live-Musik? Da war es ratsam, sich vorsorglich mit GEMA und GEZ auseinanderzusetzen. Ihrem selbst auferlegten Zeitplan hinken Fritz und Dieter so wie so gehörig hinterher. Eigentlich war die feierliche Neueröffnung für Anfang August geplant gewesen, musste aufgrund unerwarteter Schwierigkeiten und baugewerblicher Engpässe, auf Anfang Oktober verlegt werden. Die Einladungskarten waren bereits gedruckt, Musik und Überraschungsgäste bestellt, doch wieder musste das Gastronomen-Pärchen umdisponieren. Tausende Kleinigkeiten gab es noch zu besorgen, an die sie zuvor nicht gedacht hatten. Edles Geschirr, stylishes Besteck, Kerzenleuchter und vieles mehr. Mittlerweile hat ihr Sparstrumpf ein beträchtliches Loch. Geld, welches für ihren Altersruhesitz auf Gran Canaria gedacht war, ist für Umbau und Ausstattung ihres Lokals draufgegangen. Tröstlich ist alleine der Gedanke, dass all die im Vorfeld investierten Taler wieder zurückfließen werden, wenn sich der Erfolg ihres Unternehmens einstellen würde. Eine Alternative zum Scheitern hatten sie nicht ein einziges Mal in Betracht gezogen. Stress und Hektik hatten den beiden Neu-Pächtern gehörig zugesetzt. Ihre ohnehin nicht stabilsten Nerven hatten gründlich gelitten und nicht selten standen sie kurz vor dem Aufgeben. Alleine ihr schöner Traum vom eigenen Lokal ließ sie durchhalten.

Am 1. Dezember war es dann wirklich so weit. Weder Kosten noch Mühe wurden gescheut, um die Gäste am Eröffnungstag zu verzaubern. Eine Dixie-Kapelle spielte flotte Weisen und später am Abend legte dann ein befreundeter DJ auf. Zwischendurch gab noch ein Marianne-Rosenberg-Double Kostproben aus ihrem umfangreichen Repertoire. Der Champagner floss in Strömen, es wurde viel gesungen und gelacht. Das Büfett, welches Dieter anlässlich der feierlichen Lokal Eröffnung aufgefahren hatte, war ein echtes Meisterwerk. Natürlich war der Eröffnungsabend für alle Gäste umsonst. ́Das ließe sich als Werbekosten absetzen ́ hatte ihr Steuerberater gemeint. Von allen Seiten hagelte es Lob und Anerkennung für ihr neues Gourmet-Restaurant. Tausende Versprechungen wurden gemacht, künftige Stammgäste meldeten sich schon einmal vorsorglich an und man versprach, das Lokal im Freundeskreis wärmstens zu empfehlen. Fritz und Dieter hatten mit dem Champagnerglas in der Hand am Tresen gestanden und selig gelächelt. Der ganze Aufwand für ihren Traum schien sich doch noch gelohnt zu haben. Ein halbes Jahr später folgte dann die große Ernüchterung. Die Freunde vom Eröffnungsabend waren noch ein paarmal aufgekreuzt, in der Hoffnung ein paar Frei-Drinks und ein paar von Dieters wunderbaren Satee-Spießen schnorren zu können. Das hatte noch ein paarmal funktioniert, doch dann hatte Fritz angefangen, Rechnungen zu präsentieren. Die Quittungen der neuen Gastgeber hatten bei so manchen alten Weggefährten für Schweißausbrüche gesorgt. Mann oh Mann, gesalzene Preise, für so ein bisschen Räucherlachs und Vitello Tonnato.

Fortan gingen die „guten Freunde" wieder, wie die anderen Herren aus der Szene, ins „Why not" oder den „Bienenkorb". Sollten die zwei Protz-Wirte mit ihren überzogenen Preisen doch schauen, wo sie bleiben. Nach dem anfänglichen Run wurde es immer ruhiger im neuen Lokal.

Allmählich dämmerte es den zwei Wirten, dass sie einen Riesenfehler begangen hatten. Sie hatten nicht einen Augenblick über ein Standort-Konzept nachgedacht. Die Klaus-Kinski-Allee war in einem Gebiet angesiedelt, welches man mit gutem Gewissen dem Prekariat zurechnen konnte. Viele sozial schwache Familien, ein bisschen Harz 4 hier, ein bisschen Altersarmut dort. Die Dönerbude, ein paar Häuser weiter, und das runtergekommene Restaurant um die Ecke, das mit Billig-Menüs warb, waren der kulinarische Seismograf für diese Gegend. Fritz, Dieter und ihr Edellokal waren in diesem Distrikt so deplatziert wie ein Hedgefonds-Manager auf einem Punkrock-Konzert. Wie all zu viele Neu-Gastronomen starteten unsere beiden Wirte mit grenzenlosem Selbstbewusstsein und einer gigantischen Portion Ignoranz in ihr frisches Unternehmen. Sie wollten einfach nur Spaß haben und die Dinge tun, die ihnen Freude bereiteten. Sachen, die sie schon früher gemocht hatten, Dinge, von denen sie glaubten, diese zu beherrschen. Fritz war ein glänzender Gastgeber – für wahr. Ein charmanter Plauderer, eloquenter Redner und Anekdoten-Erzähler. Er liebte es, von Tisch zu Tisch zu schweben, zu fragen, ob alles in Ordnung sei und mit den Gästen zu plaudern. Als sich irgendwann immer weniger Besucher in den „Goldenen Hahn" verirrten, lehnte er nur noch mit trauriger Miene am Tresen und trank seinen teuren Wein. Dieter war, wie schon erwähnt, ein begnadeter Koch. Hier bot sich ihm die Möglichkeit, aus dem Hobby einen Beruf zu machen. Aber war er auch zum Chefkoch geeignet? Welche Erfahrungen brachte er für diesen Posten mit, außer das Tomatensuppe besser schmeckte, wenn man etwas Gin unter die Sahne rührte? Er war nie zuvor mit Begriffen wie Kalkulation und Wareneinsatz in Berührung gekommen.

Die Händler und Lieferanten haben einen 6. Sinn für Gastro-Novizen. Sie wussten, mit ein bisschen rhetorischem Geschick konnte man denen alles verkaufen, zu völlig überzogenen Preisen, versteht sich. In meiner gastronomischen Karriere durfte ich so mancher Neu- oder Wiedereröffnung beiwohnen. Wenn man lange genug dabei ist, hält sich die

Begeisterungsfähigkeit für das grandiose Projekt des neuen Wirtes in Grenzen. Alles wird zur Routine. Oft bestaunt man nur noch die grenzenlose Naivität der jungen Fachkräfte, die den Ausführungen ihres neuen Chefs mit offenen Mündern und glänzenden Augen lauschen. Während des halbstündigen Vortrages über das neue Pachtobjekt, fallen mindestens ein halbes Dutzend Mal die Standardfloskeln „unser Konzept". Dann reden sie sich in einen Rausch über ihre Ziele und Idealvorstellungen. Wie sie sich von ihren Vorgängern absetzen möchten und was sie von den anderen Wirtschaften in der Umgebung unterscheidet. Die Servicekräfte und Köche, die soeben ihre Ausbildung beendet hatten, fühlten sich dann oft wie Mitstreiter in einer elitären Geisterarmee. Ein auserwähltes Sonderkommando, eine Essenz der Besten. Wenn die Herren aus der Vorstands-Riege ihre neuen Schutzbefohlenen und sich selbst genügend gepusht hatten, ging es ans Eingemachte. Wir alten Hasen merkten relativ schnell, dass auch die Jungunternehmer nur mit Wasser kochten. Die schier unerschöpfliche Energie, mit der sie ihr Projekt antraten, verpuffte zusehends in den Mühlen der Bürokratie und der realen Welt. Wenn das Konzept, das sie in langen, alkoholgeschwängerten Nächten mit ihren Kompagnons entwickelt hatten nicht griff, versuchten sie etwas gänzlich Neues um den Erfolg zu erzwingen.

Manch einen Wirt sah ich schon von einem Lokal-Motiv zum nächsten eiern und jedes Mal wurde es noch etwas peinlicher. Eine Station in meiner Gastro-Biografie werde ich nie vergessen. Ein millionenschwerer Geschäftsmann versuchte, in der niedersächsischen Provinz Fuß zu fassen. Bis dahin hatte er sein

Geld vor allem mit dem Handel von Gebrauchtwagen verdient. Mit anderen Worten – der Mann hatte von Tuten und Blasen keine Ahnung. Warum er sich für auserkoren hielt, sich plötzlich einen Landgasthof in Niedersachsen zuzulegen, wird sicher auf ewig sein Geheimnis bleiben. Zusammen mit seiner treu ergebenen Ehefrau, die wohl aus der Gegend stammte und ihn auf das kleine Hotel aufmerksam gemacht hatte, pumpte er jetzt zig Millionen in die Renovierung des Hauses hinein. Das Ergebnis ließ sich wirklich sehen. Eine großzügige Sonnenterrasse, mit einem hochmodernen Markisensystem, Rattan Möbel und nagelneue Sitzpolster. Im Inneren des Hauses gab es eine ultracoole Lounge, mit Ledersesseln und Mobiliar im Kolonialstil. Des Weiteren war ein großzügiger Wintergarten entstanden, mit Palmen und einem weißen Steinway-Piano. Die Küche trieb selbst versierten Köchen die Tränen der Rührung in die Augen. Alles war mega und super und giga. Dummerweise war der neue Big Boss ein elender Knauser, wenn es um die Personalbezahlung ging. Als ob es nicht ohnehin schon schwer genug war, Personal für ein neues Objekt zu rekrutieren.

Altgediente Köche und Kellner verlassen nur äußerst ungern ihre angestammte Komfortzone, wo sie mit Langzeitverträgen und Privilegien ausgestattet sind. Gegenüber Neueröffnungen sind gestandene Profis nicht ohne Grund skeptisch. Das Restaurant-Geschäft ist eine launische Hure und die Kundschaft oft unberechenbar. Viele haben Wirte schon nach kurzer Zeit scheitern sehen und sich selbst dann auf den harten Stühlen des Arbeitsamtes wiedergefunden. Einige sind auch mit Dackelblick und hängenden Ohren in ihre alten Betriebe zurück gekrochen, um Abbitte zu leisten. Der Spruch „bezahlst du nur Peanuts, lockst du auch nur Affen an" bewahrheitete sich einmal mehr. Eine Nobelherberge, ein Wirt, der von *„Hummer, Scampi and more"* träumt, temperierte Weinklimaschränke mit edelsten Tropfen und als krassen Gegenentwurf – eine Wagenladung von Primaten in Küche und Service. Manch ein Koch hatte erst zwei Wochen zuvor herausgefunden, dass Pizza besser schmeckte, wenn man vorher die Folie abmachte. Jetzt sollten sie für die Hautevolee-Gäste Coq au vin blanc und Bouillabaisse kochen. Bei den Kellnern sah es auch nicht besser aus. Kaum einer konnte einen teuren Rotwein dekantieren, geschweige denn einen Heilbutt am Gast tranchieren. Der neue Gasthof-Besitzer war gehörig in die Offensive gegangen, um sein neues Gastro-Objekt anzupreisen. Nie gekannte Gourmet-Freuden versprach er seinen Gästen, dazu einen geschliffenen Service. Dummerweise war der Landgasthof in früheren Jahren stets eine Anlaufstelle der hiesigen Landbevölkerung gewesen. „Kleine Preise aber große Portionen" lautete das Motto. Mit den Fleischplacebos, die jetzt auf den Tellern lagen, konnten die strammen Landwirte nichts anfangen. Die „Dorfdeppen", so der Grundton des neuen Wirtes, wären ohnehin nicht seine bevorzugte Klientel, ließ er uns wissen. Er wollte die Gäste mit großen Geldbeuteln, die seinen Gasthof zu schätzen wussten. Natürlich ging der Plan nicht auf. Die wirklich betuchten und anspruchsvollen Gäste kamen nur einmal in das Restaurant und winkten dann sofort ab. „Mehr Schein als Sein" wurde zum geflügelten Wort, wenn es um das neue Lokal ging. Als der Patron merkte, dass er bei seiner bevorzugten Klientel keinen Erfolg hatte, drehte er sich um 180 Grad und versuchte sich bei der Landbevölkerung einzuschleimen. Schäferhundgroße Schnitzel kamen auf die Teller und allerlei derbe Hausmannskost. Doch die Leute in der Gegend waren wie erschlagen von all den Pomp und Glamour im Lokal und trauten sich gar nicht erst hinein. Dann versuchte er, sich auf Busreisen zu spezialisieren. Die hatten in der Regel wenig Zeit für Essenspausen, was den Landgasthof wiederum vor große Probleme stellte. Küche und Service waren dem Tempo einfach nicht gewachsen. Irgendwann, als dem Autoverkäufer das Wasser bis zum Hals stand und die Gläubiger in Heeresstärke an seine Haustür klopften, setzte er sich in einer Nacht- und Nebelaktion ab und wurde nicht wiedergesehen.

Was aus seinem Landgasthof geworden ist – ich weiß es wirklich nicht. Ich möchte angehenden Restaurantbesitzern keinesfalls die Freude am eigenen Objekt nehmen, nur eindringlich warnen.

Das Führen eines Lokals ist eine zeitintensive, kraftraubende Angelegenheit. Gerade in der Anfangszeit sind Schichten von bis zu 16 Stunden keine Besonderheit. Ärger mit Lieferanten, Personal oder dem Geschäftspartner werden auf euch zukommen. Eure Gedanken werden 24 Stunden lang nur um das Geschäft kreisen. Das Familienleben wird auf Sparflamme köcheln und die Behörden werden euch so manchen Prüfstein in die Gastro-Biografie werfen.

Aber es ist euer Projekt und ihr werdet das alles ertragen und durchstehen, weil ihr die Gastronomie immer noch liebt.

Allen Widrigkeiten zum Trotz.

DIE PFEFFERMÜHLE

Mir stellen sich regelmäßig die Nackenhaare auf, wenn mich ein Gast mit erwartungsvollen Augen ansieht und mit beiden Händen eine Drehbewegung simuliert. Das inzwischen allgemeingültige Zeichen, dass der Kunde sich eine Pfeffermühle zu seinem Essen wünscht, solange dieses noch heiß ist. Keine Frage, bereits gemahlene Gewürze verlieren schneller ihr Aroma, als frisch gehobelte. Muss man deshalb gleich zu jedem verbrannten Schnitzel die Pfeffermühle beim Ober anfordern? Manch ein Gast wird noch zwei Tage nach seinem Restaurantbesuch mit Muskelkater zu kämpfen gehabt haben, vor lauter mahlen und mühlen.

Ist es der Inbegriff für kulinarische Kulturüberlegenheit, zu wissen, wie man eine Pfeffermühle korrekt benutzt? Ist es der scheinbare Wissensvorsprung, der solche Restaurantgäste von anderen abgrenzt? Der ihnen eine exklusive Note verleiht, sie in den Feinschmecker-Himmel katapultiert? Was haben uns die Italiener da nur wieder eingebrockt? Erst der Cappuccino, dann der Latte Macchiato und jetzt die Pfeffermühle als Verkörperung des Dolce Vita. Mit im Peugeot-Laufwerk zerschredderten Gewürzen auf dem Teller, darf man endlich dazu gehören zur Gourmet-Elite. Was dem einem die Finca auf Mallorca oder die 20 Meter Jacht ist, ist für den anderen der Drehmoment aus der Würze-Maschine. Glauben unsere Frischpfeffer-Fanatiker tatsächlich, dass sie über ein exklusives Geheimwissen verfügen? Ist das selbstständige Veredeln von ein paar welken Salatblättern gastronomische Alchemie? Hatten Sie schon mal die Gelegenheit, zwei Pfeffermühlen-Neurotiker an verschiedenen Tischen zu erleben, die synchron ihre Speisen würzen? Die plötzlich aufblicken und ihr Pendant am Nebentisch wahrnehmen? Ein seligeres Lächeln haben nicht einmal Mütter im Gesicht, die ihr frisch geborenes Baby in den Armen halten. Da sind zwei vom selben Stern. Mitglieder einer uralten, okkulten Sekte, die ihre Zugehörigkeit zu der gemeinsamen Kaste, durch den Pfeffer-Ritus zementieren.

Die High Society-Nachahmer und Schickeria-Imitatoren sind stets gut informiert über die neuesten Restaurant-Trends. In ihren Zeitungsablagen stapeln sich die neuesten Ausgaben von „Gourmet-Führern" und „Gastroguides". Sie verpassen keine Folge der „Kochprofis" und bewegen sich federleicht auf den gastronomischen Diskussionsforen im World Wide Web. Dann wandern unsere selbst ernannten Experten hinaus in die Welt und erfreuen ihr Umfeld mit dem soeben erworbenen Fachwissen.

Jeder Trend wird mitgemacht. Die Gourmet-Päpste wollen neuseeländische Sauvignon Blancs aus dem Cloudy Bay, in denen fluoreszierende Eiswürfel tanzen. Sie wollen aussterbende Tierexemplare auf ihren Tellern und tropisches Obst, aus soeben von Forschern erschlossenen Regionen. Hören sie von Aalburgern und gedünsteter Biberschnauze, werden ihre Augen glasig vor Freude. Bei vergorenen Enteneiern und Pferdekopfsülze werden ihre Knie weich. Erzählt ihnen jemand von irgendeinem trendigen, neu eröffneten Restaurant in der Innenstadt, so buchen die Feinschmecker sogleich einen Tisch in diesem Lokal. Dann lauschen sie halbstündigen Monologen des Chefkochs, der zwischen den einzelnen Gängen erklärt, wie er die Flusskrebsterrine hergestellt hat und welche, von den Inkas ersonnene Gewürzmischung, bei der Zubereitung der Farfalle eine zentrale Rolle spielt. Die von sich selbst euphorisierten Neu-Wirte werden im Übrigen ihren Gourmet-Tempel schon nach wenigen Wochen wieder schließen müssen, da einige Gäste am Tisch verhungert sind.

Solange unsere Feinschmecker ihre Ticks lediglich im Kreise von Gleichgesinnten ausleben, ist die Welt in Ordnung. Dann tigern sie durch die Supermärkte und versuchen ihre Freunde bei privaten Dinner-Veranstaltungen mit immer aufwendigeren und raffinierteren Speisen zu beeindrucken. Bei Zigarre und Brandy diskutieren sie bis spät in die Nacht, ob man Gurken vor dem Verzehr besser nicht schälen sollte oder sie wäscht und schält, um sich vor einer Toxoplasmose-Infektion zu schützen.

Es ist schön, dass es Menschen mit anspruchsvollen Hobbys gibt. Wehe, wenn die Gourmet-Fraktion in Restaurants einfällt und die Angestellten mit ihrem elitären Wissen auf Trab hält. In Nobelrestaurants ist man es gewohnt, dem Bildungshunger einiger Gäste nachzukommen. Die Maitre de Restaurant, die in solchen Lokalen ihren Dienst verrichten, sind in der Regel versierte Profis auf dem Gebiet der Warenkunde. Die Servicekräfte erhalten regelmäßige Schulungen. Steht eine neue, eigenwillige Kreation als Tagesempfehlung auf der Speisekarte, werden die jungen Gastronomen solange von ihren Lehrmeistern getriezt, bis sie sämtliche Zutaten des exklusiven Gourmet-Happens im Schlaf herunterrasseln können.

Ich habe das vor vielen Jahren einmal selbst erlebt. Ich hatte in einem Sterne-Lokal eine 3-tägige Probearbeit vereinbart. Schon die Länge des Probearbeitens machte mich stutzig. Das Restaurant öffnete um 18 Uhr seine Pforten, allerdings hatte das Servicepersonal bereits um 14 Uhr am Arbeitsort zu erscheinen. Nicht etwa, weil das Eindecken und Arrangieren der Gästetische so viel Zeit in Anspruch nahm. Nein, der Grund waren die ausschweifenden Ausführungen des Küchenchefs. Der arbeitete mit seinen Getreuen an einem zeitaufwendigen Konzept. Jeden Abend kreierte er für seine Gäste eine Vorspeisen- und Dessert-Variation, welche jeweils exakt sieben verschiedene Teile umfasste. Da es sich bei diesem Lokal, wie bereits erwähnt, um ein Sterne-Lokal handelte, suchte man auf seinen kunstvoll arrangierten Etageren vergeblich nach herkömmlichen Produkten. Kein Geflügelsalat, keine Tomaten mit Mozzarella und auch kein Krabbencocktail. Statt dessen Ajo Blanco, Tarator a la Pommi und Shabu Shabu. Bei den Dessert-Variationen sah es ähnlich verworren aus. Rote Grütze oder Milchreis hätte ich mir gerade noch merken können aber Bens US Cookie Dough, Tarte Soleil und Fion Vendeen? Die Service-Brigade hatte also die Aufgabe, all diese Gerichte vor der Restaurant-Öffnung auswendig zu lernen, bis sich die Zungen verknoteten. Später durften die schick gekleideten Kellner das soeben Erlernte am Gast aufsagen, als Empfehlung quasi.

Der Gast hatte schon sichtbare Mühe, den ersten beiden Teilen der Aufzählung zu folgen aber derer gleich sieben? Manchmal, wenn der Hunger überhandnahm, unterbrachen uns die Gäste einfach bei unseren Ausschweifungen und erklärten kurzerhand: „Okay, nehmen wir". Dann hatten beide Parteien ihre Ruhe. Im Übrigen habe ich mir den dritten Probe-Arbeitstag gar nicht mehr angetan und bin rechtzeitig in einen ehrlichen Landgasthof geflüchtet, bevor mir die Schädeldecke platzte.

Gut, in solchen Gourmet-Tempeln erwartet man exquisite Speisen und exklusive Gäste, aber wie verhält sich das Ganze, wenn die Feinschmecker-Fraktion in einem herkömmlichen Restaurant Einzug hält? Keine Sterne, keine Monde oder Planeten, nur solide Hausmannskost und ein paar Kellner, die dem Lokal schon seit 30 Jahren verbunden sind? Eine berechtigte Frage in diesem Fall wäre, warum tun sich die Gourmet-Päpste das überhaupt an?

In Zeiten des Internets sollte man bestens informiert sein, welches Lokal am besten zu seinen individuellen kulinarischen Vorlieben passt. Steht mir der Sinn nach Currywurst mit Pommes, begebe ich mich nicht in ein indisches Restaurant, mag ich gesunde italienische Küche, bestelle ich kein Eisbein mit Sauerkraut im Restaurant „zum wilden Mann". Ist es der Hang zur Überheblichkeit oder das Wissen, in solchen Etablissements punkten zu können mit dem eigenen kulinarischen Bildungsgrad? Eigentlich sollte klar sein, dass in solchen, soliden Wirtschaften keine Bedienungen mit extrem fundierten Fachwissen anzutreffen sind. Ohne den Kollegen zu Nahe treten zu wollen, so ist auch manch gelernter Kellner nicht in der Lage, den Unterschied zwischen einem Entrecote und einem Rinderfilet zu erklären. Von Wein haben sowieso nur noch die wenigsten Ahnung, getreu dem Motto: „Wein trinkt man, wenn das Bier alle ist." Man kann es den Bedienungen in solchen Betrieben nicht wirklich verdenken. Sie sind schlichtweg geistig unterfordert an solchen Arbeitsorten. In der Regel besteht ihre Kundschaft aus hart arbeitender Landbevölkerung und weniger aus Klienten mit Doktortitel. Viele dieser gutbürgerlichen Restaurants haben ihr Personal aus dem osteuropäischen Ausland rekrutiert. Das sind dann oft Gastro-Terminatoren. Die laufen 14 Stunden am Stück, ohne zu klagen, schleppen zentnerschwere Tabletts durch die Gegend und sind stets zur Stelle, wenn man sie braucht. Aber bitte belästigt diese Leute nicht mit all zu vielen Fachfragen. Gibt es den selbst ernannten Experten also eine gewisse Genugtuung, wenn sie an solchen Orten glänzen können mit ihrer Halbbildung?

Zwei Experten-Pärchen im mittleren Alter sitzen an einem der schlichten Holztische im Gasthaus „Zur Sonne". Die vier heben sich von der übrigen Klientel im halb vollen Lokal deutlich ab. Designer-Klamotten, hübsch frisiert und auf ihren Gesichtern liegt ein zarter Hauch von Weltgewandtheit. Mit etwas Menschenkenntnis lässt sich schon beim Eintreten eine gewisse Arroganz gegenüber dem „gemeinen Volk" erahnen. Während der tschechische Kellner die Speisekarten verteilt, ordert einer der Herren vier Gimlets als Aperitif. „Bitte was?" fragt der junge Ober höflich. Er ist sich unsicher, ob er den besagten Getränkewunsch aufgrund seiner Sprachbarrieren richtig verstanden hat. „Gimlet, den Gin Cocktail. Den wirst Du ja wohl haben?" echauffiert sich der Getränkebesteller. Dass er die Bedienung aufgrund dessen jugendlichen Alters einfach geduzt hat, lässt dieser sich seelenruhig gefallen. Nur mit dem Aperitif kann er rein gar nichts anfangen. „Ähem Gin haben wir ja, Gordons. Sie können auch Gin Tonic bekommen". Verächtlich winkt der Experte ab. „Um Gottes Willen. Gordons? Wollt ihr mich vergiften? Noch nicht einmal Bombay Saphire oder Monkey 47? Und euer Tonic Water kommt bestimmt von Schweppes. Okay, dann also keinen Aperitif."

Später wird sich eine der Damen noch darüber beschweren, dass es in dieser „Absteige" noch nicht einmal einen offenen Bordeaux gäbe, sondern nur Lemberger und Trollinger. Der bedauernswerte Jungkellner wird viel Zeit am Tisch der vier Experten verbringen müssen. Jeder der vier versucht, den anderen zu übertreffen mit seinem Kochlatein. Wo kommt das Gemüse her? Wie wird die Soße zubereitet? Ist das Rind vom Bio-Bauern oder TK-Ware?

Ein um das andere Mal bittet der Ober um Entschuldigung, läuft in die Küche und befragt die Köche. Nach seinem dritten Besuch in der Speisewerkstatt steckt ein Küchenmesser in seinem Rücken. Die vier Experten weiden sich derweil an der Inkompetenz ihres Kellners und ihrer eigenen Überlegenheit. Einer der vier Gäste hat sich einen Cäsarsalat als Vorspeise bestellt. Noch ehe er diesen überhaupt angerührt hat, zeigt er angewidert auf das Essen und fragt mit heiserer Stimme: „Entschuldigung, dass hier ist doch wohl ein schlechter Scherz oder? Der Original Caesar Salad wird mit Romanasalat hergestellt und nicht mit Eisbergsalat. Das hier sind auch keine frischen Croutons. Das Dressing ist wahrscheinlich auch nicht selbst gemacht." Der zweite männliche Anteil des Experten-Quartetts ist noch immer sauer, dass sein Kumpel auf die Idee mit dem Gimlet als Aperitif gekommen ist. Also versucht er mit seinem Digestiv-Wissen zu punkten. „Boah, nach dem extrem fettigen Essen brauche ich erst einmal einen Verteiler" lässt er die Bedienung wissen „habt ihr hier Rochelt Brände? Am liebsten wäre mir die Wachauer Marille".

Stopp Freunde. Jetzt macht doch bitte mal einen Punkt.

Die 0,7 Liter Flasche „Wachauer Marille" von Rochelt kostet im Einkauf 246,90 Euro. Der Wirt müsste 2 cl von dem edlen Brand für ca. 18 Euro verkaufen, um überhaupt Gewinn zu machen. Das teuerste Gericht auf der Karte dieses Gasthauses war der Zwiebelrostbraten für 17,80 Euro. Das 0,5 Bier einer regionalen Brauerei kostet 3,80 und der Schoppen Rotwein 4,50 Euro. Warum bitte schön, sollte der Wirt denn einen Schnaps für 18 Euro anbieten und das gesamte Preisgefüge kaputtmachen? Allein die Frage des Selbstdarstellers macht schon keinen Sinn.

Die Leichen der vier Experten wurden nach dem Restaurantbesuch im Übrigen nie gefunden.

Seien wir lieber vorsichtig, wem wir die Nerven zu sehr strapazieren.

Klassische Sätze der Besserwisser-Foodies sind: „Ich bin selbst Koch. Ich weiß, wie das richtig gemacht wird" oder „das soll Guacamole sein? Also ich war schon mal in Mexico..."

Natürlich darf der Weinkenner nicht fehlen in diesem Sammelsurium der Experten. Da freut sich die Bedienung wie Bolle, wenn diese Spezies in Begleitung einer adretten Dame im Restaurant aufschlägt und versucht, die Schöne zu beeindrucken. Zunächst darf sich aber erst einmal der Sommelier sein gesammeltes Halbwissen anhören. In welchem Weingut im Bordeaux er schon verkostet hat, welcher Winzer sein Facebook-Freund sei und dass seiner Meinung nach in Chile das kommende Wein-Imperium heranwächst.

Ich hatte einmal solch einen Wein-Fanatiker zu Gast, der stundenlang in der Getränkekarte blätterte, mal mit der Zunge schnalzte, dann wieder verächtlich schnaubte. Unser Sommelier, der die Weinkarte fachgerecht zusammengestellt hatte, hatte für die weniger Versierten stets eine kleine Beschreibung zu den Rebensäften beigefügt. Ideale Trinktemperatur, Geschmack etc. Der österreichische Sauvignon Blanc, für den der Gast sich letztendlich entschied, war geschmacklich charakterisiert, dass er Noten von Stachelbeeren aufwies. Ich öffnete die Flasche und überließ dem Experten einen Probeschluck. Der ließ den Rebensaft beachtliche zwei Minuten in seinem Mund zergehen, verzog das Gesicht und erklärte „der Wein wäre ihm nicht stachelbeerig genug." Er orderte jetzt einen anderen Sauvignon Blanc, dieses Mal von der Loire.

Da die angeforderte neue Buddel über einen Schraubverschluss verfügte, beeilte ich mich, den Inhalt des Österreichers in die französische Flasche umzufüllen. Alsdann erschien ich mit neuer Flasche aber gleichem Inhalt. Mein Wein-Kritiker ließ auch diesen Tropfen mit viel Brimborium in seinem Mund zergehen, lächelte glücklich und meinte: „Na also – geht doch. Perfekt".

Keine weiteren Fragen.

DIE BEWERTUNGSPORTALE TEIL 1

Es gibt Themen, die so vielschichtig sind, dass sie Stoff genug für ein eigenes Büchlein hergeben. Weil ich in dieser Lektüre allerdings noch ein paar andere Inhalte unterzubringen gedenke, unterteile ich den folgenden Beitrag in zwei Abschnitte. Wer hat nicht schon einmal vor dem Erwerb eines elektronischen Gerätes aus dem MediaMarkt gegoogelt, welches der verschiedenen Exemplare die besten Rezessionen erhalten hat?

Inwiefern haben die Meinungen der anderen User Ihr eigenes Kaufverhalten beeinflusst? Ist der Satz „der hat die besten Kritiken bekommen" Bestandteil Ihrer Argumentation gegenüber Freunden gewesen, gerade dieses Gerät zu erwerben und kein anderes? Sie planen gemeinsam mit Ihrer Frau einen Urlaub auf Rhodos? Nachdem das Reiseziel nach langem Hin und Her endlich klar ist, steht nun die Hotel-Auswahl an. Ihre Frau und Sie beugen sich über das Tablet und tun was?

Richtig, Sie vergleichen auf den Seiten von Holiday Check, Booking.com und Hotelbewertung.de Ihre Favoriten nach Bildern und Hotelbeschreibungen. Auf der Präferenzenliste machen Sie ihre Kreuze bei „Preis aufsteigend" und „beste Bewertungen". Letzteres, weil Ihnen die Erfahrungen der anderen Reisenden wichtig sind.

Hier erfahren Sie mehr über Mängel bei der Sauberkeit, lesen, wer die leckersten Büfetts anbietet und wessen Innenpool hoffnungslos überheizt ist. Wessen Hotelprospekt ist bereits fünf

Jahre alt und bei welcher Fotografie des Saunabereiches wurde mit Weitwinkelobjektiv gearbeitet, um die Größe zu optimieren? Natürlich bekommt man auf den Bewertungsportalen auch jede Menge Insider-Informationen. „Susanna ist eine super Bedienung" und „die Drinks an der Hotelbar sind ungenießbar".

Nicht allein bei der Auswahl des Urlaubszielortes sind Bewertungsportale unerlässlich, sondern auch bei der Restaurant-Entscheidung fürs kommende Wochenende. Wäre es nicht mega peinlich, wenn der schon so lang geplante Abend mit den neuen, besten Freunden zum Fiasko würde, nur weil man bei der Bestimmung des Speiselokals geschlampt hatte? Natürlich wäre es ein leichtes, einfach in ihr aktuelles Lieblingsrestaurant zu gehen. Dummerweise haben die neuen, besten Freunde angedeutet, dass sie ganz verrückt nach indischer Küche seien. Weil Sie davon keinen blassen Schimmer haben, vertrauen Sie dem Internet und durchforsten TripAdvisor nach dem angesagtesten Inder in ihrer Wohngegend.

So beginnen sie meistens, die Abende auf den Bewertungsplattformen. Erst lesen Sie sich ein in die Materie – nach dem Abendessen verfassen Sie selbst eine kleine Kritik zu dem eben besuchten Restaurant. Dabei verlassen Sie sich eher auf das Urteil ihrer neuen, besten Freunde, denn auf ihre eigene Meinung. Wie schon erwähnt, war dies Ihr erster Besuch in einem indischen Restaurant. Auch wenn Sie nicht wissen, wie Tandoori Chicken und Malai Kofta für gewöhnlich schmecken, hält sie das nicht davon ab, Aroma und Aussehen der soeben verzehrten Gerichte zu kritisieren.

Nach der Veröffentlichung ihres Textes sind Sie unheimlich stolz auf ihren Beitrag zur Rettung des guten Geschmacks. Sie sind jetzt offiziell ein Gastro-Kritiker. Jemand, dessen Bewertung andere Menschen dazu inspiriert, oder davor bewahrt, ein bestimmtes Lokal zu besuchen. Sie sind der Hüter des kulinarischen Wissens und eine brennende Fackel im Meer der Unwissenden. Sie dürfen zurecht stolz auf sich sein!

Vor einiger Zeit trug es sich zu, dass eine Gesellschaft aus München unsere Sommerterrasse zum Feiern eines Geburtstages auserkoren hatte. Es war ein wunderbar milder Samstagabend im August und unsere Location bis auf den letzten Platz ausgebucht. So weit, so gut. Die 12-köpfige Gruppe erschien pünktlich um 19 Uhr und begann ihre Feier mit einem ausgedehnten Aperitif. Da die warme Küche um 21 Uhr schließt, ermahnte sie der Kellner mehrfach höflich, doch bitte rechtzeitig ihre Speisenauswahl zu treffen. Im Eifer des Gefechts, was durchaus passieren kann, nahm die Gesellschaft erst gegen 20.30 Uhr die Speisekarten in die Hand.
Bis zu diesem Moment lief alles in geordneten Bahnen. Die Damen und Herren hatten dem Alkohol inzwischen kräftig zugesprochen und waren dementsprechend etwas aufgekratzt. Dann nahm der Ober die Bestellungen auf. Wie sich herausstellte, wählten 8 der 12 Gäste die halbe Bauernente, für die unser Restaurant aufgrund ihrer ausgezeichneten Qualität zu einiger Berühmtheit gelangt war. Zu dumm aber auch, dass die Küche nur noch insgesamt vier halbe Enten vorrätig hatte. Ganz klar, der Küchenschluss war in greifbare Nähe gerückt und mit vielen Neubestellungen war nicht zu rechnen. Welchen Sinn

machte es, um diese Tageszeit noch einmal frische Enten zu produzieren? Unbestreitbare Tatsache ist auch, dass Enten am Folgetag nicht mehr so gut schmecken wie frisch zubereitet. Um die Gäste nicht zu verprellen, landet das vom Vortag übrig gebliebene Federvieh nicht auf dem Teller der Kunden, sondern erfreut die Angestellten beim Personalessen. Außerdem bleibt noch zu erwähnen, dass unser Haus über eine sehr vielfältige Speisekarte inklusive Empfehlungen der Woche verfügt, die für jeden Geschmack ein breites Spektrum bereit hält.

Das Problem, welches keines hätte sein müssen, wäre einfach zu lösen gewesen, wenn jeder der acht Entenfans statt einer halben, nur eine viertel Bauernente bestellt hätte. Es sei außerdem noch eine Erwähnung wert, dass unsere Portionen groß genug sind, um davon satt zu werden. Der Gastgeber der Feierlichkeit, ein bekannter Steuerberater aus München, verfiel augenblicklich in eine unangemessene Form von Imponiergehabe, um seine Gäste zu beeindrucken. Er ließ den Geschäftsführer kommen und fragte diesen in arrogantem Ton, „wie das Restaurant denn jetzt mit der Problematik umzugehen gedenke". Ganz klar spekulierte der Herr auf eine Runde Freidrinks. Wäre unser Serviceleiter jetzt eingeknickt und hätte zwei Flaschen Schampus auf's Haus offeriert, zuzüglich einer ehrfürchtigen Entschuldigung, wäre das Ego dieses Klienten befriedigt gewesen. Das hätte ihn auch vor seinen Leuten gut aussehen lassen – Herr B., der Macher, einer der sich nichts gefallen lässt. Höchstwahrscheinlich steckte auch eine große Portion Alpha-Männchen-Kräftemessen hinter der ganzen Aktion.

Leider tat ihm unser Geschäftsführer nicht den Gefallen, sondern entschuldigte sich lediglich dafür, dass nicht mehr so viele Enten vorrätig seien, verwies aber auf den Umfang der Speisekarte, die noch genügend kulinarische Alternativen bereit hielt.

Der Gast wollte jedoch unbedingt sein selbst verbrieftes Recht durchsetzen. Als „Chef" war er es nicht gewohnt, ein „Nein" akzeptieren zu müssen. Diesen Gesichtsverlust vor seinen Gästen durfte er auf keinen Fall hinnehmen. Er beharrte auf eine Wiedergutmachung und hatte auch gleich ein halbes Dutzend Lösungsvorschläge parat, die sich alle um Gratis-Drinks oder zumindest einer Halbierung der Gesamtrechnung drehten. Seine unverschämten Forderungen prallten allerdings an unserem Geschäftsführer ab, wie Gewehrkugeln an Superman. Wofür auch sollten wir ein schlechtes Gewissen haben? Dass kurz vor Torschluss ein Gericht ausging? Das kann passieren, dafür gab es genügend andere Speisen auf der Karte.

Anders hätte es sich verhalten, wenn der Gast die Enten ausdrücklich im Vorfeld bestellt und wir das Vorhandensein des gebratenen Geflügels fest zugesagt hätten. Da sich der angetrunkene Kunde immer weiter und lautstärker echauffierte, sah sich der Geschäftsführer dazu gezwungen, diesem die Rote Karte zu zeigen – Platzverweis. Wie ein ungezogenes, nörgelndes Kind, das seinen Willen nicht durchsetzen konnte, zog der beleidigte Gast von dannen.

Schon am nächsten Tag konnten wir seine Sicht der Dinge schwarz auf weiß in diversen Internetforen nachlesen. Hier hatte er seiner angestauten Wut freien Lauf gelassen und wehklagend der lesenden Gemeinde das vermeintliche Unrecht geschildert, das ihm und seinen Gästen widerfahren war. Der Ausgangspunkt der Geschichte, dass die Gesellschaft erst kurz vor Küchenschluss bestellt hatte und es nicht ausreichend halbe Enten für alle gegeben hatte, wurde völlig ignoriert. Stattdessen biss sich der Steuerberater an der Person unseres Geschäftsführers fest, den er als „untragbar in dieser Position", „arrogant und frech" beschrieb. Auf drei verschiedenen Plattformen bot er die selbe Geschichte dar. Anschließend meldeten sich, wahrscheinlich auf sein Geheiß hin, auch noch seine Frau und sein Sohn zu Wort und hauten in etwa in die gleiche Kerbe wie das Familienoberhaupt. Unser Manager wurde dämonisiert und überhaupt sei unser Restaurant „die schlechteste Adresse ever", zur Ausrichtung einer Feier. Scheinbar war es seine Intension, dem Serviceleiter persönlich zu schaden und unser Lokal ordentlich durch den Kakao zu ziehen.

Haben Steuerberater tatsächlich so viel Zeit, sich mit solch einem Kinderkram zu beschäftigen? Das zumindest würde erklären, warum ich jedes Jahr so quälend lange auf die Bearbeitung meines Lohnsteuerjahresausgleichs warten darf. War das Ego dieses Kleingeistes bereits so ramponiert, dass er öffentliche Auftritte wie diesen brauchte, um sein Image aufzupolieren? Kam ein „Nein" einer persönlichen Kriegserklärung gleich, die einen sofortigen Angriff zur Folge hatte?

Man konnte nur hoffen, dass solch ein Musterbeispiel eines Egomanen niemals in der Politik landete, um dort Kollateralschäden anzurichten. Nach Begegnungen mit Gästen seiner Sorte denkt man gerne mal über einen Jobwechsel nach.

Andererseits versicherte mir eine Bekannte, die als Flugbegleiterin tätig ist, dass es bei ihr ähnlich turbulent zuginge. Leute wie dieser Gast sitzen heute in unserem Restaurant, morgen fliegen sie mit ihr in den Urlaub und eine Woche später benehmen sie sich an der Supermarktkasse wie ein Berserker. Der Beruf wird uns vergällt von einigen wenigen Exemplaren von Kunden, die noch nicht gemerkt haben, dass der Rest der Menschheit bereits den aufrechten Gang beherrscht.

Wie leid tut es mir um all jene Restaurants und Institutionen, deren Geschäftsführer Klienten wie diesen Steuerberater nicht so konsequent behandeln, wie der Chef unseres Lokals. Immer wieder verrichtete ich meinen Dienst in Betrieben, deren Inhaber geradezu katzbuckelnd auf die Gäste zuging. „Der Kunde ist König" wurde da ganz groß auf alle Fahnen geschrieben. „Wenn er sich benimmt wie ein König" würde ich den Slogan gerne ergänzen. Leider ist dies nicht immer der Fall. Es ist schlimm, mitzuerleben, wie Gäste hofiert werden, die nichts weiter im Sinn haben, als ihr übergroßes Ego gestreichelt zu bekommen. Ich habe Tiefkühlpizzen erlebt, die größere Leistungen vollbracht haben, als die Leute, die ständig gebauchpinselt werden wollten.

Die intellektuellen Leistungen sogenannter Prominenter, die unser Restaurant beehrten, waren meist überschaubarer als der Wirbel, den sie selbst um ihre Person machten. Stellvertretend für diese Kaste sei Herr Stefan R. genannt, dessen Produktionsteam sich beim Frühstück in unserem Lokal unter aller Sau aufführte. Scheinbar waren ihm die

Frühstücksbedienungen nicht schnell genug, beim abräumen. Wie sonst ist es zu erklären, dass er und seine Mitstreiter auf die geniale Idee kamen, ihr schmutziges Geschirr auf den Nachbartischen abzuladen? Tische, die bereits zu einer Tafel zusammengestellt waren und für eine am Mittag stattfindende Geburtstagsfeier aufwendig eingedeckt und dekoriert waren. „Schlag den R." dachte so mancher von uns Bedienungen an jenem Tag. Ich lese ganz im Allgemeinen sehr gerne Hotel- und Restaurant-Bewertungen im Internet. Auch habe ich selbst schon die eine oder andere verfasst, manche durchaus kritisch, wo ich Anlass zur Kritik empfand. Unbegreiflich ist mir allerdings, wie man sich derart detailverliebt an Kleinigkeiten stören kann, die jeden eigenständig denkenden Gast nur rudimentär interessieren.

Ein junges Paar feierte im großen Rahmen ihre Hochzeit bei uns. Die Stimmung war ausgelassen und alle Gäste gingen erst in den frühen Morgenstunden, betrunken aber glücklich, zu Bett. Die Braut veröffentlichte einige Tage später auf TripAdvisor eine Bewertung unseres Lokals, indem sie wortwörtlich „die unmöglichen Salz- und Pfefferstreuer" anprangerte „die man in einem Restaurant unserer Kategorie so nicht erwarte". Welche Kategorie die Dame wohl meinte? Ich kann mich nicht entsinnen, dass wir uns mit irgendwelchen Sternen oder sonstigen Auszeichnungen schmückten.

Interessant ist es auch zu erfahren, welche Prioritäten die junge Frau bei ihrem Restaurant-Besuch setzt. Der schönste Tag des Lebens gerät zu einem apokalyptischen Fiasko, weil Salz- und Pfefferstreuer nicht mit ihrer persönlichen Design-Vorstellung harmonieren. Gut zu wissen, dass es einigen Mitmenschen so gut geht, dass solche Nebensächlichkeiten sie bereits aus der Bahn zu werfen scheinen. Da kann man nur hoffen, dass diese Klientel nicht irgendwann einmal mit einem echten Problem konfrontiert wird.

Überhaupt scheinen mir manche Urlauber den Großteil ihrer Ferien damit zu verbringen, mit der Kamera im Anschlag durch das Hotel zu schleichen, um in bester Agenten-Manier Problemzonen aufzudecken. Dort ein Staubkorn hinter dem Sofa, hier ein nicht korrekt geputzter Badezimmer-Spiegel und zu allen Überfluss auch noch ein schmutziger Teller am Abend-Büfett. Sollte der Urlaub nicht zum Relaxen dienen und dazu, solcherart Korinthenkackerei mal für zwei Wochen zu vergessen? Geht es wirklich um konstruktive Kritik oder letztendlich nur darum, ein paar Euro vom Veranstalter herauszuschlagen? Womöglich gehen die Gedanken der notorischen Nörgler in diese Richtung. Der Erfolg mit dieser Masche scheint sie leider zu bestätigen: Man muss sich nur beharrlich genug echauffieren, um am Ende recht zu bekommen, bzw. das, was man für Recht hält. Irgendwann würde das Restaurant oder Hotel schon einknicken und die Gäste mit einem Gutschein für ihr hartnäckiges Lamentieren belohnen.

Einige englische Touristen übertrieben es mit ihrer Jammerei in den Medien gar zu sehr. Scheinbar ist es in Großbritannien seit ein paar Jahren Mode geworden, den Reiseveranstalter nach Beendigung der Ferien, auf Schadensersatz zu verklagen. Die Reklamationen ähneln sich in ihrer Form ziemlich. Immer wieder ist die Rede von unterirdisch schlechtem Essen, durch welches sie krank geworden seien, was ihnen den gesamten Urlaub verdorben hätte. Sogar von Übelkeit bis hin zum Erbrechen wird ausführlich berichtet. Gut, das mit der undefinierbaren Nahrung dürfte ihnen aus der Heimat vertraut sein, aber das ist eine andere Geschichte. Sich übergebende Briten im Urlaub sind auch nicht wirklich eine Besonderheit, wenn auch aus anderen Gründen.

Inspiriert werden die britischen Pauschalurlauber durch eine Lücke im Verbraucherrecht, das ihnen die Möglichkeit zur Reklamation bis zu drei Jahre nach Beendigung der Reise gibt. Findige Agenturen haben sich darauf spezialisiert, diese Touristen zu Klagen gegen den Reiseveranstalter zu animieren. Die Büros übernehmen die Beschwerden über angeblich verschmutzte Pools und Gesundheitsbeschwerden nach dem All-you-can-eat-Büffett und kassieren Provisionen.

Bei einigen Reiseanbietern stiegen die Reklamationen aufgrund der Beanstandungswelle auf über 700 Prozent. Natürlich leiden auch die Hoteliers unter diesen, meist grundlosen Verunglimpfungen via Internet. Negative Publicity ist schlecht für das Geschäft, gerade in einem hart umkämpften Sektor wie der Tourismus-Branche.

Vor einiger Zeit versuchte ein britisches Paar mal wieder, einen Reise-Konzern mit Hilfe einer Klage wegen schlechtem Essen abzuzocken. Auch sie gaben an, dass sie von der Hotel-Kost so krank geworden seien, dass sie den Urlaub abbrechen mussten. Die Ermittler wurden allerdings skeptisch und prüften die sozialen Medien nach den beiden Klägern. Siehe da, alleine auf Facebook hatten die beiden zwei Dutzend Bilder aus dem angeblichen Horror-Urlaub gepostet. Zu sehen waren zwei ausgelassen feiernde Gäste, die das Hotel ausdrücklich für seine leckeren Speisen lobten. Keine Spur von Magenverstimmung und Urlaubsabbruch. Da waren die beiden Betrüger mal so richtig aufgeflogen. Ein Gericht verurteilte die Facebook-Poser zu 12 Monaten auf Bewährung und Zahlung der Gerichtskosten in Höhe von 1.100 Pfund.

Eine solche Aufdeckung von böswilligen Verleumdung und absichtlich falsch dargestellten Ereignissen während des Restaurantbesuches würde sich so mancher Gastronom wünschen. Wie einfach wäre es dann, hässliche Kommentare abzuschmettern und wie einen Bumerang zurückzuwerfen.

Dass die vom Gast verfasste Kritik mit den tatsächlichen Ereignissen oft um Meilen auseinandergeht, ist eine altbekannte Tatsache. Ich spreche gerne aus eigener Erfahrung. Als Betroffener, wenn ich ein Hotel gebucht habe und feststellen muss, dass die Wirklichkeit mit den überschwänglichen Bewertungen im Netz herzlich wenig zu tun hat. Ebenso schüttele ich so manches Mal den Kopf, wenn ich Restaurant-Erlebnisse von Gästen lese, bei denen ich als Bedienung direkt vor Ort gewesen bin.

Eines meiner definitiv schrägsten Erlebnisse der letzten drei Jahre trug sich an einem heißen Hochsommertag zu. An den Tagen zuvor hatte es einige Kritik der Gäste gegeben, welche monierten, die Servicekräfte seien zu ernst und könnten doch ruhig auch mal lachen oder freundlicher dreinschauen. Auf dem Höhepunkt der Sommersaison, mit vielen Kilometern in der Gluthitze in den Beinen, ist das nicht immer so einfach, wie jedermann bestätigen kann, der jemals gekellnert hat. Der Chef forderte uns mit ruhiger Stimme auf, auch wenn es schwerfiele, etwas mehr Schwung und Gute Laune in den Arbeitsalltag zu legen.

Bei nächster Gelegenheit probierte ich das mit dem neuen Frohsinn gleich mal aus. Eine etwa 50 Jahre alte Dame unterbrach den Pausenkaffee mit meinem Kollegen und fragte, ob wir eine Toilette hätten. Alleine die Frage war schon spaßig genug. Ein Restaurant mit 350 Sitzplätzen im Innenbereich und 180 weiteren auf der Terrasse – und es gab tatsächlich Gäste, die unsicher waren, ob wir den Kunden auch ein WC zur Verfügung stellen. Genau so intelligent ist stets die Nachfrage, ob wir geöffnet hätten, angesichts einer hoffnungslos überfüllten Sonnenterrasse.

Auf alle Fälle antwortete ich mit „Nein, tut mir leid, wir haben keine Toilette" und hoffte, dass die Dame die Ironie in der lustig gemeinten Antwort erkannte. Leider hatte ich mich beim Humor-Level des Gastes komplett verrechnet. „Sie sind ein sehr unhöflicher Mensch" schimpfte sie und setzte sich wieder an ihren Tisch im Außenbereich. Nur wenig später informierte mich mein Arbeitskollege darüber, dass dieser weibliche Gast eine Entschuldigung von mir erwarte, und das wortwörtlich „auf Knien". Ich hielt das Ganze immer noch für einen Scherz und lehnte das Angebot dankend ab. Außerdem verwies ich auf meine Arthrose, die einen Kniefall unmöglich machte.

Die aufgebrachte Megäre bestand auf eine Entschuldigung und verweigerte vehement die Bezahlung der Rechnung in Höhe von 70 Euro im Fall einer Verweigerung. Da ich auch dieses Mal der Aufforderung nicht Folge leistete, verschwand sie, ohne zu zahlen. Mein armer Chef fuhr ihr also hinterher und konnte sie nach einer wilden Verfolgungsjagd durch die halbe Innenstadt schließlich stellen. Nach allerlei unflätigen Schimpfkanonaden ihrerseits rückte Madame endlich die 70 Euro heraus. Später ließ sich die Dame wüst auf TripAdvisor aus, dass die Kellner frech seien, nicht wüssten wo sich die Toiletten befinden und der Chef sie angeschrien hätte.

So wurde aus einer ohnehin verquasten Geschichte auch noch eine verdrehte – den Internet-Rezensionen sei Dank. Im Übrigen forderte uns der Restaurant-Boss nie wieder auf, den Gästen gegenüber doch etwas witziger aufzutreten.

Doch nun mehr zu den unterschiedlichen Wahrnehmungen von Hotel- und Restaurantbesuchern und welche Geheimnisse sich oft dahinter verbergen.

JEDER GAST
BEREITET AUF
IRGENDEINE
ART VERGNÜNGEN.

★

DER EINE,
WENN ER DAS
RESTAURANT BETRITT,
DER ANDERE,
WENN ER ES
VERLÄSST.

DIE BEWERTUNGSPORTALE TEIL 2

Jetzt möchte ich auf die Mysterien der unterschiedlichen Reaktionen auf den Bewertungsportalen eingehen.

Nehmen wir einmal an, zwei verschiedene Pärchen, beide Mitte 20, reisen in die Türkei und verbringen ihren Urlaub im selben Hotel. Sie kennen sich nicht und kommen auch während ihres Aufenthaltes nicht ins Gespräch. Nachdem der Ferienflieger wieder auf deutschem Boden gelandet ist, setzen sich beide Parteien in ihren heimatlichen Wohnungen an den Laptop, um ihre Erlebnisse anderen Reisenden auf Holidaycheck zu präsentieren. Holger und Marianne kommen aus Gelsenkirchen. Die zwei sind sich einig, dass ihr Reiseziel ganz in Ordnung gewesen sei, das Hotel dagegen eine einzige Katastrophe. Ihr Frust fließt dann auch überdeutlich in die Bewertung ein. „Bruchbude", „überall Dreck und mieses Essen", vertrauen sie dem Internet an. Natürlich bekommt ebenfalls das Personal sein Fett weg. „Unfreundliche Kellner und überforderte Rezeptionsmitarbeiter" lautet ihr Fazit.

Tom und Mandy stammen aus Halle an der Saale. Sie haben sich während des Studiums für Betriebswirtschaft an der Martin-Luther-Universität kennengelernt. Beide sind noch frisch verliebt und der Aufenthalt an der türkischen Riviera war ihr erster gemeinsamer Urlaub.

Tom wendet sich ebenfalls an Holidaycheck und gibt dem Hotel eine Bewertung von 5,2 Punkten, 6 wäre die höchste zu vergebende Punktzahl.

Beide sind immer noch ganz angetan von der Größe der Zimmer, dem abwechslungsreichen Essen und der Freundlichkeit des Hotel-Personals. Besonders Murat, ihr wieselflinker Kellner, wird ausdrücklich gelobt. Wie kommen solch total konträre Bewertungen zustande?

Im Fall von Holger und Marianne liegt der Verdacht nahe, dass dort zwei Leute mit völlig überzogenen Vorstellungen ihre Reise angetreten haben. Der alte Leitsatz „wer billig kauft, bekommt billig" scheint nicht bis nach Gelsenkirchen vorgedrungen zu sein. Auf „Opodo" wird für ihr Ferien-Domizil mit der Beschreibung „gutes Mittelklasse-Hotel" und „ideal für einen Bade-Urlaub" geworben. Außerdem wird darauf hingewiesen, dass sich das Haus in der Nähe einer beliebten Partymeile befindet. Für wen ist eine solche Unterkunft also interessant? Junge Leute, die abends gerne bis in die frühen Morgenstunden feiern und tagsüber ihren Rausch am nahe gelegenen Strand ausschlafen.

Auf das Frühstücksbüfett legt diese Klientel keinen Wert, da sie die Morgen-Mahlzeit regelmäßig verschlafen. Dass die Betten ständig knarren und die Zimmer nur rudimentär geputzt werden, bekommt das, sich im Dauerrausch befindende Party-Volk überhaupt nicht mit. Die chronischen Schnäppchenjäger Holger und Marianne haben sich schlicht verkalkuliert.

Die Rechnung war dieses Mal nicht aufgegangen. Eine Woche Sonne, Flug und Hotel, inklusive Flughafen-Transfer und Halbpension für 512 Euro – bei der Buchung war sich das Paar noch ziemlich clever vorgekommen. Haben sie tatsächlich ein kuscheliges 5-Sterne-Deluxe-Domizil erwartet für diesen Preis?

Was sonst als eine Enttäuschung war in diesem Fall vorprogrammiert?

Für die Hallenser Tom und Mandy war es da schon einfacher. Da ihr Erfahrungsschatz hinsichtlich von Luxusherbergen eh gegen null tendierte, hatten sie genau das bekommen, was sie erwartet hatten für ihr Geld. Eine Woche Sonne, Badespaß und ein nettes Hotel, das völlig ausreichend war zum schlafen und essen. Wer ohnehin mit geschwollenem Kamm und nicht sonderlich ausgeprägter Lebensfreude in ein Urlaubsland fährt, wird sich an jeder Kleinigkeit stören.

Kürzlich verbrachte ich meine Rad-Ferien in einem 4-Sterne-Hotel an der Playa de Muro auf Mallorca. Da im Januar auf der Baleareninsel die meisten Urlauber-Residenzen noch geschlossen haben, wählte ich ein Haus, welches für meine Ansprüche völlig ausreichte. Eine gute Bike-Region in unmittelbarer Nähe, Strandnähe und ein beheizter Innenpool. Die Homepage dieses Hotels warb mit gesundem Frühstück und abwechslungsreichem Abendessen in Büfett-Form. Der Preis inklusive Flug war unschlagbar, die Entscheidung fiel mir nicht schwer. Das Domizil wurde größtenteils von deutschen Rentnern bevölkert, die dem grauen, kalten Winter in der Heimat entfliehen wollten. Die Hotel-Homepage hatte nicht zu viel versprochen. Das Frühstücksbüfett ließ keine Wünsche offen. Alleine die Tatsache, dass es möglich war, im beheizten Wintergarten seine Morgen-Mahlzeit einzunehmen, war genial. Auch zu den abendlichen Büfetts lässt sich nur schwerlich Negatives finden, allenfalls, dass die Speisen gerne etwas wärmer hätten sein können. Das allerdings ist jammern auf hohem Niveau. Jeden Abend gab es einen Themen-Abend. Mal wurde asiatisch gekocht, dann italienisch und am nächsten Tag gab es mallorquinische Küche. Selbst spät am Abend wurden die Chafing-Dish-Behälter immer wieder nachgefüllt. Außerdem bestand die Möglichkeit, sich diverse Speisen direkt vor Ort von einem Show-Koch am Grill zubereiten zu lassen. Die Bedienungen empfand ich als freundlich, aufmerksam und flink. Dummerweise standen die Tische im Speisesaal sehr eng zusammen, so dass man den Gesprächen der anderen Gäste lauschen musste, ob man wollte oder nicht.

Irgendwann aß ich nur noch im Rekord-Tempo, um das Esszimmer schnell verlassen zu können. Schuld an dieser ungewollten Treibjagd war das abstoßende und jeglichen Anlass entbehrende Gemotze der deutschen Rentner-Fraktion. Die einen beschwerten sich über das angeblich zu harte Brot, die nächsten, weil es lediglich sechs verschiedene Käsesorten zur Auswahl gab. Mürrisch und ewig schlecht gelaunt, durfte ich mir ihre Lebensweisheiten anhören. „Der Tee ist nur lauwarm. Tee muss heiß sein, sonst geht das nicht. Von heiß auf lauwarm ist in Ordnung, aber lauwarm auf kalt ist unmöglich. Kalter Tee ist nix." Was wohl die Hersteller von Ice-Tea über solch eine These dachten?

Klar durfte auch die „Früher war alles besser"-Partei nicht fehlen. Gäste, die bereits zum dritten Mal im gleichen Hotel gebucht hatten und sich darüber empörten, dass sie von den Mitarbeitern an der Rezeption nicht als Stammgäste erkannt und entsprechend hofiert wurden. Dieselben Nörgelrentner waren es dann auch, die nachmittags in Badehose in der

Hotelbar eintrafen, um dort ein Stück Erdbeerkuchen zu verspeisen. Aber zurück zum Thema.

Hotel- und Restaurantbewertungen sind stets subjektiv. Während Gast 1 (weiblich) für ihre nervige Hausfrauenpsychose bekannt ist und überall angeblich mangelnde Sauberkeit reklamiert, lobt Urlauber 2 (männlich) ausdrücklich die Sorgfalt bei der Zimmerreinigung. Vielleicht hatte Reisender 2 auch sein Zimmer in der 3. Etage des Hotels und deren Zimmerservice arbeitete gründlicher als jener von Stockwerk 5, wo Gast 1 residierte. Wenn Urlauber allerdings auf den Bewertungsportalen anfangen, den hoteleigenen Strand über den grünen Klee zu loben, obwohl das Haus über keinen eigenen Badestrand verfügt, ist Vorsicht geboten.

Ich verbreite an dieser Stelle kein exklusives Geheimwissen, wenn ich darauf hinweise, dass es auf den gängigen Portalen die eine oder andere Fake-Bewertung gibt.

Nanu, wie sind die denn dorthin gekommen? Wer hat sie dort platziert und zu welchem Zweck?

Sie können gerne einmal die Probe aufs Exempel machen. Verfassen Sie eine fiktive Hotel- oder Restaurantbewertung und schauen Sie, was dann passiert. Bauen Sie Schlagwörter aus der hoteleigenen Homepage oder dem Reisekatalog ein, loben Sie den guten Service und herzlichen Empfang. Ich bin mir sicher, dass zwei von vier Bewertungsportalen, ihre Lobeshymne auf das Hotel veröffentlichen werden. Gerade bei TripAdvisor habe ich manchmal berechtigte Zweifel, ob tatsächlich alle Veröffentlichungen „echt" sind. Bei weltweit 60 Bewertungen pro Minute zu Restaurants, Hotels und Attraktionen, kann sich schon mal ein Fake auf deren Seite verirren. 100 Millionen Beurteilungen wurden bereits online gestellt.

Die Sprecher dieses Portals versichern stets, dass jedes Gäste-Gutachten gründlich geprüft wird. Wie gründlich, das dürfen Sie gerne mit ihrer eigenen fiktiven Bewertung ausprobieren. Auch Trivago gibt vor, besonders gewissenhaft zu arbeiten. Gleich fünf Administratoren sind im Einsatz, um die schwarzen Schafe unter den Bewertungen auszusortieren. Auch hier rate ich zu einem Selbstversuch, um die Zuverlässigkeit der Netz-Polizei zu überprüfen.

Holidaycheck fordert bei Unstimmigkeiten bei der Urlaubskritik schon mal einen Unterkunft-Nachweis an. 100-prozentige Sicherheit wird auch hier nicht versprochen, doch können so einige Fakes aussortiert werden. Für Restaurant-Bewertungen gilt das gleiche wie für Hotel-Berichte. Auch hier ist nicht alles echt, was im Internet geschrieben steht.

Beweggründe, ein falsches Urteil über ein Lokal in Umlauf zu bringen gibt es genügend. So manche positive Rezension beinhaltet auffallend viele Abschriebe aus der offiziellen Homepage oder Prospekten, die für dieses Lokal werben. Mit an Sicherheit grenzender Wahrscheinlichkeit ist der Wirt selbst der Initiator hinter dieser Bewertung oder einer seiner Strohmänner. In diesem Fall steckt hinter der positiven Rezension eine PR-Kampagne oder Werbe-Maßnahme des Betreibers. Dass man positive Bewertungen auch kaufen kann, weiß inzwischen jeder Kleinunternehmer.

Vor allem in der Gesundheitsbranche ist es inzwischen Usus, für relativ bescheidene Beträge freundlich gesonnene

Beurteilungen für die eigene Praxis zu erwerben. „Dr. Maier ist der beste Zahnarzt der Welt oder „eine Koryphäe auf seinem Gebiet" im gleichen Wortlaut bei vier aufeinanderfolgenden Bewertungen klingen verräterisch nach fingierten Beschreibungen. Auf der Seite „Goldstar Marketing" kann man völlig legal positive Meinungen kaufen. Eine Bewertung kostet 24,99 Euro, 20 gibt es zum Schnäppchenpreis von 329 Euro.

Eine ganze Armada aus Festangestellten und Freiberuflern schustert für Ihr Unternehmen eine individuelle Beurteilung zusammen. Der „Goldstar Marketing"-Leitspruch lautet im Übrigen: „Positive Hotelbewertungen machen den Unterschied zwischen einer guten Auslastung und leeren Betten." In wirtschaftlich unsicheren Zeiten eine treffende These, die so manchen Gastronom dazu ermutigt, das Angebot dieser Firma anzunehmen. Einige Gastro-Blogger berichteten schon von unmoralischen Offerten durch Restaurant- oder Hotelbesitzer. Manch einen Lokal-Betreiber war es mehrere 100 Euro wert, auf der Online-Präsenz des Bloggers, eine positive Kritik veröffentlicht zu sehen, um die Kundschaft von seinem Unternehmen zu überzeugen. Das Geschäft mit „Reputationsmanagement" blüht.
Ob technische Produkte von Usern auf Amazon beworben werden oder Potenzmittel auf pharmazeutischen Seiten, das Angebot ist groß und verlockend. Die Rezensionen schreiben freie Mitarbeiter, die als „Produkttester" für die Agenturen arbeiten. Gegen Cash regnet es Sterne. Die Tür schwingt auch bei den Bewertungen in beide Richtungen. Das Gegenteil einer positiven Bewertung ist eine negative Beurteilung. Auch hier

helfen Ihnen Blogger und Auftragskritiker gegen ein paar Scheinchen gerne weiter. Gegenüber ihres alteingesessenen Lokals hat ein neues Restaurant eröffnet? Ihre Stammgäste bleiben plötzlich aus, weil sie mal etwas anderes ausprobieren wollen? Kein Wunder, dass Ihnen angesichts der Konkurrenz die Knie weich werden. In diesem Fall helfen nur noch die bezahlten Berufskritiker. Gezielt diffamieren diese das neue Restaurant auf den üblichen Plattformen. Wie bereits erwähnt, nehmen es deren Betreiber nicht immer so genau bei ihren Kontrollen. „Arrogante Bedienungen und schlechtes Essen" posten Menschen, die das neue Restaurant noch nie besucht haben und warnen ausdrücklich vor einem Besuch des Lokals „wenn Ihnen ihre Gesundheit wichtig ist".

Mit dem Urteil des Oberlandesgerichtes Hamburg vom 30. Juni 2016 wird die Position der Plattformen für angeblich authentische Restaurant- und Urlaubsberichte weiter gestärkt. Eine Hotelkette hatte gegen Holidaycheck wegen unwahrer Bewertungsinhalte geklagt und die Löschung zahlreicher Rezensionen gefordert. Das Gericht entschied sich in seiner ganzen Weisheit gegen eine solche Klage, sofern der Betreiber des Betriebes nicht beweisen könne, dass es sich bei der Bewertung tatsächlich um eine Verleumdung handelt. Bewertungsplattformen sind rechtlich nicht verpflichtet, die Identität ihrer User herauszugeben – allein deshalb wird es schwer, einen solchen Schreiberling ausfindig zu machen.
Inzwischen arbeiten immer mehr gastronomische Betriebe mit dem Unternehmen Legalbase zusammen. Hier können Hoteliers Anwälte damit beauftragen, gegenüber dem Bewertungsportal

die Löschung unwahrer Rezensionen durchzusetzen. Die Chancen, dass negative Kritiken gelöscht werden, stehen gut, vor allem bei beleidigenden Inhalten.

Auf Facebook rief ein Kleingeist dazu auf, den Besitzer des Restaurants, in dem ich einst tätig war „an seinen Eiern am Tresen festzunageln". Selbst wenn einem das Essen nicht geschmeckt hat oder man zurecht vom Geschäftsführer wegen eines Fehlverhaltens ermahnt wird, sollte man sachlich und fair bleiben in seiner Kritik.

Sich im Schutz des World Wide Web zu benehmen wie eine offene Hose ist zwar seit Längerem traurige Realität, aber unangemessen im Umgang miteinander.

Warum lesen trotzdem so viele Gastronomen die Kritiken über ihr Restaurant auf den Bewertungsportalen?

Klar, positive Rezensionen bedeuten kostenlose Werbung für den Betrieb, mehr Gäste und höhere Gewinne. Negative Expertisen geben den Gastronomen die Möglichkeit, Missstände zu beseitigen. Wenn sich von 20 Usern 15 über den schlechten Service beschweren, sollte man auf die Bedienungen durchaus ein kritisches Auge werfen. Wenn etliche Kunden sich online über welken Salat oder ungenießbares Dressing auslassen, darf die Arbeit der kalten Küche überwacht werden.

Nicht nachvollziehen kann ich die Angewohnheit einiger Gäste, bei Nachfrage und Verabschiedung während des Restaurant-Besuches zu versichern, dass alles prima gewesen sei. Das Essen sei im Übrigen nur deshalb nicht vollständig verzehrt worden, weil man den eigenen Hunger überschätzt hätte. Am nächsten Tag entdeckt der Restaurant-Betreiber dann eine vernichtende Kritik dieser Gäste auf TripAdvisor.

Wie schön, dass die Restaurant-Eigentümer inzwischen auf solcherart Diffamierungen eingehen können. In ihren Kommentaren zu diesen Kritiken haben sie die Möglichkeit, die Sache zu begradigen, bzw. ihre Sicht auf den Kasus darzulegen. „Warum haben Sie denn nicht sofort reklamiert, als der Geschäftsführer fragte, ob sie zufrieden sind?" werden diese gefragt... und bleiben regelmäßig eine Antwort schuldig, was auch ein Fingerzeig Richtung Wahrheitsgehalt der Bewertung darstellt.

Mir persönlich gefällt die Antwort eines Lokal-Besitzers auf Rügen, der sich einer negativen Aussage eines Gastes erwehrte. Dieser hatte dem Wirt unterstellt, mit glutenfreien Essen zu werben. Nach zweistündiger Wartezeit auf die Mahlzeit folgte eine herbe Enttäuschung. Der Restaurantbesitzer forderte den kritischen Gast auf, zu zeigen, auf welcher Seite er denn mit glutenfreien Essen werben würde. Auch stellte er den unzufriedenen Kunden bloß, in dem er darauf hinwies, dass dieser an einem Feiertag ohne Reservierung in seinem Restaurant erschienen war und ewig für eine Entscheidung gebraucht hätte. Davon abgesehen, dass sein Lokal zu dieser Zeit bis auf den letzten Stuhl ausgebucht war, ist es schlechter Stil, trotzdem zu versuchen, die gesamte Speisekarte auf den Kopf zu stellen und die Bedienung zu vereinnahmen. Der Wirt schloss seinen Kommentar treffend mit den Worten:

„Ich denke, Sie sollten kein Restaurant mehr besuchen, sondern zuhause einen Apfel essen."

AUF DEN HUND GEKOMMEN

"Endlich mal wieder ein freier Tag", dachte ich, "das wurde ja verdammt nochmal auch mal Zeit". Der alte Schlüsselsatz "Gastronomie ist unberechenbar" hatte sich einmal mehr bewahrheitet. Mittwoch und Donnerstag hätte ich theoretisch und laut Plan arbeitsfrei gehabt, aber wieder einmal kam alles ganz anders. Schuld war das Wetter – welches uns bereits im März mit sommerlichen Temperaturen und Sonnenschein pur verwöhnte. Damit konnte weiß Gott niemand rechnen. Der Chef am allerwenigsten. Der machte seine Personaleinteilung routiniert und nach empirischen Erkenntnissen jahrelanger Beobachtungen im eigenen Betrieb.

Im März regnete es meist und wenn sich doch ein Mal die Sonne für ein paar Stunden heraustraute, war es meist noch zu kühl für eine groß angelegte Service-Attacke. Dann wurde auf Selbstbedienung umgestellt, was für die meisten Gäste kein Problem darzustellen schien. In dieser Saison war halt vieles anders als in den meisten Jahren zuvor. Schon die Wintermonate waren deutlich zu mild gewesen, und jetzt stellte der März gerade neue Temperaturrekorde auf. Ganz klar, nun konnte man nicht mehr ohne Dauer-Diskussionen und Nörgeleien den Gästen mitteilen, dass sie ihre Getränke doch gefälligst selbst an der Theke abholen und in den Außenbereich bugsieren mögen. Das vertrug sich auch nicht ohne Weiteres mit unserem Service-Gedanken. Die Gäste strömten auf die Sonnenterrasse, um die ersten warmen Frühlingstage zu genießen. Die älteren Herrschaften und die nicht allzu Kälteresistenten dagegen marschierten schnurstracks ins Restaurant, wo es sich an einem der schönen Fensterplätze auch gut leben ließ. In diesem Moment brauchte der liebe Chef eigentlich zwei Service-Teams, um beide Fronten mit Personal abdecken zu können. Aber woher nehmen? Die Saisonkellner tauchten in der Regel erst Mitte April oder Anfang Mai auf, was durchaus Sinn machte. In den Wintermonaten, wo es eher gemütlich zuging, brauchte das Restaurant weiß Gott keine neun Kellner, die mangels Gästen unzufrieden in den Ecken herumstanden. Also lag es an uns Festangestellten, an solchen Tagen mit hohem Gästeaufkommen, die Kohlen aus dem Feuer zu holen.

Das war der Grund, weshalb ich die Woche zuvor freiwillig auf meinen Ruhetag verzichtet hatte. Der Chef hatte etwas herumgedruckst, irgendetwas gemurmelt, ´ob ich an meinen planmäßig freien Tagen etwas Besonderes vorhätte´, und schon hatte ich gewusst, woher der Wind wehte.

Nun befand ich mich endlich nach zwölf Tagen Maloche im Ausgang. Nichts weniger als Ruhe hatte ich im Sinn. Also trugen mich meine müden Füße auf eine nahe gelegene Wiese, wo ich mich ins Gras fallen ließ und aus meinem Rucksack ein Buch zauberte. Etwas von Nele Neuhaus, aus der Taunus-Krimi-Reihe, rund um das Ermittler-Duo Bodenstein und Sanders. Wer war wohl der Präzisionsschütze, der bevorzugt nachts scheinbar unschuldige Leute aus großer Entfernung erschoss? Ich tippte mal forsch auf den Vater der jungen Dame, die vor zehn Jahren durch Ärztepfusch ums Leben gekommen war. Zu offensichtlich wurde immer wieder von der Autorin auf dessen auffällige

Behinderung hingewiesen. Noch ehe sich diese These bestätigen konnte, wurde ich jäh aus meinem Lesevergnügen gerissen.

Ich vernahm heftiges Schnauben und emsiges Getrampel in unmittelbarer Nähe. Waren prähistorische Monster aus dem Jurassic Park ausgebrochen und niemand hatte mich darüber informiert? Ein Angriff der ungarischen Reiterarmee mitten auf der eben noch friedlichen Wiese?

Ich blickte auf und erkannte, dass alles noch viel schlimmer war. Eine etwa 50-jährige Dame mit ungepflegten Haaren und der alternativen Szene entliehenen Klamotten feuerte ihre zwei Hunde unentwegt an, dieses oder jenes zu tun bzw. verdammt noch mal sein zu lassen. Die – dem Schmuddel-Look ihres Frauchen optisch in nichts nachstehenden Zottelviecher – hetzten mit wirren Augen umher. „Apache, Navarro, was macht ihr denn schon wieder für einen Unsinn?" rief die Hundebesitzerin mit hoher Stimme.

Wie bitte heißen die zwei Höllenhunde? Apache und Navarro? Keine weiteren Fragen.

Madame warf Stöckchen, allerdings so ungeschickt, dass die Dinger ständig in meine Richtung flogen und die Tiere mit heraushängender Zunge auf mich zugerannt kamen. Ein ums andere mal hatte ich Angst, dass die Biester nicht mehr rechtzeitig abzubremsen vermochten und mit mir kollidierten. Das passierte zum Glück nicht, dennoch wurde ich mit Dreck und Gras beworfen.

„Könnten Sie mit Ihren Hunden nicht etwas weiter weg spielen?" fragte ich so höflich wie möglich.

„Die Wiese ist für alle da, auch für meine Jungs" entgegnete die Neandertalerin schnippisch und das nächste Stöckchen flog in meine Richtung. Mir fiel keine geeignete Antwort ein. Müde, wie ich war, stand mir nicht der Sinn nach einer aussichtslosen Diskussion. Der ruhige freie Tag war dann auch schneller vorbei als geplant.

Ich packte meinen Schmöker zurück in den Rucksack und sah zu, dass ich Land gewann. 'Meine Jungs' dachte ich seufzend, so wie die Hundehalterin ihre Viecher gerade bezeichnet hatte, war mit der sowieso kein aussichtsreiches Gespräch zu erwarten.

Hunde- und sonstige Tierbesitzer, die ihre animalischen Freunde bereits soweit vermenschlicht haben, dass sie von "meinen Jungs" reden, sind in der Regel immun für kritische Töne rund um das liebe Vieh.

Es war ein regnerischer Herbsttag als eine ähnlich derangierte ältere "Dame" unser Restaurant betrat. An ihrer Seite ein, einem sehr hoch gewachsenen Schaf nicht unähnliches Ungetüm, das wohl einen Hund darstellen sollte. Langes, ungekämmtes Fell, vom Gesicht war nichts zu sehen, so dass man nur mit Mühe orakeln konnte, wo sich Vorne und Hinten befanden. Wie es sich nach einer langen Wanderung gehörte, waren Herrin und Hund aufgrund des Starkregens ordentlich durchgeweicht. „Das Schaf" schüttelte sich im voll besetzten Restaurant gleich einmal und Gäste und Kellner mussten Obacht geben, dass sie nicht auf der Wasserlache ausrutschten. In einer Ecke fand die Frau noch ein Plätzchen, an dem sie sich niederließ, um einen Tee mit Rum zu bestellen. Ihr zu Füßen das Monstrum. Natürlich so gemütlich gebettet, dass aufgrund der Körpergröße kaum noch ein Gast zur Toilette durchkam, ohne über das grunzende Vieh steigen zu müssen. Alleine das war schon ärgerlich. Madame tat so, als ginge sie das offensichtliche Problem nichts an und schlürfte ihren Tee. Allerdings ging sie sofort verbal zum Angriff über, als ein Gast vom Nebentisch sich über den Geruch des Hundes beschwerte. Die Kombination aus verfilzter, langer Mähne und ausgedehntem Lauf durch den Regen setzte tatsächlich eine explosive, nasale Wasserstoffbombe in Gang. Dass die Ausdünstungen des Riesenkalbs nicht mit dem Genuss von Cappuccino und Himbeertorte korrespondierten, versteht sich von selbst. Auf diese Problematik angesprochen, fauchte die Hundebesitzerin zurück, dass ihr Hund ja wohl mehr unter den Menschen zu leiden hätte als umgekehrt. Ehe die Gäste eine Chance hatten, diese Behauptung in ihren Hirnen zu transzendieren, schwafelte die Höhlenbewohnerin weiter wirres Zeug, dass der Homo sapiens nur so und so viel Geruchsnerven besäße, der Hund jedoch dreimal mehr. Deshalb wären „Fido und Co" die eigentlichen Opfer, denn sie könnten sich schließlich nicht gegen den Menschen wehren.

Für angehende Biologen sicherlich nicht ganz uninteressant, hatte aber mit der augenblicklichen Situation nicht das Geringste zu tun. Außerdem hatten die Hunde dieser Welt sehr wohl eine Wahl. Ihnen stand es frei, wie seinerzeit den Bremer Stadtmusikanten, auszuwandern und ihr eigenes Ding aufzuziehen. Die Affen haben es ihnen vorgemacht – hatten sogar einen ganzen Planeten erobert und den Menschen domestiziert. Und überhaupt: Tiere als Geruchsopfer darzustellen, die es toll finden, ihre eigenen Exkremente zu fressen – ist schon sehr weit hergeholt. Nein, nein, nein – ich lasse mich jetzt nicht als Hundehasser diffamieren.

Ausdrücklich möchte ich darauf hinweisen, dass ich selbst Besitzer eines Labrador-Bernersennen-Rüden bin. Seit meiner Kindheit bin ich mit Vierbeinern aufgewachsen und liebe diese Wesen. Ich verstehe die Beweggründe, sich einen Hund zuzulegen. Egal ob als Weihnachtsgeschenk für den 10-jährigen Sohn oder als Freund im Alter für verwitwete Seniorinnen. Therapiehund, Schmusehund, Rettungshund oder innerer Schweinehund – jedes Tier hat seine Daseinsberechtigung und findet Gefallen in meinen Augen.

Mein Thema ist nunmehr aber die Vereinbarkeit von Hunden und Restaurantbesuchern. Gewisse Parallelen zum Thema „mit Kindern ins Restaurant" sind unbeabsichtigt aber dennoch nicht zu ignorieren. Oft sind nicht die „Zamperl" das Problem bei Restaurantbesuchen, sondern deren Besitzer. Auch hier sind Ignoranz oder ein schlichtes Gemüt regelmäßig die Faktoren, dass andere Leute sich an Hundebesitzern stören. Ich persönlich kenne nur sehr wenige Menschen, die von sich behaupten, Tieren nicht wirklich viel abgewinnen zu können.

Eine regelrechte Hundephobie ist mir überhaupt noch nicht begegnet. Menschen, die beim Restaurantbesuch auf einen angenehmen Abend hofften und dann mit bornierten Besitzern von schlecht erzogenen Vierbeinern konfrontiert wurden, habe ich während meiner Tätigkeit in der Gastronomie zuhauf erlebt.

Erziehung ist das Zauberwort. Hier gilt das gleiche Prinzip wie bei der Schulung von Kindern: Richtig vormachen, üben und notfalls korrigieren. Es gibt unzählige Bücher zum Thema „Hunde-Unterricht". Man muss sie nur lesen und deren Lehren beherzigen. Es fängt bereits bei der Reservierung an.

Erwähnen Sie am Telefon, dass Sie sich in Begleitung eines ausgewachsenen Dobermanns befinden und auch noch ihre Frau mitbringen. Der Restaurantleiter hat nun die Chance zu entscheiden, wo ihr Hund und ihre Frau am wenigsten stören und kann Ihnen einen geeigneten Tisch zuweisen.

Entschließen Sie sich kurzfristig für einen Restaurantbesuch, gilt das gleiche Prinzip.

Fragen Sie die Bedienung schon beim Eintreten nach einem geeigneten Platz für Ihre Fellnase. Wahrscheinlich gibt es im Lokal ihrer Wahl irgendwelche ruhigen Ecken oder Nischen, die sich erfahrungsgemäß gut für sie und ihren Liebling eignen. Nein, nicht der wackelnde Tisch direkt neben der Toilette, sondern eine Eckbank vielleicht, die weniger stark von Gästen frequentiert ist. Hier sollte der Vierbeiner die Möglichkeit haben, je nach Körpergröße, in der Nische oder unter dem Tisch Platz zu nehmen.

Leider erlebe ich es immer wieder, dass Hundebesitzer ihren „Schatz" völlig ungeniert mitten im Lokal platzieren. Auf den Weg an ihren Tisch, mit vollem Tablett oder heißen Tellern in der Hand, wird jeder Schritt zum Parcours. Sollte der Hund auch noch plötzlich aufspringen oder ohne Vorwarnung unter dem Tisch herauspreschen, wird es ganz gefährlich.

Mir biss tatsächlich einmal ein aggressiver Drahthaar Foxterrier ins Bein. Die Hundebesitzerin hatte für mich noch nicht einmal eine Entschuldigung übrig, dafür eine nette Rechtfertigung für das Verhalten des Tieres. Sie hätte den Hund aus einem Tierheim in Rumänien befreit und er muss Fürchterliches durchgemacht haben. Er hätte eine Abneigung gegen Männer in schwarzen Hosen. Ich wollte schon anbieten, mir bei ihrem nächsten Besuch ein grünes oder rotes Beinkleid zuzulegen, vermied diese Spitze jedoch tapfer. Stattdessen schaute ich das böse Tier nur mit einem wütenden Blick an und dachte: ´Hunde, wollt ihr ewig leben?´

Vergessen sie nicht „Bellos" Lieblingsdecke. Das dient der Platzzuweisung und Beruhigung ihres Haustieres. Auch ein Kauknochen kann wunder wirken. Das dämpft fürs Erste den Appetit und lenkt den Vierbeiner ab.

Klar, dass „Fido" bei all den leckeren Gerüchen, die aus der Küche strömen, nervöse Tendenzen entwickelt. Dann kommt auch noch der Kellner mit einem riesigen Schweinekotelett auf dem Teller auf dich zu. Das wird doch nicht etwa für dich sein? Hasso tropft der Speichel auf den Boden und er rutscht unruhig hin und her. Aber was macht dieser Blödmann, der mit seiner schwarzen Hose und dem weißen Hemd aussieht wie ein Pinguin? Er geht einfach vorbei und stellt den Teller am Nachbartisch ab. Eine Gemeinheit ist das, wo du schon wieder solch einen Kohldampf schiebst. Weil Hasso aber ruhig geblieben ist und den Pinguin nicht angesprungen hat, bekommt er ein Leckerli.

Bei der Vergabe von Leckerlis am Tisch scheiden sich die Geister. Nicht wenige Hundetrainer plädieren darauf, der Fellnase explizit keine Belohnungen für korrektes Verhalten im Restaurant zu geben. Verbales Lob sei in Ordnung, eine Assoziation von „dabei sein" und „etwas zu fressen bekommen" für Hunde ungeeignet. Den eigenen Vierbeiner am Tisch zu füttern, verträgt sich meist nicht mit den Hygienebestimmungen des Lokals und dem Appetit der anderen Gäste.

Es ist nachvollziehbar, dass ihr Haustier der eigentliche Boss in der Familie ist. Wer interessiert sich schon für die geplagte Hausfrau, den überstundenschiebenden Ehemann und die vorlauten Kinder? *The Dog rules the World*. Wenn nicht gleich die Welt, dann wenigstens ihr Umfeld.

Um dich, lieber Fido, dreht sich schließlich alles. Wann spazieren gegangen wird, welches Urlaubsziel für die Familie infrage kommt und welches Fernsehprogramm eingeschaltet wird. Der spannende Krimi im Ersten oder „*Dog Channel*", weil alle Familienmitglieder es gar zu putzig finden, wie du mit der Schnauze gegen den Bildschirm springst, wenn ein Artgenosse von dir über die Leinwand hüpft. Weil die Couch dummerweise zu klein für den ganzen Clan ist, muss regelmäßig ein Familienmitglied auf dem Boden Platz nehmen. Kein Problem, solange es nicht dich trifft. Während den Kindern die Haare bereits die Sicht versperren, bekommst du regelmäßig einen Termin beim Hundefriseur. Der Geburtstag des Hausherren wird gerne mal vergessen, dafür erinnert ein leckeres Kalbsschnitzel in deinem Futternapf an den Tag, als du dem Postboten das erste Mal ins Bein gebissen hast. Hat deine Familie mal wieder keine Lust auf Mutters dröge Hausmannskost, geht es gemeinsam ins Restaurant. Dort bekommst du einen Platz auf der Eckbank. Zu dumm nur, dass deine Besitzer deine Lieblingsdecke vergessen haben. Jetzt muss halt die Stoffbank, auf die sie dich gehievt haben, darunter leiden. Ist ja auch nicht deine Schuld, dass es draußen ordentlich geschüttet hat und dein Fell nun ganz nass ist. Endlich gibt es etwas zu essen. Die 12-jährige Tochter deiner Familie hat sich ein Steak mit Salat und Pommes bestellt.

Gut erzogen, wie du die Kleine hast, schneidet sie das Fleisch auf, spießt sie auf ihre Gabel und reicht sie dir an. Genüsslich werden die Portionen von dem Essgerät geschlabbert. Anschließend isst das Kind von der gleichen Gabel. Mutter und Vater schauen ihrer Tochter beim Füttern ihres Lieblings zu und schenken ihr ein seliges Lächeln.

Stopp, aufhören, Ende-Gelände! An dieser Stelle geht die Liebe zu seinem Haustier zu weit. Hund bleibt nun einmal Hund und der Mensch ein Mensch.

Es widerspricht einfach jeder hygienischen Grundausrichtung, sein Haustier in einem öffentlichen Restaurant, von Geschirr und Besteck, die für humanoide Wesen gedacht sind, zu füttern. Wie dumm und ignorant muss man sein, um nicht zu begreifen, dass dies nichts mehr mit Tierliebe zu tun hat.

Was auch immer den angeblichen Tierfreunden an Widerworten auf berechtigte Kritik der anderen Gäste einfallen mag, schluckt es einfach runter. In der Regel interessiert euer hirnloses Geschwätz sowieso niemanden. Von der Haltlosigkeit eurer Thesen, die ihr in irgendeinem Nischen-Forum im Internet aufgeschnappt habt, wollen wir gar nicht erst anfangen.

Euer kleiner Schatz hat auf dem Weg ins Restaurant seine Nase an drei verschiedene Hundehaufen gehalten, die Reste eines Döners, den ein Teenie verloren hat, von der Straße geschleckt und einem anderen Hund am Hintern geschnüffelt. Jetzt lasst ihr ihn von eurem Geschirr fressen? Seid ihr denn von allen guten Geistern verlassen?

Auch den Wirten sei ausdrücklich empfohlen, keine Rücksicht zu nehmen auf die übertriebene Tierliebe solcher Gäste. Wer auch immer solch ein Exemplar erwischt, der seinen Vierbeiner vom restauranteigenen Geschirr füttert, soll sofort eingreifen. Auch zu seinem eigenen Wohl.

Gerade in Zeiten, in denen Menschen öffentliche Foren besuchen, um sich über alles und jeden gründlich auszulassen, können sie auf solcherart Werbung gerne verzichten. Schon ach so niedliche Kleinhunde, die auf Stühle platziert werden, deren Schnauzen über die Tischdecke lugen, sind grenzwertig.

Klar, dass sich einige Hundebesitzer, die auf ihre Fehler hingewiesen werden, widerborstig und uneinsichtig verhalten. Sie schnaufen wütend „Hundehasser" und verlassen mit ihren Fellfrosch im Arm das Lokal.

In einem chinesischen All-you-can-eat-Restaurant hab ich mal erleben müssen, wie eine korpulente Dame mit Dauerwelle ihren Pudel mit Resten vom Büfett fütterte. Als der Geschäftsführer sie daraufhin zur Rede stellte, schnauzte Madame den Mann erst einmal an „dass sie ja schließlich für das Essen bezahlt hätte".

Wer eine solche Meinung vertritt, mit dem braucht man ohnehin nicht zu diskutieren. Lebenslanges Hausverbot wäre die beste Empfehlung.

Außerdem – Hunde in einem China-Restaurant sollten auf dem Teller des Gastes serviert werden und nicht von Selbigem essen... (Privatnotiz: letzten Satz unbedingt bei der Korrektur löschen.)

AUSZUBILDENDE

Auch ich war einst ein Auszubildender, der drei Jahre lang den Beruf eines Restaurantfachmanns lernen durfte, bevor man ihn selbstständig auf die Gäste losließ.

Echt, der hat gelernt? werden jetzt einige Kunden erstaunt rufen, die das „Glück" hatten, von mir betreut zu werden.

Damals, in der guten alten Zeit, war ich unheimlich froh gewesen, einen Ausbildungsplatz in der Hotel- und Gaststättenbranche zu ergattern. Fachkräfte in der Gastronomie gab es ausreichend und um den Nachwuchs brauchte man sich keine Sorgen zu machen. In meiner norddeutschen Heimat wurden Auszubildende hin und wieder am Stammtisch, zwischen drei Pils und ein paar Klaren, verschachert wie Zuchthengste. Für die Ausbildung waren fortan alteingesessene Köche und Kellner zuständig, die sich jedoch eher rudimentär um die Belange ihrer Schutzbefohlenen kümmerten. Es ging lediglich darum, willige Helferlein heranzuzüchten, die funktionierten und in das Gesamtgefüge passten. Von Theorie hatten diese domestizierten Gastro-Jungbullen in der Regel kaum Ahnung. Der kleine Rest, von in der Berufsschule erlangtem Wissen, würde auch bald verblassen oder von egomanischen Landgasthofbesitzern herausgedrillt werden. Schließlich wollte man in seinem Restaurant keine aufmüpfigen Akademiker, sondern funktionierende Arbeiter.

Zu viel Grips schadete nur bei der täglichen Routine.

Bauer Lindemann war ein gerne gesehener Gast im Dorfkrug. Nicht nur, dass der Großbauer stets nicht unbeträchtliche

Summen bei seinen Besuchen in der Wirtschaft umsetzte, er war auch einer der wichtigsten Lieferanten des Gasthofes. Schweine, Rinder, Eier, Milch – der Wirt bezog fast seine gesamten Lebensmittel von unserem Bauern. Hatte der Landwirt ein Problem, dann hatte auch der Wirt eines. Die größte Crux seiner Zeit war der nicht ganz so helle Sohn des Bauern. Der taugte einfach nicht als Landwirt. Zu faul, zu dumm... was auch immer. Trotzdem wollte der Bauer, dass sein Sohn, jetzt wo er die Schule mit Ach und Krach bestanden hatte, eine fundierte Ausbildung macht. Wenn er schon für die Landwirtschaft nicht taugte, sollte wenigstens ein passabler Koch aus ihm werden.

So fingen die Geschichten in unserer Gegend oft an. Ausgang ungewiss. Meistens hatte dann der Wirt ein Problem, der Bauer eines weniger. Ein paar einsame Landgasthöfe gab es immer wieder, die aufgrund ihrer Lage Schwierigkeiten hatten, Personal zu rekrutieren. Für gewöhnlich fanden diese ihre Belegschaft nach der Wende im Osten der Republik oder in den osteuropäischen Nachbarländern.

Einige Musterexemplare dieser mobilisierten Kellner-Larven saßen in meiner Berufsschulklasse in der letzten Bank. Man erkannte sie an den schwarzen Balken unter ihren Augen und den ausgemergelten Gestalten. Viele waren per Zeitungsinserat oder über Arbeitsagenturen auf die entlegenen norddeutschen Landgasthöfe gelockt worden und fanden sich auf Sklavenschiffen des 21. Jahrhunderts wieder. Man hatte sie mit dem Versprechen auf eine fundierte Ausbildung und Trinkgeld, bereits ab dem 1. Lehrjahr, geködert. Auf Ersteres würden sie allerdings verzichten müssen, genau wie künftig auf ausreichend Schlaf, gesundes Essen und menschenwürdige Behandlung.

Sie wurden in großflächige Angestelltenunterkünfte, zusammen mit polnischen Spülern und Küchenhelfern gepfercht und hatten Tag und Nacht bereitzustehen, wenn der Dienstherr es wünschte. Meist mussten sie auch noch nach der Schule ran, arbeiteten bis tief in die Dunkelheit und wussten am nächsten Morgen nicht einmal, auf welchem Planeten sie sich befanden. Undenkbare Zustände wären das heutzutage.

Ich selbst absolvierte meine Ausbildung in einem der vielen Major-Hotel-Ketten. Die Hiltons, Marriotts und Accors dieser Welt sind der Inbegriff von Rationalismus und Funktionalität. So langweilig wie diese Bettenburgen waren oft auch deren Angestellte. Austauschbar wie Käsescheiben und in ihrer Arbeitsweise einem mehrfach geklonten Maschinenwesen ähnelnd. An erster Stelle stand immer das jeweilige Konzept des Hauses, das wie ein Diktat über den Köpfen der Angestellten schwebte.

Es waren durchaus kreative Köpfe, die diese kleinlichen, oft völlig unsinnigen Gastronomie-Programme entwarfen. Deren Beweggründe hatten wir nicht zu hinterfragen. Hauptsache, wir beherzigten die Ideen. Wurde irgendwo in einem hessischen Trabanten der Mercure-Sternen-Flotte beschlossen, nur noch einlagiges Toilettenpapier für die Angestellten herauszugeben, wurde das bis in die norddeutsche Tiefebene genau so praktiziert. Hier wurde bereits vom 1. Lehrjahr an, eine uniformierte Roboterarmee herangezüchtet, der Individualität und Freigeist völlig abging.

Dass ich mit dieser Entwicklung nicht allzu glücklich war, kann man schon daran erkennen, dass ich nach der Ausbildung nie wieder in einer Hotelkette angeheuert habe.

Der Unterschied zu den Azubis in den Landgasthöfen bestand in der Regel darin, dass wir Major-Hotel-Zöglinge in der Theorie besser geschult waren als die Hinterwäldler. Dafür versagten wir regelmäßig bei praktischen Arbeiten. Wir waren es gewohnt, aufgrund der Personaldichte in unseren Betrieben, ständig einen Co-Piloten oder Aufpasser um uns herum zu wissen. Ganze Kohorten von Ausbildern, Chefs, Junior- und Seniorchefs, Controllern und Managern flankierten uns links, und von rechts wurden wir gestützt von Oberkellnern, Oberkellner-Assistenten, Chef de Rangs und dem Hausmeister. Klar, dass uns später schon bei der ersten Feuertaufe die Nerven versagten.

Wann immer ich mich nach der Ausbildung in einem Ausflugslokal als Servicekraft bewarb, rollten die Inhaber mit den Augen, wenn sie meine Zeugnisse unter die Lupe nahmen. „Front-Erfahrung haben Sie noch keine oder?" hieß in etwa die Standardfrage. Damit konnte ich nicht wirklich dienen.

Heute nehmen es viele Restaurants nicht mehr ganz so genau mit den Auswahlkriterien für den Servicenachwuchs. Ein Bewerber mit einer abgeschlossenen Lehre, dazu auch noch der deutschen Sprache in Wort und Schrift einigermaßen mächtig – das hört sich für manchen Restaurantbetreiber an wie die Beschreibung eines Phänomens. Ein Fabeltier, eine Marien-Erscheinung. Selbst ein Einhorn kann man beim Waldspaziergang einfacher sichten.

Schon bei der Einstellung eines Lehrlings scheint Sorgfalt und ein geschultes Auge oft nicht mehr wichtig zu sein. Frei nach dem Motto „Wir können froh sein, dass wir überhaupt jemanden bekommen haben". Verständlich in einer Zeit, in welcher junge Leute weder eine handwerkliche Tätigkeit lernen wollen, geschweige denn drei Jahre in einem gastronomischen Objekt verbringen möchten. Ungeachtet von Schulbildung, Alter und Herkunft bekommt so ziemlich jeder die Chance, sich zu beweisen. In anderen Sparten, dem Gesundheitswesen oder in der Finanzbranche, gibt es ein weitaus strengeres Auswahlverfahren.

Keine Ahnung, was den Nachwuchsgastronomen durch den Kopf pfeift, wenn sie sich für eine Ausbildung im Gastgewerbe entscheiden. Sind es selbst inszenierte Gedanken oder werden sie größtenteils fremdgesteuert? Berufsinformationszentren, Lehrer, Eltern – Menschen, die in jungen Leuten falsche Hoffnungen und Vorstellungen wecken. Nicht jeder Kellner wird sein eigenes Lokal führen, und nicht jeder angehende Koch bekommt seine eigene Kitchen-Show im Fernsehen.

Ein Praktikum kann helfen, Wunschvorstellungen und Realität besser einzuordnen.

Ist das tatsächlich der Beruf, den ich bis zur Rente ausüben möchte?

Manchmal kann man schon froh sein, wenn der Praktikant es bis zur nächsten Pause durchhält. Umgekehrt ist es auch für den Betrieb interessant zu erfahren, wen man sich da ins Boot zu holen gedenkt. Gerade in kleineren Restaurants sind personelle Fehleinschätzungen bei der Rekrutierung von Nachwuchskräften mit einem höheren Risiko verbunden, als in größeren. Hier ist man noch eher darauf angewiesen, dass die Chemie zwischen den Angestellten stimmt. Es ist wichtig, sich zu verinnerlichen, dass man Angestellter der Dienstleistungsbranche ist, dessen Job darin besteht, Besucher zu umsorgen und ihnen ein guter Gastgeber zu sein.

Scheitert man bereits an dieser einfachen Formel, sollte man sich überlegen, ob die Gastronomie überhaupt zu einem passt.

Es gibt doch sicherlich noch andere Jobs, auf die man auch keinen Bock hat.

Was meine Generation von Auszubildenden von der heutigen zu unterscheiden scheint, ist die Einstellung zur Pflichterfüllung.

Klaglos und wie selbstverständlich nahm ich seinerzeit die Widrigkeiten, die meine Lehre mit sich brachte, hin. Es war nun einmal ein unglücklicher Umstand, dass mein Ausbildungsbetrieb nicht gleich um die Ecke lag, sondern ich eineinhalb Stunden zum Hotel fahren musste. Wurde es wieder einmal später, konnte es passieren, dass mir der letzte Bus vor der Nase davonfuhr. Dann hieß es, an der Bushaltestelle oder irgendeiner Kaschemme zu warten, bis in den frühen Morgenstunden das nächste Verkehrsmittel fuhr. Ich sah zu diesen Gegebenheiten keine Alternative und biss auf die Zähne. Überstunden waren selbstverständlich, und bat mich der Oberkellner, ausnahmsweise nach der Schule im Hotel zu erscheinen, weil es ein großes Event gäbe, musste ich nicht lange überlegen. Die Ausnahme wurde zur Normalität, doch ich fügte mich meinem Schicksal. So oder ähnlich musste es den meisten meiner Azubi-Mitstreiter ergangen sein.

Wir klagten selten und akzeptierten unser Los. Von den sieben Auszubildenden, die damals mit mir gemeinsam den Dienst im

Hotel aufgenommen hatten, brach nicht einer die Lehre vorzeitig ab. Keiner wechselte die Ausbildungsstätte oder startete eine Revolution.

Sieht man die Entwicklung in den letzten 20 Jahren positiv, so kann man triumphierend rufen: „Die jungen Leute von heute sind einfach selbstbewusster und lassen sich nicht gleich alles gefallen". Mein Nachbar dagegen hat eine andere Sicht der Dinge: „Das sind alles verzogene Weicheier."

Ich bin geneigt, seine Ansicht zu teilen. Durchhaltevermögen, Zähigkeit, Widerstandskraft? Fehlanzeige, bei den meisten. Dafür sind die Auszubildenden ganz groß im Fordern von Privilegien, die ihnen ihrer Meinung nach zustehen.

Vor vielen Jahren packte mich einmal der Ehrgeiz. Ich sagte entschlossen „Ja", als mir ein Restaurantleiterposten in der Nähe von München angeboten wurde. Mit den Fachkräften konnte man, trotz einiger Sprachbarrieren, gut klar kommen. Dann waren da noch die sieben Lehrlinge im Servicebereich, die ich unter meine Fittiche nehmen durfte. Das war regelmäßig eine Quälerei. Nie konnte man es den Damen und Herren Recht machen. Schrieb ich einen Dienstplan, wurde sofort gemosert, warum man schon wieder am gleichen Tag frei hätte wie letzte Woche. Machte ich eine Stationseinteilung, gab es großes Gezeter, weil sich jeder benachteiligt fühlte. Dummerweise ging das selbst an meinen freien Tagen so weiter. Während ich mich an einem Badesee von den Strapazen meiner Arbeit zu erholen gedachte oder gerade ein vielversprechendes Rendezvous genoss, klingelte plötzlich das Handy. „Die Sonja will die Brotstation nicht sauber machen, obwohl sie laut Plan dran ist" teilte mir eine aufgeregte Mädchenstimme mit. Kurz darauf meldete sich Kilian zu Wort: „Ich wollte fragen, ob ich heute eine halbe Stunde eher gehen kann. Im MediaMarkt gibt es die neue PlayStation". Brauchte ich außerplanmäßig einen der Lehrlinge, so gingen alle auf Tauchstation.

Die Energien, die meine Schutzbefohlenen aufbrachten, sich immer neue Ausreden auszudenken, waren bemerkenswert. Hätte sich so mancher von ihnen genau so viel Mühe gegeben, die Lehrbücher in der Berufsschule zu studieren, wie beim Auswendiglernen des Jugendschutzgesetzes, wäre einigen der Jugendlichen das Wiederholungsjahr erspart geblieben.

Oft hörte ich Sätze wie: „Aber laut Gesetz steht mir noch ein Ersatzruhetag zu, weil ich letzten Sonntag gearbeitet habe" oder „Sie dürfen mich nicht länger als acht Stunden arbeiten lassen, sonst muss ich das meinen Eltern sagen".

Wenn man solche Sätze von einem 17-jährigen Großmaul ins Gesicht geschleudert bekommt, während das Restaurant, in dem man die Oberaufsicht hat, gerade von Gästen geflutet wird, bekommt man oft Lust, alles hinzuschmeißen und weiter als einfacher Kellner zu arbeiten.

Ein nicht sehr heller Stern am Azubi-Himmel nahm es besonders genau. Hin und wieder teilte ich diesen als Helfer für die anderen Bedienungen im Lokal ein. So glaubte ich, den Burschen langsam an den täglichen Serviceablauf heranführen zu können. Weil der Lehrling erwachsen und souverän wirkte, wurde er von den Gästen schon mal für eine vollwertige Fachkraft gehalten. Dann gaben sie bei dem Knaben ihre Bestellungen auf. Er nickte eifrig und übertrug die Gästewünsche sauber auf seinen Notizblock. Dann fiel sein Blick auf die große Wanduhr, bei der die Zeiger anzeigten, dass es soeben 14 Uhr geworden war oder wie er es nannte – Feierabend. Augenblicklich ließ er alles stehen und liegen, zog sich im Personalumkleideraum um und verschwand, ohne irgendjemandem Bescheid zu geben. Die Gäste waren *not amused*, denn sie warteten jetzt ewig auf ihre Bestellungen, die nicht weitergereicht worden waren.

Nachdem ich mit diesem Sonderling einige Einzelgespräche geführt hatte, sich aber keine Verbesserung in seiner Arbeitsweise einstellte, gab ich es irgendwann auf, ihn noch länger zu fördern. Für den aktiven Dienst im Restaurant war er schlicht nicht zu gebrauchen, also ließ ich ihn fortan Tagungsräume stellen oder beschäftigte ihn mit *Mise en Place*-Arbeiten. Alleine vor den Kellnern und den Gästen wäre es verantwortungslos gewesen, den Jungen in eine feste Servicestation zu stecken. Natürlich beschwerte sich der Lehrling kurz darauf bei seinen Eltern. Diese machten beim Restaurantbesitzer mobil und irgendwann folgten Anrufe von der Industrie- und Handelskammer. Ständig werden Ausbilder ermahnt, die jungen Nachwuchskräfte nicht so hart ranzunehmen, da wir in Deutschland, gerade in der Gastronomie, einen Fachkräftemängel zu verzeichnen hätten. Da stecken die Ausbilder in einem echten Dilemma.

Auf der einen Seite steht die Forderung nach Nachsicht und Milde gegenüber Auszubildenden, als Gegenentwurf zum Kuschelkurs soll die Lehrzeit junge Leute auf das Berufsleben vorbereiten. Das Leben in der Gastronomie ist aber de facto kein Zuckerschlecken. Schwere körperliche Arbeit, lange Arbeitszeiten und psychischer Stress sind die Regel. Wenn so der berufliche Alltag aussieht, wem nützt es dann, jungen

Leuten eine Scheinwelt vorzugaukeln, die nichts mit der harten Realität gemein hat?

Es braucht ein dickes Fell und eine gewisse Stressresistenz um in diesem Piranha-Becken zu bestehen. Meist herrscht im Alltag ein rauer Ton. Weder vom Chef, noch den Mitarbeitern aus Service oder Küche sind ausschließlich freundliche Worte zu erwarten.

Gastronomen sind keine Sozialarbeiter, sondern hart schuftende Malocher, von denen kaum mit überbordender Sensibilität im Umgang mit Auszubildenden zu rechnen ist. Das sollten sich junge Leute verinnerlichen, bevor sie eine Lehre in der Gastronomie erwägen.

Keine Frage – es gibt auch heute noch genügend schwarze Schafe unter den Ausbildungsbetrieben. Hotels und Restaurants, die grundsätzlich nicht geeignet sind zum Ausbilden von jungen Leuten. Betreiber, die glauben, Lehrlinge seien so etwas wie universal einsetzbare Helferlein, die man je nach Bedarf hin und her schieben könne. Allzeit bereite Hochleistungsmotoren, die für ein überschaubares Gehalt die Aufgaben von Fachkräften übernehmen. Manch einem Gastwirt steht gar das Wasser bis zum Hals, was schert sich dieser um die Einhaltung von gesetzlichen Bestimmungen gegenüber Jugendlichen, wo er es beim übrigen Personal schon nicht so genau nimmt.

Kein Wunder, dass jeder zweite Azubi seine Kochlehre abbricht und es auch im Restaurantfach ähnlich düster aussieht. Falsche Erwartungen seitens der Lehrlinge, wenig Euphorie bei der Ausbildung der Jugendlichen seitens des Betriebes – es sind teils unübersichtliche Interaktionen, die das Gesamtbild trüben. Auf der einen Seite haben wir den Unternehmer, der sich der

Leitung eines gastronomischen Objektes verschrieben hat. Eine Branche, die nicht dafür bekannt ist, üppige Gewinne abzuwerfen, dafür aber als zeit- und arbeitsintensiv gilt. Der Wirt hat sicherlich, wie die meisten seiner Zunft, Probleme, geschultes und fähiges Personal zu finden. Der Laden läuft gut, aber die Belastungen für die wenigen Mitarbeiter werden immer größer.

Erst Anfang der Woche haben sich wieder zwei Köche und ein Kellner arbeitsunfähig gemeldet. Den Personalmangel dürfen wieder einmal diejenigen ausbaden, die dem Betrieb, allen Widrigkeiten zum Trotz, die Stange halten. Einigen sieht und merkt man regelrecht an, dass sie bereits auf dem Zahnfleisch kriechen. Von daher kann er es sich auch nicht leisten, seine drei Auszubildenden mit Samthandschuhen anzufassen. Außerdem hat er mit den Lehrlingen eine Art *Gentlemen's Agreement* geschlossen. Die verzichten ab und an auf ihren freien Tag und er steckt ihnen (schwarz) ein paar Scheinchen zu.

Auf der anderen Seite nervt ihm die zum Teil realitätsferne Einmischung durch die Politik. Später am Abend wird der Restaurantbesitzer in der Zeitung lesen, dass die DGB Bundesjugendsekretärin die Arbeitgeber in der Gastronomie, auffordert, die Gesetze einzuhalten und die Arbeitsbedingungen für Auszubildende zu verbessern. Die Jugendlichen in der Gastro-Branche seien zu einem hohen Prozentsatz unzufrieden mit ihrer Lehre. Die gesetzlichen Arbeitszeiten werden überschritten, die Ausbildungspläne werden nicht eingehalten, und man müsse ausbildungsfremde Tätigkeiten erledigen.

Also ganz viel Gejammer hier und berechtigte Forderungen da. Der Wirt hat seine drei Azubis vom Vorbesitzer übernommen. Für ihn ist jetzt schon sonnenklar, dass er auf gar keinen Fall selbst jemals einen Lehrling einstellen wird unter den gegebenen Bedingungen.

So wie unser Beispiel-Wirt denken viele gastronomische Leiter.

Stattdessen setzen sie auf ungelernte, aber motivierte Kräfte aus dem Ausland. Junge Leute, die noch bereit sind, zuzupacken und einzustecken. Es ist schwer, Jugendlichen Werte und Pflichtgefühl zu vermitteln, wo geistige Leistungen oft nur auf Sparflamme lodern. Besonders bei halbwüchsigen Leuten, die eher widerwillig eine Ausbildung in der Gastronomie erwogen haben, ist es schwierig, Interesse und Eigenverantwortlichkeit zu wecken. Junge Männer, die lieber Ingenieur oder Blogger geworden wären, was allerdings ein wenig mehr Engagement während der Schulzeit erfordert hätte, sind schon nach kurzer Zeit frustriert. Sie durchforsten das Internet, um herauszufinden, wie man mit dem eigenen *YouTube-Channel* reich werden kann. Wo ist die innovative Idee, die einem zum *Influencer* macht?

Es gibt nichts uncooleres, als eine Ausbildung mit all seinen Pflichten.

Pubertierende Girls schlagen die Hände über dem Kopf zusammen, wenn sie am ersten Tag im *Housekeeping* gebeten werden, die Toiletten in den Hotelzimmern zu putzen. Ihre Vorstellungen von der Gastronomie beschränkten sich bis dato darauf, cooles Trinkgeld abzusahnen und sich bei nächster Gelegenheit irgendeinen reichen Stammgast zu krallen. Welche

Lebensvisionen darf man von jungen Damen erwarten, die Supermodel für einen anerkannten Beruf halten?

Lehrmeister in der Gastronomie schütteln ungläubig mit den Köpfen, wenn der Azubi aus dem Urlaub erscheint und erst einmal auf dem Dienstplan nachschaut, wann er die Woche darauf frei hat. Das Smartphone ist auch auf Arbeit allgegenwärtig. Allen Ermahnungen zum Trotz wird fleißig per Whatsapp kommuniziert und werden *Instagram-Pics* ausgetauscht. Natürlich während der Arbeitszeit.

Oft scheitern Lehrlinge bereits bei so profanen Dingen wie Pünktlichkeit oder einem höflichen Miteinander. Von Eigeninitiative oder Engagement wollen wir schon gar nicht sprechen. Ausgelernte Facharbeiter, die Sonntagmorgen mit Küchen- und Servicenachwuchs ihren Dienst verrichten sollen, sind meist nicht zu beneiden.

Hat man das Glück, dass der Azubi überhaupt oder nur mit überschaubarer Verspätung im Betrieb erscheint, ist er oft schon mit einfachsten Aufgaben komplett überfordert. Gerade im Servicebereich ist das meist eine Zumutung – für Kellner und Gäste. Glasige Augen, Bewegungen im Zombie-Tempo und übergroße Disco-Eintrittsstempel auf der Stirn, prägen das Erscheinungsbild der jungen Leute. Oft ist es besser, die Boys und Girls direkt wieder nach Hause zu schicken, um ihren Rausch auszuschlafen. Die Arbeit mit ihnen ist eher Ärgernis als Freude.

Im Diskutieren dagegen sind sie Weltklasse. Kaum eine Aufgabe, die man ihnen überträgt, die nicht kommentiert wird. Jede Ansage des Lehrmeisters hat ein „Ja, aber" zur Folge. Arbeitsabläufe, die sich seit Jahren bewährt haben, werden infrage gestellt. Warum ist das so, und kann man das nicht anders machen? Kreative, eigene Verbesserungsvorschläge sind dagegen Mangelware. Hinterfragt wird nicht mehr aus Wissensdurst, sondern aus Lust an der Provokation.

Jugendliche mit geringer Lebenserfahrung und geistiger Reife wollen gleichgestellt werden mit Fachkräften, die oft schon gefühlte Ewigkeiten in der Gastronomie verbracht haben. Sie fordern Respekt, faire Behandlung und treten selbst respektlos und unmotiviert auf. Gastronomen werden gezwungen, die vernachlässigte Erziehungsarbeit der Eltern zu übernehmen und versuchen zu korrigieren, was meist nicht mehr zu bereinigen ist. Bei Befragungen seitens der IHK werden die Lehrlinge dann schnell zu Anklägern.

Auf dem Zufriedenheitsindex für angehende Gastronomen landet der Hotel- und Gaststättennachwuchs meist auf den hinteren Plätzen. Zu lange Arbeitszeiten, monotone Tätigkeiten und allgemein ein schlechtes Arbeitsklima. Dass auch sie dieses angeblich miese Betriebsklima mitzuverantworten haben, wird gerne unter den Teppich gekehrt. Freizeit ist das große Schlagwort. Danach streben sie alle. Was interessieren die Jugendlichen die Probleme des Wirtes, Hauptsache sie können pünktlich das Haus verlassen. Ob gerade Hauptsaison ist oder zwei Mitarbeiter krankheitsbedingt ausgefallen sind – uninteressant.

Ein befreundeter Restaurantleiter erzählte mir kürzlich eine unglaubliche Geschichte. In dem von ihm geleiteten Restaurant hatte sich an einem Samstagabend eine größere Hochzeitsgesellschaft angesagt und auch die Reservierungen im À-la-carte-Bereich waren mehr als reichlich. Selbstverständlich, dass er auf jede helfende Hand angewiesen war. Also wurden Ich-hätte-gerne-frei-Anträge ganz klar ignoriert. Die ausgelernten Kellner und Köche wären erst gar nicht auf die Idee gekommen, Ausgang zu beantragen, wo an diesem Abend der Bär steppte. Ein 18-jähriger Lehrling bestand, trotz aller Beschwichtigungsversuche des Restaurantleiters, auf seinen freien Tag. Ein Kumpel von ihm würde an jenem Abend eine Party geben und er wolle mitnichten darauf verzichten. Irgendwann drohte der junge Mann dem Serviceleiter unverhohlen, dass er, im Falle eines negativen Freibekommen-Wunsches, krankmachen würde. Einen guten Arzt, der leicht beeinflussbar sei, hätte er ohnehin in petto.

Die Vorstellung, dass solche Leute, so sie ihre Ausbildung überhaupt erfolgreich beenden, später in einem Restaurant eingestellt werden, in dem auch ich tätig bin, erschreckt mich zutiefst.

Sollte man diesen Menschen wünschen, dass aus ihnen, durch eine Laune der Götter, selbst ein Unternehmer in der Gastro-Branche wird?

Der dann mit Lehrlingen konfrontiert wird, wie er einer gewesen ist?

Eine versöhnliche Vorstellung, irgendwie.

Artikel: 0323
1 x Gem. Salat klein
Einzel: 2,90   Gesamt: 2,90
ohne Salat

DIE GUTE ALTE ZEIT

In der guten alten Zeit gingen Menschen essen, weil man etwas zu feiern hatte oder es einen besonderen Anlass gab. Manchmal gab es auch kein exklusives Ereignis, man hatte einfach nur Hunger oder sehnte sich nach etwas menschlicher Nähe. An Feiertagen war es ein altruistischer Gedanke, die Ehefrau im Haushalt zu entlasten und ein Restaurant zu besuchen. Lokale, die durchgehend warme Küche anboten, gab es so gut wie nirgendwo. Die Gäste übernahmen die Sitten und Gebräuche ihrer Eltern und die außerhäusliche Nahrungsaufnahme erfolgte nach festen Zeiten. Von 12 Uhr bis 14 Uhr wurde zu Mittag gegessen, dann herrschte für eine Weile Ruhe in den Restaurants. Gegen 15.30 Uhr erschienen die ersten Kaffeegäste und stürmten das Kuchenbüfett. Meist waren das Pensionäre, die sich bei Bohnenkaffee und Schwarzwälder Kirschtorte eine gesellige Zeit machten. Lag das Restaurant oder Café in einem touristischen Ballungsgebiet, waren auch die Alleinunterhalter nicht fern, die unsere Rentner mit schiefen Tönen und seltsamen Outfits erfreuten. Diejenigen unter den älteren Herrschaften, die ihren Urlaub schon mal in Italien verbracht hatten, statt zum 30. Mal im Harz, orderten selbstbewusst einen Cappuccino. Die Kellner rollten ein wenig mit den Augen, ließen einen Kaffee aus der Maschine und taten einen Klecks Sprühsahne drauf. Mit ein wenig Schoko-Pulver garniert, servierten sie älteren Damen mit Dutt und Blümchen-Kleidern einen waschechten italienischen Cappuccino. Beschwerden gab es so gut wie keine.

Heute fallen rüstige Rentner-Horden in das Restaurant ein und fragen nach Diätkuchen oder erkundigen sich nach der Kalorienmenge in der Sahnetorte. Sie tragen Jogginganzüge oder Wanderausrüstungen. Als Kellner muss man aufpassen, dass man nicht über die Skistöcke fällt, die die Herrschaften mit sich führen und ständig an den unpassendsten Orten ablegen. Verharrten die alten Leutchen früher stundenlang an ihren Plätzen und beobachteten Schiffe oder Vögel durch das Fernglas, so haben die Ruheständler von heute überhaupt keine Zeit mehr. Alles muss ganz schnell gehen und es wird lamentiert, wenn der Kellner nicht in der Lage ist, innerhalb von zwei Minuten Einzelrechnungen für jedes Mitglied der 20-köpfigen Gruppe auszustellen. Später müssen sie noch zum Pilates-Kurs, in eine Vernissage oder auf ein Metallica-Konzert.

Ab 18 Uhr boten die Restaurants für gewöhnlich warmes Abendessen an. Das war die typische Zeit der Deutschen, ihr Nachtmahl einzunehmen. Die einzelnen Mahlzeiten erfolgten in einer streng zeitlich limitierten Reihenfolge und keiner wagte, auszuscheren.
Heute kommen Leute in unser Restaurant, die um 12 Uhr nach Kaffee und Käsekuchen fragen. Anderen gelüstet es um 16 Uhr nach Wiener Schnitzel mit Pommes und um 22 Uhr wundern sich die Gäste, dass wir keine warme Küche mehr anbieten.

Regeln und Richtlinien für das korrekte, zeitliche Einnehmen der Mahlzeiten scheinen zu zerfließen. Wehe den Wirten, die starrsinnig an den alten Gepflogenheiten festhalten und sich den neuen Trends verwehren. Wer heutzutage noch stur „Warme

Küche bis 14 Uhr" auf das Schild vor dem Restaurant schreibt, wird viele Gäste verlieren. Die kehren dann im Nachbar-Lokal ein, das seit kurzem „ganztägig warme Küche" anbietet.

Gerade Landgasthöfe haben es oft schwer, Schritt zu halten bei den neuen Trends. Personal zu rekrutieren war früher weitaus einfacher. Um „durchgehend warme Küche" anbieten zu können, bräuchte er zwei Köche, die in zwei Schichten arbeiten, statt einen Koch, der den ungeliebten Teildienst in Kauf nimmt, weil er gleich um die Ecke wohnt. Bei den Servicekräften verhält es sich ähnlich. Auch hier müsste er von Rechtswegen in zwei Schichten agieren.

Seine beiden Stamm-Bedienungen, Gabi und Marek, hätten nichts dagegen, durch- oder länger zu arbeiten. Da machen ihm allerdings die neuen Arbeitnehmerschutz– Gesetze einen Strich durch die Rechnung. Eine Überschreitung der 10-stündigen Maximal-Arbeitszeit für Arbeitnehmer sei nicht zulässig, so heißt es. Um dem Trend nach Vollzeit-Verköstigung der Gäste nachzukommen, bräuchte der Landgasthof also mehr Personal, dass ohnehin rar gesät ist. Kein Wunder, dass gerade in ländlichen Gebieten das große Gasthof-Sterben begonnen hat. Wirft der Gastwirt das Handtuch oder geht in Pension, wird es schwer, einen neuen Pächter zu finden. Die Kinder des alten Gastwirts haben sich in eine andere Berufsbranche geflüchtet, und neue Bewerber stehen auch nicht gerade Schlange.

Wer früher, an einem Samstagabend, ein Lokal besuchte, brachte vor allem eines mit – Zeit. Essen gehen war nicht lediglich der Zeit-Füller zwischen Feierabend und Kinobesuch – sondern ein Event für sich. Dementsprechend bereiteten sich die Leute darauf vor und sahen im Dinner kein Intervall-Hopping. Vom Begrüßungsdrink bis zum Espresso nutzte man die gesamte Bandbreite gastronomischer Angebote. Aperitifs kommen allmählich aus der Mode. Der Sherry dry, der Martini Bianco, der Sekt Hausmarke. Aperos funktionieren in der Regel nur noch bei Feierlichkeiten, sei es Hochzeit, Firmung oder Kindergeburtstag. Aperol Spritz, Hugo oder Lilett Berry gehen heutzutage nur noch selten als Aperitif durch, sondern ersetzen das Standard-Tischgetränk.

Ging man früher mit seiner Gemahlin essen, war das Glas Champagner vor dem Essen Usus. Der Kellner ratterte die Tagesempfehlungen herunter und das Paar versank stressfrei in die Menükarten. Keiner der Gäste schnippte mit den Fingern oder ruderte wild mit den Armen, wenn die Bedienung nicht innerhalb einer Minute am Tisch erschien. Wenn der Kunde seine Bestellung aufgab, vergaß er selten ein „Bitte" oder „Danke" anzuhängen.

Heute geht, vor allem in den Innenstädten von Ballungszentren, ohne Reservierungen kaum noch etwas. Selbst bei einem mittelmäßigen Griechen ist es schwer, unter der Woche einen freien Tisch zu ergattern. Reservieren ist Pflicht!

Hat man alles richtig gemacht und den begehrten Tisch im neuen In-Lokal per Internet 14 Tage im Voraus gebucht, steigt der Stresslevel trotzdem von der ersten Minute an. Ein Geschäftsführer erklärt euch, dass ihr trotz Reservierung nur 1,5 Stunden Zeit hättet für euren Restaurantbesuch. Das Lokal wäre so gut besucht, dass man gezwungen wäre, mit *Double Seating* zu arbeiten, also Mehrfachbelegungen des Tisches an einem Abend. Die Bedienung macht sich gar nicht erst die Mühe, euch nach einem Aperitif zu fragen. Schließlich sollt ihr es bloß nicht zu gemütlich haben. 20.30 Uhr staeht bereits die nächste Reservierung an und der Kellner hasst den Stress, den es mit sich bringt, den Tisch neu zu arrangieren, während die nächsten Gäste schon mit den Hufen scharren.

Die Küche hat sich diesem Trend angepasst. Daher stehen auf der Speisekarte meist Gerichte ohne größeren zeitlichen Aufwand. Salate, Pasta und Pizza. Ein Abendessen muss locker in 90 Minuten zu schaffen sein, zahlen und „Ciao Bello". Bis zum nächsten Mal vielleicht und falls Sie nicht zufrieden waren, auch in Ordnung, dann kommen halt andere Gäste.

Wohlfühl-Atmosphäre sieht wahrlich anders aus. In vielen Innenstadt-Restaurants hat man manchmal das Gefühl, nur Teil einer uniformen Masse zu sein, der jegliche Individualität abhandengekommen ist. Sie sind nicht mehr – DER Gast – sondern nur einer von vielen.

So etwas wie Stammgäste wünscht der Patron des Lokals schon gar nicht. Leute, die immer wieder kommen, bespaßt werden wollen und „dasselbe wie letztes Mal" bestellen. Was soll das denn bitte gewesen sein? Wer kann sich daran noch erinnern? Die Kellner ganz bestimmt nicht, denn von denen verweilt keiner lange, aufgrund des Stresslevels.

Was bleibt, sind gesichtslose Lokale für anonyme Gäste. Willkommen in der *Brave New World*.

In der guten alten Zeit haben sich Menschen fotografieren lassen, bevor sie sich an einem Tisch im Restaurant niederließen. Heute kommt das Essen, und dann bittet man den gestressten Kellner „doch bitte ein paar Fotos von uns zu machen". Erst mit der Digitalkamera und anschließend noch mit dem Smartphone. Anschließend machen die Gäste Bilder von ihrem Essen. Es wird der passende Filter gesucht, das Foto bearbeitet und bei Instagram hochgeladen. Ein paar Neid-Fotos für ausgewählte Freunde werden auch noch per Whatsapp verschickt. „Bin gerade mit Tobi essen", „*Relax Day* mit der besten Freundin *ever*". Herzchen und Küsschen dazu und ab die Post. Nachdem dieses Programm absolviert ist, winken die Gäste ihren Kellner herbei, um sich lautstark darüber zu beschweren, dass ihr Essen kalt sei.

Früher erzählte man am Stammtisch oder beim Klön mit den Nachbarn im Treppenhaus, dass man hier oder dort ganz lecker gegessen hätte. Man empfahl dem Anderen sein neuestes Lieblingsrestaurant und gab ein paar Gratis-Tipps zu Speisen, die besonders gemundet hatten. Wer einen Städtebesuch plante, kaufte sich den Schlemmer-Atlas von Aral oder Michelin.

Heute gibt es Food-Blogger, Social-Media und TripAdvisor. Selbsternannte Gourmet-Päpste und Szene-Kenner posaunen im Internet ihre geistigen Ergüsse in die Welt hinaus und zählen Likes. Ein jeder, der 12 Shows der Kochprofis, Das perfekte Dinner oder Promi-Kochduell gesehen hat, hält sich für einen Experten. Nachdem er mit den niederschmetternden Kritiken seiner geladenen Gäste bei eigenen Koch-Events nicht mehr umgehen kann, erfreut er die Bedienungen bei diversen Restaurant-Besuchen mit allerlei gefährlichem Halbwissen. Ständig versucht er, seine Freunde mit eigenen Erkenntnissen zu beeindrucken und den Kellner durch bohrende Fragen bloßzustellen.

In so mancher Krankenakte steht dann unter der Rubrik „Zustandekommen der Kopfverletzung": Stumpfe

Gewalteinwirkung durch eine Pfeffermühle, ausgeführt von einer entnervten Bedienung.

Früher wurde gegessen, was in der Speisekarte stand. Die war von fleißigen Köchen konstruiert worden, gemessen an deren Fähigkeiten und zeitlichen Möglichkeiten. Ein paar Stammgäste hat es immer schon gegeben, die den einen oder anderen spleenigen Wunsch äußerten. Dann ging die Bedienung in die Küche und rief dem Chefkoch zu, dass Müller, Maier, Lehmann gekommen seien. Der Chefkoch bekam kurz Schnapp-Atmung, wandte sich dann seiner Crew zu und rief: „Zwei mal Seehund-Baby auf Blattspinat".

Heute kann man schon froh sein, wenn der Gast überhaupt in die Speisekarte schaut. Gerne identifiziert sich der moderne Restaurantbesucher dadurch, dass er dem Kellner sofort ins Wort fällt, sollte dieser gerade beginnen, Empfehlungen aus der Küche aufzusagen. Meist ruft er unverzüglich den Satz: „Ich weiß schon... bringen Sie mir... ". Dann folgen Ausflüge in die kulinarischen Lieblingsfantasien des Klienten.

Ich habe tatsächlich schon Leute erlebt, die in einem chinesischen Restaurant Currywurst mit Kartoffelsalat bestellt haben, einfach weil ihnen gerade der Sinn danach stand. In meiner bayerischen Wahlheimat hat es, nach Ansicht vieler Gäste, in jedem Wirtshaus Weißwürste und Kaiserschmarrn zu geben. Lange Gesichter, wenn diese Wünsche negiert werden.

Die ganz Altklugen werden auch schon mal etwas rabiater: „Na hören Sie doch mal, es muss ja wohl möglich sein... ist doch wirklich nicht schwer... " usw.

Ich kann mich nicht erinnern, in meinen Anfangsjahren in der Gastronomie jemals derart viele Sonderwünsche an die Küchencrew herantragen gemusst zu haben. Auch wenn sich das Verhältnis zwischen Köchen und Kellnern in den letzten Jahren deutlich entspannt hat, tut es mir immer noch leid, die Jungs in weiß wegen so vielen unnötigen Dingen belästigen zu müssen. Die arbeiten schließlich ebenfalls hart und konzentriert, um den Gästen ein leckeres Mahl zuzubereiten.

Es ist in Ordnung, Wiener Schnitzel mit Bratkartoffeln anstatt Pommes zu bestellen. Keinen Koch der Welt wird dies vor größere Probleme stellen. Die Preiselbeeren zum Schnitzel oder Ketchup und Mayonnaise zu den Pommes gegen einen gemischten Salat eintauschen zu wollen, ist jedoch mehr als dreist. Das wird schon hinsichtlich der Preis-Kalkulation für den Betreiber ein Minus-Geschäft. Also wird euch der Kellner einen Aufschlag berechnen, und ihr dürft euren Unmut darüber in den sozialen Medien äußern.

Es gibt immer mehr Leute, für deren Umbestellungen man eine ganze Seite im Kellner-Block benötigt. Nehmen wir nur mal die 1/4 Bauernente mit Blaukraut und Knödeln, die im Tagesmenü angeboten wird. Der Gast wünscht die Ente ausgelöst, damit er nicht so viel Arbeit mit dem Fleisch-Pulen hat. Die Knödel hätte er gerne gegen Salzkartoffeln ausgetauscht, das Blaukraut gegen einen gemischten Salat. Außerdem mag er es nicht, wenn die Ente in der Soße schwimmt, deshalb erwartet er, dass der Bratensaft separat geliefert wird. Außerdem trinkt er sein Bier ungern aus einem herkömmlichen Bierglas, sondern möchte es aus einem Rotweinglas kredenzt bekommen. Andere Gäste ändern gleich mal sämtliche Beilagen eines in der Speisekarte angebotenen Gerichtes nach ihren individuellen Vorstellungen. Das Zanderfilet, ja, allerdings pochiert und nicht gebraten. Aber kein Blattspinat, sondern das Ratatouille, welches zum Waller offeriert wird. Den Wildreis kann sich der Koch schenken, dafür hätte der Kunde lieber Spätzle. Die Safransoße mag der Gast ebenfalls nicht. Alternativ solle es doch bitte eine Tomatentunke sein. Steht nicht auf der Karte, sollte aber möglich sein, oder? Schließlich sei ja der Kunde König. Alleine das Aufnehmen der Bestellung, als auch das Weitergeben in die Küche kann eine Bedienung an einem „starken Tag" gehörig ins Schleudern bringen.

Dann sind da noch die Vegetarier und Veganer. Hat es diese Spezies damals schon in solchen Massen gegeben? Ich kann mich nicht erinnern, dass sich Köche so viele Gedanken beim Zusammenstellen der Speisekarte machen mussten, um alle Gästewünsche zu berücksichtigen. Wer fleischlos zu essen gedachte, bestellte sich einen großen gemischten Salat oder bekam die obligatorische Gemüseplatte mit Käse überbacken.

Nicht, dass meine Worte fehlinterpretiert werden. Es ist rein gar nichts falsch daran, hin und wieder auf Fleisch und Fisch zu verzichten. Es gibt wahnsinnig aufregende Gerichte, die ohne diese Zutaten auskommen. Womit ich allerdings ein Problem habe, sind die militanten Vegetarier, die versuchen, andere zu bekehren oder ein Sendungsbewusstsein entwickeln, dass einfach nur nervt. Reine Veganer empfinde ich im täglichen Restaurantbetrieb als sehr nervige Gäste. Tausend Fragen, Umbestellungen und immer ein gequält freudloser Blick auf alle anderen Besucher. Hat es in der guten alten Zeit so viele

Allergiker gegeben oder Menschen mit tatsächlichen oder eingebildeten Lebensmittelunverträglichkeiten? Laktose, Fruktose, tote Hose – welcher Gastronom kann noch Schritt halten mit der sich rasch entwickelnden Allergie-Tendenz?

Gelangweilte Hausfrauen mit zu viel Freizeit, aber einem Internetanschluss, diagnostizieren sich selbst eine Gluten- oder Glutamat-Hyperergie. Verifiziert werden ihre lebensbedrohlichen Unverträglichkeiten mit Selbsttest-Sets für 5 Euro aus dem Drogeriemarkt.

Familienfeste zu betreuen war für Bedienungen in der guten alten Zeit eine dankbare Aufgabe. Frau Müller feierte ihren 70. Geburtstag und hatte für ihre 30 geladenen Gäste ein 3-Gang-Menü bestellt. Mit Sicherheit war davon auszugehen, dass sich ein jeder der Geladenen anstandslos an den Speiseplan halten würde. Kaum einem Gast kam in den Sinn, alles Mögliche austauschen oder umbestellen zu wollen. Heutzutage erklären mindestens 4 der 30 Gäste, dass sie Vegetarier seien und das Rinderfilet nicht essen mögen. Drei Leute möchten ihr Fleisch durch, einer verträgt keinen Knoblauch, der Nächste ist allergisch gegen Paprika. Bis man sämtliche Allergien, Unverträglichkeiten oder sonstige Sonderwünsche mit Gast und Küche geklärt hat, vergeht oft eine halbe Stunde. Die anderen frustrierten Kunden kauen derweil, vor lauter Hunger, bereits an den Fingernägeln.

Stand einem in früheren Jahren der Sinn nach etwas Besonderen, ging man in ein etwas gehobeneres Lokal, das hochwertige Speisen anbot und dessen Bedienungen weniger rustikal waren, als man diese aus seinem Stammlokal kannte. Heute überschlagen sich sogenannte Szene-Lokale und In-Treffpunkte mit allerlei g'spinnerten Ideen, die deren Betreiber für besonders hip und kreativ halten. Da gibt es dann Sharing-Plates, absurd lange Tastingmenüs und endlose Erläuterungen vor jedem Gang. Was hat den Koch dazu bewogen, diese oder jene Zutat zu verwenden, warum ist dieser Wein zu diesem Gericht besonders gut geeignet. Während der arme Gast vor lauter Heißhunger geneigt ist, den eigenen Daumen zu verspeisen, darf er einem mit dem Dozierfinger wedelnden Kellner zuhören, der erläutert, wie die Gelbflossenmakrele auf dem Teller gelebt, aufgewachsen und am Angelhaken von Fischer Brandt gelandet ist.

Die armen Profiköche scheinen sich immer neue, innovative Ideen aus der Großhirnrinde saugen zu müssen, um die übersättigte, gelangweilte Gästeklientel bei Laune zu halten.

In der guten alten Zeit gab es noch gelernte Servicekräfte, die etwas von ihrem Job verstanden. Sie waren vertraut mit der Zubereitung der Gerichte, weil sie wissbegierig waren und die Köche ausquetschten. Speisen wurden vor dem Gast am Tisch aufgetragen oder zubereitet. Es wurde filetiert, tranchiert und flambiert. Von Wein und Spirituosen hatten die Kellner sowieso Ahnung, nicht allein durch allabendliche Selbstversuche. Sie zeigten sich gepflegt, schick frisiert und rochen nach Kernseife. Für ihre Stammgäste taten sie alles. Es waren hart arbeitende Malocher, gute Zuhörer und charmante Plauderer.

Manch ältere Dame war bereit, vor lauter Zuneigung zu ihrem erklärten Lieblingskellner, die eigenen Kinder von der Last ihres Erbes zu befreien und dafür den freundlichen Herrn mit der perfekt sitzenden Uniform zu beschenken. Später verirrten sich auch Italiener, Griechen und Türken als Bedienungen in deutsche Restaurants. Anfänglich argwöhnisch angesehen, zeigten sie jedoch, dass sie genau so klotzen konnten wie ihre deutschen Kollegen. Viele der alten Bedienungen blieben ewig in ein und demselben Restaurant. Sie wurden quasi von einer Besitzer- oder Pächter-Generation zur nächsten weitervererbt.

Heute bleiben Servicekräfte selten lange an einem Ort. Wenn ich das selbe Restaurant drei Mal hintereinander aufsuche, wundere ich mich stets aufs Neue über die ungeheuerliche Fluktuation beim Service-Personal. Fachleute sehe ich selten bei der Arbeit. Meistens scheitern die Herrschaften bereits an einfachsten Fragen zum Menü oder der Zubereitung der Speisen. „Muss ich fragen Chef" ist die Standardantwort. Es sind oft ungelernte Kellner-Attrappen aus aller Herren Länder, die auf die Gäste losgelassen werden. Großformatige Tattoos zieren ihre Unterarme und gepiercte Lippen fragen nach meinen Wünschen, die noch auf dem Weg in die Küche komplett vergessen werden. Ungepflegte Bärte, Irokesen-Frisur, Straßenkleidung statt Uniform – in einigen Restaurants kann man heutzutage so einige Überraschungen erleben. Nicht nur bei den Servicekräften – auch bei den Gästen.
Essengehen ist nicht länger etwas Besonderes, sondern Teil der Freizeitgestaltung. In der guten alten Zeit gingen Familien, adrett gekleidet, in das Restaurant ihrer Wahl und hatten viel Spaß. Heute sieht man gelangweilte Gesichter, wo man auch hinschaut. Der 10-jährige Sohn spielt während des Essens irgendein Videospiel. Die pubertierende Tochter tauscht

belanglose Nachrichten bei Whatsapp und Instagram aus, und der Vater diskutiert via Smartphone laut am Tisch mit seinem Chef, der wissen möchte, warum die Akten von M. noch nicht bearbeitet seien.

Das Mobiltelefon reduziert jeglichen Gemeinschaftssinn innerhalb des Familienzirkels auf ein Minimum. Nicht nur Familien sind betroffen von der Mitteilungshysterie via Handy. Durch alle Schichten zieht sich das Phänomen.

Junge Pärchen, denen man noch am ehesten zutrauen dürfte, sich miteinander zu beschäftigen, grenzen sich ab, weil der Freundes- oder Bekanntenkreis während des gemeinsamen Essens wichtiger erscheint als das Gegenüber.

Als ich eintrat in den Gastronomie-Kosmos, jung und selbstbewusst, durfte ich mir allabendlich, beim Feierabendbier, die ewig gleichen Litaneien der alten Kellner anhören. Wie schlimm doch die Gäste geworden seien, dass sie früher wesentlich besser verdient hätten und dass die neue Kellner-Generation nicht mehr belastbar sei.

Wenn ich daran zurückdenke, bin ich mir mit einem Mal nicht länger vollkommen sicher, ob ich nicht inzwischen genau so ein Miesepeter geworden bin, wie die alte Kellner-Garde es in meinen Augen gewesen ist.

DER HYBRID-KELLNER

Hybride sind In, Hybride sind der Trend. Behaupte ich einfach mal kess.

Erst kam das Hybridauto. Da staunte die Welt nicht schlecht, als plötzlich die ersten Kraftfahrzeuge mit Elektro- und Verbrennungsmotor umherfuhren. Okay, die Fahrzeughersteller waren nicht die ersten, die auf ein solches duales Antriebssystem setzten. Vor ihnen kamen schon findige Bootsbauer auf die Idee, Dampfschiffe mit Segeln auf den Ozeanen schippern zu lassen. Da ich selbst leidenschaftlicher Radfahrer bin, beobachte ich voller Erstaunen die immer schnelleren Trend-Wechsel im Zweirad-Gewerbe. Gestern noch das klassische Rennrad, dann das Mountainbike und plötzlich immer verwirrendere Begriffe. Trialbike, Fatbike, Dirtbike oder Fixie. Da war es nicht weit bis zum sogenannten Cyclocrossrad. Fahrräder, die die Eigenschaften von Rennrädern und Mountainbike vereinen und daher zu den Hybriden gezählt werden.

Im Obst-Sortiment unseres Restaurants lagen plötzlich Früchte mit sonderbarem Aussehen und mir unbekannten Namen. Der Küchenchef klärte mich auf, dass es sich hierbei um Hybridfrüchte handle. Genetische Kreuzungen aus zwei verschiedenen Obstsorten, um eine neue Frucht zu kreieren. ´Das neueste Kapitel zum Thema – Dinge, die die Welt nicht braucht´, dachte ich und sah von der Verkostung der Früchte ab.

Bei der Vorbereitung zur WM 2018 in Russland tauchte in den Sport-Gazetten immer wieder der Begriff „falsche 9" auf. Echte Fußball-Freaks wissen sofort, was gemeint ist. Hybrid-Kicker, die die Aufgaben von Mittelfeldspielern und Stürmern übernehmen. Bundestrainer Löw und seine Mannen sorgten mit dieser Hybrid-Kreation während der WM im Übrigen für feuchte Augen bei allen Fans der deutschen Mannschaft. Das aber nur am Rande und selbstverständlich – auch nicht ganz ernst gemeint. Klar, dass sich der Trend in der Gastronomie fortsetzt.

Arbeitgeber hätten gerne eine versierte Fachkraft, die universell einsetzbar ist. Eben noch die Vorbereitungsarbeiten in der Küche absolviert und dann gut gelaunt die Gäste bedienen. Ein Hybrid-Wesen aus Koch und Kellner. Zur Not würde man solch ein Modell auch in Frankensteins Labor züchten lassen. In Zeiten, wo die Personalkosten explodieren, sich aus zwei Helferlein einen einzigen Hochleistungsroboter zusammenzubauen und damit die Angestelltenentlohnung um die Hälfte zu reduzieren, das hätte doch was.

Als leidenschaftlicher Leser von Einträgen auf Bewertungsportalen stoße ich immer wieder auf Hotel-Rezensionen, bei denen ich denke, dass es diese gastronomischen Zwitterwesen bereits zur Genüge gibt. Gäste, die sich beschweren, dass der Koch oder die Bedienung in voller Arbeitskleidung die Betten bei der Anreise bezieht oder auf Knien die Toilette reinigt. Bei Personal-Engpässen in Übernachtungsherbergen, meist in strukturell schwachen Gebieten, kann das schon einmal vorkommen – aber ständig?

Als wegen einer Grippe-Epidemie irgendwann mehr als die Hälfte der Zimmerfrauen in meinem Ausbildungsbetrieb ausfiel, wurde ich für eine Woche zur Kemenaten-Reinigung abkommandiert, auch um weiteren Schaden für die Restaurantgäste abzuwenden. Als ich Jahre später für die Wintersaison nach St. Moritz ging, verpasste ich es, vor lauter Vorfreude, meinen Arbeitsvertrag gründlich durchzulesen. „Dem Mitarbeiter können nach Bedarf andere Arbeiten zugewiesen werden" lautete der Passus, den ich überlas. Ursprünglich als Servicemitarbeiter eingestellt, fand ich mich die Hälfte der sechs Monate schneeschaufelnd auf der Terrasse des Schweizer Restaurants wieder. Unseren Hoteldirektor sah ich, mehr als einmal, an der Geschirrspülmaschine stehen, wenn einmal mehr während des Abendgeschäftes ein Spüler fristlos gekündigt hatte.

Wenn Kellner-Azubis abwechselnd den Van des Patriarchen waschen müssen, darf auch schon mal die IHK eingeschaltet werden. Wenn der Patriarch den Azubi erwischt, wie der, während der Arbeitszeit, sein eigenes Auto wäscht, hat er das Recht, diesen in den Allerwertesten zu treten. Hybrid-Kellner werden von den Arbeitgebern gerne mit einem weniger feindlich klingenden Tarnnamen versehen. Die Camouflage-Berufsbezeichnung lautet dann: Allrounder oder Springer. Man findet sie vorwiegend in Saisonbetrieben.

In kleinen Betrieben, wie Landgasthöfen oder Trucker-Kneipen, werden Auszubildende systematisch zu Allroundern gedrillt. Eben noch fröhlich pfeifend in der Küche die Karotten geschält, schreit auch schon der Pächter durch den Küchenpass:

„Hey Manuela, komm mal da raus aus der Küche. Wir haben im Service gerade einen Engpass". Besagte Manuela hat sich seinerzeit absichtlich für eine Ausbildung zur Köchin entschieden. Sie weiß um ihre optischen Unzulänglichkeiten, hat wenig Selbstbewusstsein und ist schrecklich gehemmt im Small Talk mit fremden Menschen. Das ist ihrem Arbeitgeber in diesem Moment aber mal so was von egal. Er stellt sie – weil es schnell gehen muss – hinter das Kuchenbüfett, wo sie die Torten-Ausgabe koordinieren soll. Die Auszubildende soll die Gäste fragen, welches der 10 verschiedenen Naschwerke es sein soll, den Kuchen schneiden und zur Abholung durch die Kellner vorbereiten. Das Mädchen ist den Tränen nahe. Gerade wurde sie ins eiskalte Wasser geworfen, weil der Chef schlichtweg zu geizig war, an diesem sonnigen Sonntagnachmittag eine weitere Aushilfe zu organisieren. Jetzt steht da eine Schlange von Menschen vor ihr, es wird geschubst und gedrängelt, geschimpft und geflucht. ´Was das da für eine Torte sei, mit den gelben Streifen´ will eine korpulente Dame mit viel zu viel Make-up im Gesicht wissen. „Ähem, da bin ich mir nicht so sicher" stottert Manuela „ich muss erst den Chef fragen". Die dralle Kuchen-Fanatikerin wird ungeduldig: „Sie müssen doch wissen, was sie hier verkaufen" herrscht sie die Auszubildende an „Zustände sind das hier". Der nächste Gast will wissen, womit die Eclairs gefüllt sind. Was für ein Teig wurde für die Erdbeertorte verwendet? Am Abend wird Manuela das erste Mal in ihrem jungen Leben Alkohol konsumieren, um diesen schlimmen Tag zu vergessen.

Den Inbegriff des Hybrid-Gastronomie-Arbeiters entdeckte ich vor ein paar Jahren im Urlaub. Ich weilte für zwei Wochen an der Costa Blanca. Bei der Unterkunft hatte ich der Empfehlung von Booking.com vertraut und war in einem Apart-Hotel mitten in der Pampa untergekommen. Weil die Saison noch nicht begonnen hatte und nur wenige Gäste das Domizil frequentierten, wurde natürlich am Personal gespart. Mehr zu sparen war kaum möglich, denn sämtliche Arbeiten wurden von einer einzigen Person durchgeführt. Ein freundlicher, etwa 40-jähriger Pole checkte mich bei meiner Ankunft ein. So weit, so gut. Als ich mich später etwas auf dem Hotel-Gelände umschaute, entdeckte ich den Osteuropäer wieder. Dieses Mal säuberte er den Pool und tauschte das Wasser aus. Die Toilette in meinem Zimmer war verstopft. Ich rief an der Rezeption an, der Pole meldete sich und meinte, dass gleich jemand kommen würde, um das WC zu reparieren. Nach bereits drei Minuten kam der Handwerker, und es war natürlich – der freundliche Pole – bewaffnet mit Schraubenschlüssel und Hammer. Am Abend fragte ich, ob es möglich sei, etwas zum Essen zu bekommen. Jakub machte sich sofort auf den Weg in die Küche, briet mir ein Steak und bediente mich im Speisesaal. Nach dem Mahl stellte ich mich noch auf einen „Absacker" an den Tresen der Hotelbar. Meinem Wunsch nach einem Brandy kam wiederum der Osteuropäer nach, auch wenn er das Glas, nach polnischer Sitte, fast voll einschenkte. Wer am nächsten Morgen mein Zimmer sauber machte? Da braucht ihr nicht lange zu raten. Es war selbstverständlich... eine ältere, spanische Hausdame. Es sei noch erwähnt, dass mein Hotel-Terminator sämtliche Arbeiten in den gleichen verblichenen Armee-Klamotten durchführte. Hoffentlich hatte er sich wenigstens zwischendurch die Hände gewaschen.

Rund 30 Prozent der Gesamtkosten eines Restaurantbetriebes gehen für die Personalausgaben drauf. Das sind die Herren und Damen von der Küchenfront, die Servicekräfte, Spüler und Büfettiers. Animateure oder andere extravagante Posten lassen wir mal außer acht. Dass Spüler nicht nur Töpfe schrubben und Teller sortieren, ist kein Geheimnis. Zu ihrem Job gehört auch ein Engagement als Küchenhilfe. Schnitzel klopfen und panieren, Fische entgräten und Kartoffeln schneiden. Man kann die fleißigen Helfer fast schon als Hybrid-Gastronomen light bezeichnen. In einigen Stellenbeschreibungen für Bistros und Cafés wird explizit nach einem Allrounder gesucht, der Salate und Kanapees herrichtet, um sie anschließend an hungrige Gäste zu verkaufen. Ein zwei-Mann-Job, auf die Schultern eines Einzigen gehievt. Ist der Restaurantbesitzer selbst technisch versiert, braucht er zum Glühbirnen wechseln nicht extra teure Handwerker oder Monteure anzurufen. Entdeckt er zufällig, dass der neue kroatische Spüler recht geschickt kleine Mängel an der Spülmaschine eigenständig behebt, erschließt sich dem Arbeiter aus dem Ostblock bald ein neues Tätigkeitsfeld. Ein weiterer Arbeitsbereich ist der treffendere Ausdruck, denn ein Spüler bleibt der Kroate und als solcher wird er auch weiterhin nach Tarif bezahlt. Von jetzt an darf Ante, in ruhigen Zeiten, zusätzlich die Gästezimmer streichen und die neue Zwischenwand verputzen. Hin und wieder steckt ihm der Chef steuerfrei ein paar Euro zu und lobt ihn außerdem als „sein bestes Pferd im Stall".

Klar ist der Restaurantbetreiber zufrieden, spart er sich doch den Posten eines Hausmeisters, nebst dessen Gehalt und Sozialabgaben. Vom Hybrid-Gastronomen bis zum *Zero Waiter* ist es nur ein kleiner Sprung. Eigentlich ein alter Hut. Schauen wir nur einmal ins Land des Sonnenaufgangs und der vielen putzigen Ideen.

In Japan gibt es schon seit 10 Jahren Restaurants, in denen die Gäste ihre Bestellungen am Tisch an eine virtuelle Bedienung aufgeben können. Dabei handelt es sich allerdings nicht um eine freundliche Kellnerin mit charmantem Lächeln, die sich ihre Order auf einem Notizblock mit einem Kugelschreiber notiert. Der Kunde wählt seine Speisen und Getränke aus einer digitalen Menükarte, die auf einem Tablet über seinem Tisch hängt. Der Koch bestätigt die Auswahl der Restaurant-Besucher ebenfalls per Tablet und delegiert sie an seine Crew weiter. Ist alles angerichtet, wird das Menü über ein Fließband direkt zum Tisch des Gastes geleitet. Abgeräumt wird von einer Horde Tamagotchi, nur zum bezahlen muss der Gast an den Kassiertisch eines mürrischen Sumo-Ringers. Eine gespenstische Atmosphäre herrscht in den Restaurants.

Vielleicht sieht allerdings auch hierzulande irgendwann genau so die Zukunft aus. Kürzlich las ich auch von dem Versuch eines Restaurants im Schwarzwald, bei dem die Gäste mit dem Küchenchef direkt per Smartphone kommunizieren. Hier können die Kunden ihre diversen Sonderwünsche loswerden und über ihre Allergie-Probleme lamentieren. Jetzt bekommen sie ihre verbalen Ohrfeigen nicht mehr über den Umweg Kellner, sondern direkt vom Küchenchef persönlich. Auf alle Fälle fehlt das zwischenmenschliche Flair. Gäste, die außer anderen Besuchern keine menschliche Gestalt im Restaurant mehr sehen? Keine Bedienung mehr, die als Blitzableiter für ihre schlechte Laune herhalten muss?

Gut, man spart sich das Trinkgeld und die Gefahr, von einem tollpatschigen Aushilfskellner mit Rotwein übergossen zu werden tendiert gegen Null aber mal ganz ehrlich – wollen Sie das wirklich?

Vollautomatische Restaurants, die einer Mischung aus Betriebskantine und Fabrik gleichen?

Wenn Sie sich selbst bedienen und abräumen müssen – wozu gehen Sie dann in ein Restaurant?

DIE ETWAS ANDEREN GÄSTE

Neulich las ich in irgendeinem Revolverblatt von einem unglaublichen Vorfall in unserer Landeshauptstadt. Ein Bänker fühlte sich von einem Rettungswagen gestört, der aufgrund eines Noteinsatzes dessen Fahrzeug zugeparkt hatte. Bei dem Einsatz ging es um Leben und Tod eines Einjährigen. Der egoistische Bänker pöbelte zunächst die Retter an und demolierte anschließend den Seitenspiegel des Einsatzfahrzeuges.

Leider stellt diese Begebenheit keinen Einzelfall in unserer Gesellschaft dar. Die Besitzer von PS-starken Automobilen fühlen sich in ihrem Ego gekränkt, weil sie von Rettungswagen überholt werden und versuchen, diese durch gefährliche Bremsmanöver auszuknocken. Polizisten werden verbal und physisch attackiert, Feuerwehrleute beleidigt. Das Verpassen eines Strafzettels wegen einer Ordnungswidrigkeit reicht manchmal schon aus, um aus Menschen Furien zu machen. Im Supermarkt wird gedrängelt und gedrückt, als stünde die Apokalypse unmittelbar bevor. Wegen nichtigsten Gründen ticken Leute aus und lassen die Fäuste sprechen.
Jetzt stellen Sie sich doch nur einmal vor, dass solch eine tickende Zeitbombe zu Besuch in ihrem Restaurant ist! Womöglich auch noch an einem schönen Sommertag, an welchem 100 000 Menschen die gleiche Idee haben. Ein leckeres Mittagessen an einem sauberen Tisch auf der Terrasse eines Ausflugslokals. Der ohnehin bereits mit latenter Aggression

ausgestattete Zeitgenosse (Schwierigkeiten im Job, Ärger mit der Ehefrau, Lieblingsverein hat schon wieder verloren) macht sich auf den Weg ins Restaurant. Unterwegs hat er viel Zeit im Stau verloren, und auch die Parkplatzsuche am Zielort gestaltet sich schwieriger als erwartet. Das ehemals sanfte Grummeln in seinem Magen ist zu einem lautstarken Orkan angewachsen. Jetzt würde er töten für ein Schnitzel und ein Bier. Auf der Restaurant-Terrasse angekommen, hält er ungeduldig Ausschau nach einem freien Platz. Alles besetzt, auch das noch.

Irgendwo dazu setzen möchte er sich jedenfalls nicht. Die Leute ringsum, mit ihrer aufgedrehten Stimmung, rauben ihm den letzten Nerv. Da vorne, der Typ im Anzug, sieht aus, als wäre er der Manager des Ladens. Er dirigiert Gäste und Bedienungen. „Ich bin allein" zischt der Mann und der Serviceleiter zuckt mit den Schultern. „Das sehe ich... und weiter?" „Willst du mir blöd kommen?" faucht der frustrierte Kunde jetzt. Als ihn der Oberkellner daraufhin bittet, seinen Ton zu überdenken und erklärt, im Moment seien alle Tische belegt, ist der Gast dem *Boiling Point* gefährlich nahegekommen.

So oder ähnlich mag es sich abspielen, wenn Gäste plötzlich austicken. Wer weiß schon, wie viel Frust sich an diesem Tag angestaut hat und wie viele Demütigungen der Gast bereits einstecken musste. Bedienungen werden psychologisch geschult, Kränkungen seitens der Gäste auf keinen Fall persönlich zu nehmen, sondern professionell zu reagieren. Auch so manchem Gast würde eine fachmännische Hilfestellung durch einen Psychologen oft guttun.

Radikalität schreckt mich von jeher ab. Menschen, die zu extremen Ideen neigen und sich nicht zu schade sind, ihre privaten Hirnexzesse auch noch öffentlich kundzutun. Manchmal sind sie ein Fall zum Fremdschämen, ein anderes Mal möchte man einfach nur weglaufen.

Zu dumm auch, dass der Kellner ihnen auf der Arbeit nicht entfliehen kann. Dort kann er nur noch der Kraft der Lasea-Beruhigungstabletten vertrauen und versuchen, irgendwie mit dieser Spezies klar zu kommen. Ein Vegetarier, der in unser Lokal stolpert, ist kein Grund zur Besorgnis. Auf unserer Speisekarte befinden sich vier rein vegetarische Gerichte und eine weitere vegetarische oder vegane Speise hält die Wochenkarte bereit. Unser Küchenchef ist ein kreativer und experimentierfreudiger Fachmann, der die fleischlose Fraktion gerne mal mit der einen oder anderen Schlemmerei überrascht. Vorbei sind die Zeiten, in denen ein Potpourri aus diversen heimischen Gemüsesorten, überbacken mit Käserestbeständen vom Frühstücksbüfett die einzige Alternative zu Schnitzel und Schweinebraten darstellte.

Unangenehm wird es, wenn sich der Vegetarier ein paar Freunde eingeladen hat und diese mit der Idee Gassi gehen, gemeinsam unser Restaurant zu besuchen. In diesen Momenten wird vor allem eines getestet – die Stressresistenz des Kellners. Klar darf man sich erkundigen, ob dieses oder jenes Essen tatsächlich rein vegetarisch sei. Gut, die Küchenprofis werden diese Gerichte nicht ohne Grund unter die Rubrik „Fleischlos" gesetzt haben, aber fragen schadet nicht. Wenn allerdings drei

Leute die genaue Zusammensetzung und Zubereitung sämtlicher Speisen zu erfahren wünschen, wird es unangenehm. Wenn sich diese Herrschaften dann auch noch lautstark über die „Fleischfresser" und „Tiermörder" echauffieren, wird es gar brenzlich. Unverhohlen hasserfüllte Blicke auf den Tischnachbarn, der es wagte, eine halbe Bauernente mit Blaukraut und Kartoffelknödeln zu bestellen. „Wissen Sie eigentlich, wie das Huhn auf ihrem Teller gehalten wurde?" pampen die den Sitznachbarn an, gefolgt von: „Ihnen ist wahrscheinlich egal, womit das Tier zu Lebzeiten gefüttert wurde? Wenn Sie das nämlich wüssten, würden Sie das da nicht essen".

Es ist nicht anzunehmen, dass einer der drei ungesund aussehenden Vegetarier bei der Aufzucht der Ente auf dem Teller des Nebenmanns dabei gewesen ist. Mit Sicherheit werden sich die drei ihr Wissen über die üblichen Foren im Internet angeeignet haben... Statt das Motto „leben und leben lassen" zu beherzigen, meinen sie, sich radikalisieren und anderen Leuten ihre Meinung überstülpen zu müssen.

Statt Interesse und Verständnis bei ihren Mitmenschen zu erzeugen, stoßen sie auf Ablehnung, was ihre Radikalität noch steigert. Wie in meinem kleinen Beispiel findet so manch einer von ihnen keine Gegenliebe, sondern endet mit einer Entenkeule plus Soße an seinem Hinterkopf.

Der Raucher ist ein an sich verträglicher Zeitgenosse, solange ihm die Zigaretten nicht ausgehen. Das schreibt nebenbei bemerkt ein überzeugter Nichtraucher. Nie käme es mir aber in den Sinn, andere dafür zu verurteilen, sich nach dem Essen eine

Zigarette anzuzünden. Wenn dieses Ritual zu seiner persönlichen Entspannung beiträgt – sei es drum. Was dem einen das Yoga, ist dem anderen die Marlboro light.

Wie zum Teufel kommt man dazu, andere Menschen für ihre Spleens zu verteufeln?

Auch ich war froh und erleichtert, als 2010 das Nichtraucherschutzgesetz in Kraft trat. Als Nichtraucher dem täglichen Qualm in Restaurants ausgesetzt zu sein, war oft eine echte Zumutung. Nach endlosen Diskussionen und Debatten im Vorfeld zum Rauchverbot in Gaststätten stellte sich heraus, dass es ganz so schlimm nicht ist, wenn man sein Laster für kurze Zeit im Freien frönen muss.

Im Sommer ist es natürlich lästig, seine Mahlzeit neben einem Rauchertisch einnehmen zu müssen. Manchmal reicht eine freundliche Bitte, doch wenigstens für einen Augenblick mit dem Qualmen aufzuhören und schon hat man seine Ruhe. Raucher sind nicht per se böse Menschen, die ihren Aufenthalt auf Erden dazu nutzen, anderen Leuten den Nerv zu rauben. Auf vielen Restaurant-Terrassen wird schon darum gebeten, doch bitte auf Zigarren und Pfeifen zu verzichten, aus Rücksicht auf sonstige Gäste.

Wie aber kommen radikale Nichtraucher dazu, Menschen, die sich gerne einen Glimmstängel in den Mund stecken, mit der Reinkarnation des Bösen in Verbindung zu bringen? Aus grauen Mäusen werden urplötzlich Gesundheitsfanatiker und Moralapostel, radikal vereint, auf ihrem Kreuzzug gegen die Befürworter der Tabakindustrie. Sie haben sämtliche angsteinflößende Botschaften auf den modernen

Zigarettenschachteln auswendig gelernt und schleudern es Rauchern unaufgefordert bei jeder Gelegenheit an den Kopf.

Nie werde ich die resolute Dame vergessen, die auf unserer Restaurant-Terrasse neben einem Rauchertisch saß. An diesem saß ein älteres Paar und ihre Enkelin. Völlig friedlich konsumierten sie ihre Mahlzeiten und – oh Gott, welch ein Frevel – zündeten nach dem Essen eine Zigarette an.

Die aufgebrachte Frau am Nebentisch bekam sich gar nicht mehr ein vor lauter Wut über diese Unverfrorenheit. Sie beschimpfte die Raucher unflätig und spulte ihr gesamtes Wissen zum Thema „warum rauchen schädlich ist" herunter.

Die Anstrengung bei der verbalen Züchtigung der Raucher-Fraktion dürfte für die Gesundheit der Frau um einiges schädlicher gewesen sein als das passive Konsumieren einer Zigarette.

Auf alle Fälle forderte sie mich auf, den Herrschaften vom Nebentisch den Tabakkonsum zu verbieten. Natürlich verwies ich auf die Gesetzgebung in unserem Land.

Dann kam sie mir mit völlig absurden Ideen. Unser Restaurant habe schließlich Hausrecht und wir könnten die Terrasse in Raucher- und Nichtraucher-Stationen aufteilen. Ich bat darum, doch einmal zu erklären, wie sie sich das logistisch vorstelle. Sollte man die Leute bei der Reservierung künftig fragen, ob diese Raucher oder Nichtraucher seien? Der nächste Gast hat womöglich gerade eine Fastenzeit und echauffiert sich über die Alkoholkonsumenten am Nebentisch. Sollte man jetzt auch im Vorfeld abklären, welcher von den Gästen zu seiner Mahlzeit ein

Bier zu trinken gedenke, damit sich die Leute am Nachbartisch nicht übergangen fühlen?

Am Ende mit ihrem Latein beeilte sich die Dame, zu zahlen und verkündete lautstark, dass sie in unser Restaurant keinen Fuß mehr setzen würde.

Noch im Gehen wandte sie sich an die drei Raucher und wünschte ihnen so wörtlich „einen fröhlichen Krebstod."

Soviel zum Thema „Radikalismus, der mir Angst bereitet".

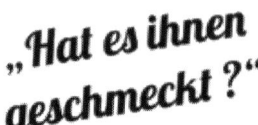

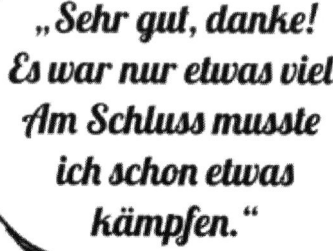

IM AUSLAND UNTERWEGS

Auf meinen Urlaubsreisen, die mich meistens ins europäische Ausland führen, habe ich oft die Gelegenheit, meine Zunftgenossen bei der Arbeit zu erleben.

Ich gebe zu, ich schaue schon etwas genauer hin, wie die Damen und Herren in ihrer vertrauten Umgebung ihren Job verrichten. Es soll sehr wohl Kellner geben, die im Urlaub einfach nur abschalten wollen und das auch können und denen es schnurzpiepegal ist, ob ein italienischer Ober den Teller von links statt von rechts einsetzt. Gut, das ist mir hier wie dort egal.

Gerade in Zeiten, wo die rechte Seite des Gastes wahlweise mit Zeitungen, Handy oder dem eigenen Ellenbogen besetzt ist, weiche ich auch gerne mal nach links aus, ohne mich dafür zu schämen. Ansonsten bin ich einfach nur neugierig, wie der Service in den Nachbarländern organisiert ist. Vielleicht kann man ja noch ein paar interessante Dinge aufschnappen, um sie im eigenen Betrieb unterzubringen... oder ich freue mich lediglich, dass es meinen „Brüdern" in den sonnigen Gefilden nicht viel besser geht als mir im Hochsommer.

Der Service ist ähnlich wie in Deutschland – verschieden – manchmal ist es auch einfach Glückssache, wo man gerade landet. Hier ein gut organisiertes Team mit freundlichen und aufmerksamen Mitarbeitern, dort chaotische Zustände mit launigen Zunftgenossen. Sind die dann besonders ruppig, nennt es der deutsche Pauschalurlauber „das berühmte mediterrane Temperament" und freut sich über so viel Lebensenergie.

Wehe, ein Kellner in der Heimat würde sie mit der gleichen Dynamik bedienen! Auffällig ist, um wie viel ruhiger sich die einheimischen Gäste im okzidentalischen Ausland verhalten. Keinesfalls habe ich allen 47 unabhängigen Staaten Europas einen Besuch abgestattet, deshalb sei mir an dieser Stelle ein wenig pauschalisieren gestattet.

Nehmen wir einfachheitshalber die bei deutschen Urlaubern allseits beliebten Mittelmeerländer Italien und Spanien. Dort erlebe ich immer wieder die Ruhe und Stressresistenz meiner Zunftgenossen. Fairerweise sollte ich erwähnen, dass es denen ihre Gäste oft wesentlich einfacher machen als hiesige. Wochenenden zählen hier wie dort zu den sogenannten „Kampftagen". Die Leute haben in der Regel frei und essen auswärts. Da man dies ungern alleine tut, verstaut man die gesamte Familie in den Kombi und zuckelt ins Restaurant seiner Wahl. Meist nimmt der Patron des jeweiligen Lokals die Hungrigen in Empfang und verteilt sie nach einem nicht nachvollziehbaren Prinzip auf die verschiedenen Tische. Spielt sich das Hauptgeschäft in freier Natur ab und gibt es dort nur eine überschaubare Anzahl an Mobiliar, so schleppen fleißige Helferlein in Windeseile Tische und Stühle heran, sodass es sich weitere Gäste auf der Terrasse gemütlich machen können. Geduld ist das prägendste Wort und ein sonniges Gemüt scheinen beide Parteien zu haben. Die Herren in schwarz und weiß, sowie die Gäste. Trudeln neue Konsumenten ein und der einzige freie Tisch ist noch komplett schmutzig von den Vorgängern, so macht man den Kellner zunächst darauf aufmerksam, dass man diesen Platz gerne okkupieren möchte und wartet dann, bis die Servicekräfte ihn hergerichtet haben.

Erst im Anschluss an die Säuberungsaktion wird sich niedergelassen.

In Deutschland scheinbar undenkbar. Es wird nicht mehr gewartet, bis der Tisch hergerichtet ist, sondern sich an dem vollgemüllten Tisch niedergelassen. Sollte nicht innerhalb eines überschaubaren Zeitfensters ein Kellner auftauchen, wird wild mit den Armen gerudert und mit „Hallo"-Rufen auf sich aufmerksam gemacht. Erscheint dann der ohnehin bereits stressgeplagte Ober, um den Tisch erst einmal zu säubern, gibt es statt einer Begrüßung erst einmal eine Standpauke, weil man ja schon ewig warte. Während die Bedienung noch das schmutzige Geschirr der Vorgänger auf sein Tablett stapelt, posaunen die Gäste bereits ihre Essens- und Getränkewünsche heraus. Manchmal handelt es sich bei diesen Wünschen um reine Fantasieprodukte, also Dinge, von denen der gehetzte Gast annimmt, dass es sie in diesem Lokal seiner Meinung nach geben müsse. Er hatte ja schließlich auch noch keine Karte bekommen. Weißwürste mit Brezn und süßem Senf sind in meinem Betrieb ein Klassiker solcher Wunschprodukte. Verneint man den frommen Wunsch, ziehen die Herrschaften erst einmal ein angesäuertes Gesicht und der nächste Vorwurf erreicht den Kellner: „Wieso das denn nicht, wir sind doch hier in Bayern?"

Das ist richtig, heißt aber nicht, dass jedes bayrische Lokal identische Mahlzeiten im Repertoire haben muss. Ich habe tatsächlich schon in italienischen Lokalen gespeist, die keine Pizza auf der Karte hatten. Was für ein Frevel!

Manchmal bin ich etwas vorlaut und frage den Gast höflich, aber bestimmt, ob es etwas ausmachen würde, wenn ich zunächst einmal den Tisch säubern darf und anschließend die Bestellung aufnehmen könne? „Schmeckt dann auch gleich viel besser von einem sauberen Tisch" ergänze ich manchmal augenzwinkernd und ernte dafür fragende Blicke.

Weil die Zeit heute nicht so recht vergehen mag und die Gäste zäh wie Sirup nacheinander eintrudeln, *beame* ich mich, kraft meiner Gedanken durch das Zeitportal und lande, Urlaub machend, in Italien. Mal kurz umschauen: hügelige Landschaft, Pinien, Säulenzypressen und Weinreben, unverkennbar – die Toskana. Das könnte Siena sein oder, nein wartet, Lucca. Egal.

Ein typisches Restaurant auf dem Marktplatz. Hier kommen garantiert alle Touristen auf ihren Bummeltouren durch die mittelalterliche Altstadt vorbei. Ich bin bereits da und genieße meine Antipasti, ein Glas Sangiovese und die Mittagssonne. Mit dem Genießen soll es schon bald vorbei sein.

Ein deutsches Ehepaar setzt sich in meine unmittelbare Nähe, ein zweites und drittes Pärchen aus der Heimat lässt nicht lange auf sich warten. Die Art der Garderobe verrät sofort die Nationalität. Sicher, es ist heiß, aber Bermuda Shorts, Hawaii-Hemd und das Schlimmste – weiße Einwegsöckchen, gehen für die Einheimischen überhaupt nicht. Madame hat sich kleidertechnisch auch etwas extravagantes einfallen lassen. Am verschwitzten Körper kleben *„Best of Kleider-Wühltisch 1945-1970"*. Diverse Brauntöne, ein wenig kariert, dann wieder braun. Es lebe der gute Geschmack! Paolo, der italienische Kellner, versucht es noch einmal mit Selbsthypnose zur Beruhigung. Er weiß, gleich sind gute Nerven gefragt.

Es sei am Rande erwähnt, dass sein Deutsch ganz ausgezeichnet ist. Sechs Jahre hatte er in Berlin gearbeitet, in diversen italienischen Restaurants. Vor zwei Monaten ist er zurückgekehrt in seine Heimat, weil er endlich wieder mit einheimischen Kollegen hantieren wollte. Er hatte die Schnauze gestrichen voll von all den Pseudo-Italienern, die nur so taten, als kämen sie vom Stiefel. Einer nannte sich für die Gäste Giuseppe, rannte auf sämtliche Damen zu und überschlug sich fast mit „Prego Senora" und „was kanne isch tun für Sie schöne Fräulein?". Die weiblichen Gäste waren jedes Mal hin und weg über so viel mediterrane Fröhlichkeit. In Wirklichkeit hieß der Kollege Hubert Sabitzerstein und kam aus Linz in Österreich. Mit Schauspielern wie ihm hatte Paolo zu 75 Prozent in den italienischen Lokalen in Berlin zu tun gehabt. Tunesier, Griechen, Türken – alle gaben sie sich als echte Italiener aus. Immer wieder peinlich wurde es, wenn Deutsche mit Italienischkenntnissen ihre Bestellung in Paolos Heimatsprache aufgaben und die gleichen Türken, Griechen und Slowaken nur Bahnhof verstanden.

Apropos Italienischkenntnisse: Der Herr mit den weißen Einwegsöckchen setzte soeben zur Bestellung an. Paolo hielt noch die zwei Speisekarten in der Hand, die er den Gästen reichen wollte, aber Warten war nicht die Stärke der Teutonen. Weder in der Heimat und schon gar nicht im Urlaub.

„Brauchen wir nicht" brummte der Riese mit dem prähistorischen Schnauzbart und deutete auf die Speisekarten. Um seine Gattin zu beeindrucken, richtete er seinen Blick auf Paolo und sprach deutlich und mit Betonung: „Una cerveza por favor". Paolo seufzte leise. Er brachte es nicht übers Herz, den

Dicken darauf hinzuweisen, dass dessen Ferienflieger nicht wie geplant am Ballermann gelandet war, sondern im Mittelpunkt der Toskana. Meister Schnauzbart musste sich derweil eingestehen, dass er mit seinen Sprachkenntnissen gerade an seine Grenzen gestoßen war. Also weiter auf Deutsch.

Sicher ist sicher. „Für meine Frau Spaghetti Bolognese und für mich die Pizza Hawaii. Aber pronto tutti, wir haben Hunger". Paolo schnaufte zwei Mal tief durch, dann antwortete er so ruhig wie möglich: „Es gibt in Italien keine Pizza Hawaii und Spaghetti Bolognese gibt es vielleicht in ihrer Heimat, aber nicht bei uns. Sie können Nudeln mit Fleischragout bekommen, wenn sie möchten."

Da staunten die Teutonen nicht schlecht. Zunächst hielten sie den Einwand des Kellners noch für einen Scherz, aber allmählich schien ihnen ein Licht aufzugehen. Dann doch lieber die Speisekarte. Beim Studieren boxt die Gemahlin des Riesen ihren Gatten in die Seite: „Boah schau mal, wie teuer die hier sind. 13 Euro für ein bisschen Mozzarella. Bei Aldi kostet der nur 1,60 Euro." Kleine Ergänzung am Rande. Auf der Karte steht „Mozzarella di Bufala Campana", also der echte Büffel-Mozzarella, nicht der Kuhkäse, der in den Kühltruhen eines großen, deutschen Lebensmitteldiscounters schlummert. Nachdem das Paar nach langem Hin und Her seine Bestellung aufgegeben hat, stellt der Kellner Weißbrot und Olivenöl auf den Tisch. Weil das Essen total überteuert ist, so die Meinung der zwei Touristen, wird ordentlich Brot in Olivenöl getunkt, weil man ja irgendwie doch noch das Gefühl haben möchte, nicht übers Ohr gehauen worden zu sein.

Nach dem Mittagsmahl bestellt Madame noch einen Kaffee und wundert sich darüber, nur einen winzigen Espresso zu bekommen. „Ach wären wir bloß in den Schwarzwald gefahren", seufzt die Frau „diese Ausländer verstehen echt nur Bahnhof". Die anschließende Rechnung wird nach 5-minütiger Kontrolle reklamiert.

'Was denn dieses *Coperto* sei, so etwas hätten sie weder bestellt, noch verzehrt'. Mit stoischer Gelassenheit erklärt ihnen der Kellner, das sei in Italien üblich und beinhalte das Tischgedeck, nebst Brot und Olivenöl. Der Riese gerät fast außer sich vor Zorn. „Das ist ja das Allerletzte, dass sie für Messer, Gabel und Serviette 2 Euro pro Person berechnen. Wo gibt es denn so etwas?"

In Italien gibt es so etwas, und zwar schon seit zig Jahren. Hätte sich das Touristenpaar doch bloß einmal im Vorfeld informiert.

Ich habe genug gesehen. Mir reicht es.

Schnell *beame* ich mich fort von diesem wunderschönen Ort, an dem wieder einmal nur die Touristen stören. Weich und sanft lande ich in Spanien, genauer an der Costa Blanca. Calpe ist ein interessanter Ort direkt am Wasser. Berühmtes Wahrzeichen der Stadt ist ein riesiger Steinklops, der wie von den Wellen angespült am Ufer liegt und den Strand vom Hafenbereich trennt. Auch hier befinde ich mich plötzlich in einem, vor allem von Touristen bevölkerten Restaurant an der Promenade wieder. Die Gäste haben hier die Qual der Wahl. Ein Lokal folgt dem nächsten... da fällt die Auswahl nicht leicht. Also läuft man den anderen Touristen hinterher, blättert in den Speisekarten, die vor den Restaurants ausliegen, vergleicht Angebot und Preise und marschiert weiter. Weil fast alle Restaurantbetreiber mit den gleichen Angeboten und nahezu identischen Preisen aufwarten, landet man nach zwei Stunden Preisvergleichen doch wieder im allerersten Lokal. Mittlerweile knurrt der Magen bereits bedenklich. Die Bestellung wird den spanischen Bedienungen schon mal im Stehen entgegengebrüllt, während man noch nach dem besten Platz Ausschau hält. Gewisse Parallelen zu meinen Erlebnissen während der Hochsaison daheim offenbaren sich mir gerade. Wie eine Büffelherde marschieren die, mindestens so schlecht gekleideten wie mies gelaunten Touri-Familien in das Restaurant ein. Die pubertierenden Kids, welche zu diesen Sippschaften gehören, blättern in den Speisekarten und entscheiden sich für Pizza und Burger. Das Familienoberhaupt rechnet kurz die Preise zusammen und fällt dann sein Urteil: „Zu teuer". Also dann – vier Mal das Mittagsangebot für 7,50 Euro pro Person. Dazu eine große Karaffe Leitungswasser mit Eiswürfeln. Die Kids sind sauer über das sich täglich wiederholende Sparprogramm und stellen demonstrativ ihre Miesepetrigkeit zur Schau. Sohnemann reagiert sich am Handy, während des Essens, mit Ballerspielen ab und das junge Fräulein setzt sich per Snapchat lustige Katzenohren auf und verschickt die *Pics* an ihre besten Freundinnen in Zwickau.

Zwei Tische weiter sitzt ein Pärchen, das ein wenig deplatziert in dieser Touristenhölle wirkt. Er, ca. 50 Jahre alt, elegant gekleidet und scheinbar irgendein Manager-Darsteller. Wenn er von anderen Leuten nach seiner Profession gefragt wird, erzählt er etwas von Marketing, *Selfmade Business Man*. „Meine *First Million* habe ich mit Hedgefonds und Immobilien-Aktien

gemacht, danach habe ich es etwas ruhiger angehen lassen..."
Ein typischer Blender, der sich nur zu gerne an seinem eigenen
Geschwafel aufgeilt. Weil die *First Million* noch nicht für eine
eigene Jacht oder Privatinsel in der Karibik gereicht hat, sitzt er
nun zwischen den anderen Touristen, nur mit Imitat-
Designerklamotten *Made in China* und Föhnfrisur. Zur optischen
Unterstreichung seines Business Status hat er sich ein kurviges
Fräuleinwunder geleast – in blond selbstverständlich.

Während die anderen Touristen-Familienoberhäupter mit einer
nicht mehr taufrischen Gattin vorliebnehmen müssen, darf
unser Bachelor einen knackigen Männertraum ausführen, der
sich in so manchem Schlafzimmer gut machen würde.

Nur, während die Frauen der anderen sich mit dem Sparmenü
zufriedengeben, darf es bei der Blondine gerne etwas mehr sein.
Das ukrainische Exportluder kennt ihren Marktwert ganz genau.
Sie weiß, langsam geht es Richtung 30, bis dahin muss sie ihre
Schäflein im Trockenen haben. Außerdem sind die paar Gläser
Champagner und der Hummersalat eine geringe Entschädigung
dafür, allabendlich der tollpatschigen Bettakrobatik ihres
Designer-Hirsches beiwohnen zu müssen.

Der spanische Kellner grüßt mit einem freundlichen „Ola" und
fragt nach ihren Wünschen. Da das Lokal zu etwa 80 Prozent mit
deutschen Touristen bevölkert ist, hat er gute Chancen, auch an
diesem Paar seinen Sprachschatz auszuprobieren. Bingo. Er
bestellt ein Pils und seine Begleiterin einen Aperol Spritz. Schon
tut sich ein ungeahntes Problem auf. Während der Aperol Spritz
in der germanischen Heimat zur Getränke-Allzweckwaffe
gehört, ist der Klassiker noch nicht im spanischen
Standardprogramm aufgenommen worden. Untypisch

eigentlich, weil die mediterranen Wirte dafür bekannt sind, sämtliche neuen Spleens der Touristen zu übernehmen. Nach dem Motto: „Haben die Teutonen es schön gemütlich, klingelt bei mir die Kasse".

Der Kellner, der mit dem Begriff Aperol Spritz nichts anfangen kann, schickt seinen Kollegen, der allerdings nur Englisch als Fremdsprache in petto hat. 'Was genau dieses Spritz sei', möchte der Spanier wissen. In diesem Moment fallen Madame zwei Dinge auf. A, dass sie kein Englisch spricht und B, dass sie überhaupt nicht weiß, was ein Aperol Spritz ist. Also krächzt sie nur kläglich: „Red". Mit der gleichen Präzession hätte sie auch Sangria oder Früchtetee bestellen können. Ihr *Part Time Lover* wird später, angesichts der Rechnung, reklamieren, er hätte keine zwei Pils gehabt, sondern „*only two*".

Noch einen Tisch weiter hat der tunesische Kellner, den die Touristen für einen waschechten Spanier halten, das monetäre Potenzial der Gäste erkannt und hofft auf ein paar Euro Trinkgeld, wenn er ein wenig Smalltalk betreibt. „*Hello, my name is Paco, I am your waiter. Where are you from?*" fragt er mit einem breiten Zahnpasta-Lächeln. „*Germany*", erklärt das Familienoberhaupt stolz.

„*Oh, nice country*" flötet der Tunesier

„*I´ve been there … in Zürich*".

„*Ähem, okay, super*", freut sich der Teutone.

Die spanischen Lokale an der Promenade sehen irgendwie alle gleich aus und so mancher deutsche Tourist ist reichlich verwirrt. Wie er das von zuhause kennt, wird plötzlich aufgestanden und der Tisch gewechselt, ohne der Bedienung Bescheid zu geben. Hat er gerade noch wie ein verstörter

Schwan den Hals in die Sonne gereckt, wird es ihm schon nach ein paar Minuten zu viel der Brutzellei und er sucht sich einen Schattenplatz.

Dass er sich mit einem Umzug in das Areal des Nachbarlokals begibt, fällt ihm entweder nicht auf oder er geht davon aus, dass eh alle Spanier irgendwie miteinander verwandt oder verschwägert sind. Die Eingeborenen werden das schon regeln, schließlich leben die ja von den Touristen. Derweil rennt eine junge, spanische Servicekraft auf der Terrasse seines Lokals umher und sucht einen deutschen Waldschrat, dem er die bestellte Paella bringen möchte.

Auch hier habe ich einmal mehr genug gesehen.

Ich beschließe, den nächsten Urlaub alleine in meinem Garten zu verbringen und *beame* mich zurück auf die heimatliche Terrasse.

„Hallo, ich will zahlen, aber schnell, das Schiff kommt gleich" schreit mich eine runzelige Oma an und wedelt mit der Geldbörse.

'Hilfe, denke ich, bringt mich auf einen anderen Planeten'.

STAMMGÄSTE

Ich gebe zu – ich bin ein ziemlich berechenbarer Wiederholungstäter. Für gewöhnlich kaufe ich stets im selben Laden ein und annähernd die gleichen Produkte, die mir schon einmal Freude bereitet hatten. Auch gehe ich immer wieder in das selbe Kino, wenn auch nicht in den gleichen Film. Mein Auto bringe ich zur identischen Kfz-Werkstatt wie beim letzten Mal und davor, und davor... „Sag bloß, die alte Rostlaube fährt immer noch?" ruft mir der Mechaniker entgegen und alles ist gut. Hin und wieder berichtet einer meiner Arbeitskollegen von einem tollen, neuen Friseur, den er kürzlich zum ersten Mal besucht hätte. Da der Arbeitskollege anschließend aussah, als würde er in den Krieg ziehen, vertraue ich lieber auf meine Hairstylistin, der ich schon seit Jahren die Treue halte. „Wie immer?" fragt sie und ohne zu wissen, was sie meint, bejahe ich ihre Frage. Dann wundere ich mich, dass ihre Preise seit zig Jahren konstant geblieben sind, während mein Haupthaar stetig lichter wird und sie eigentlich weniger zu tun hat.

Es gibt auch Restaurants, die ich immer wieder gerne aufsuche, weil ich dort selten enttäuscht wurde. Trotz mehrfacher Besuche möchte ich mich selbst nicht als Stammgast bezeichnen. Ich bin froh, wenn ich an meinen freien Tagen abschalten kann, beim Essen gehen.

Das mit dem Abschalten funktioniert exakt in dem Moment nicht mehr, wenn ein enthusiastischer Geschäftsführer mich überschwänglich begrüßt oder ein Kellner sich speziell ins Zeug legt. Wahrscheinlich bin ich deshalb kein besonders intensiver Trinkgeld-Geber. Bloß nicht auffallen!

Es gibt aber auch Leute, die es lieben, in ein Restaurant zu gehen und von der gesamten Belegschaft hofiert zu werden. Dem einen bläht es das Ego auf, der andere möchte vor Freunden oder Bekannten als der liebenswerte Gast von Welt dastehen. Die Rechnung geht idealerweise fast immer auf. Viele Hotels sind auf Wiederholungstäter angewiesen.

Es gibt Studien, die besagen, dass der durchschnittliche Anteil von Stammgästen bei 15% liegt – diese aber ein Drittel des Umsatzes erbringen. Auf Management-Lehrgängen und bei Trainings-Programmen erfährt man alles zum Thema „Kundenbindungsprogramme" und „Maßnahmen zur Erhöhung der Besuchshäufigkeit". Auch Restaurant-Inhaber freuen sich über stets wiederkehrende Gäste. Diese stellen eine berechenbare Größe hinsichtlich des durchschnittlichen Jahresumsatzes dar. Außerdem zeigt der Gast, der häufig im gleichen Lokal einkehrt, dass er den vom Wirt eingeschlagenen Weg gut heißt. Welcher Gastronom freut sich nicht über ein positives Feedback?

Schlimm genug, dass es zu viele Leute gibt, die nach dem Haar in der Suppe suchen, um ihre schlimmen Erfahrungen dann auf den Bewertungsportalen auszuschlachten. Kunden, die das Restaurant betreten und sich zunächst einmal beim Chef des Hauses bedanken, dass das Candle Light Dinner letzte Woche so gut geklappt hat, werden immer seltener. Auch ist es für die Bedienungen einfach, wenn sie gewisse Gäste und deren individuellen Wünsche von vorne herein zuordnen können. Die Kellner haben ohnehin tagtäglich schon genügend

Informationen zu verarbeiten, da ist es nur recht, wenn Menschen das Lokal betreten, die man getrost in Schubladen stecken kann.

Herr Maier kommt auf die Minute pünktlich um 12 Uhr und bekommt immer das Mittagsmenü. Familie Behrmann sitzt gerne an dem runden Tisch in der Ecke. Herr Behrmann liebt Innereien. Hat der Küchenchef diese ausgefallenen Schlemmereien vorrätig, kann man dem Familienvater eine große Freude machen. Die Schmidts sind etwas komplizierte aber trotzdem liebenswerte Gäste. Frau Schmidt ist allergisch gegen Haselnüsse, Herr Schmidt verträgt keinen Knoblauch und die beiden Söhne sind Vegetarier. Hinsichtlich der Allergien reicht es mittlerweile vollkommen aus, in die Küche zu rufen, dass die Schmidts da seien, und der Küchenchef weiß, was zu tun ist. Es gibt Stammgäste, über deren Besuch sich Chef wie Bedienungen gleichermaßen freuen. Selbstverständlich gilt das auch im umgekehrten Sinne. Ich kenne zahlreiche Kunden, die mindestens ein Mal pro Woche in unserem Lokal auftauchten, aber nie viel Aufhebens um ihre Person machten. Manchmal waren das anerkannte Leute, die viel in ihrem Leben geleistet und ehrliche Bewunderung verdient hatten. Diese Menschen benahmen sich stets vorbildlich. Sie waren unkompliziert in ihren Bestellungen, wurden nie ausfällig oder tobten laut, wenn es mal etwas länger dauerte.

Das Gegenteil von diesen sehr liebenswerten Stammgästen sind jene, bei deren Eintreffen im Lokal sich bereits die Nackenhaare aufstellen. Nicht nur die der Kellner, sondern auch die des Chefs. Der weiß bereits beim Sichten dieser Nervensägen, dass die Besucher ihm gleich wieder „ein Ohr abkauen werden". Wenn man selbst nicht sonderlich schwatzhaft veranlagt ist, sondern sich einfach nur um das Wohl der Gäste kümmern möchte, sind solche Klienten oft mehr als lästig.

Für eben diese Patienten wurde der Telefonjoker erfunden. Nein, nicht der Retter von Günther Jauchs „Wer wird Millionär"-Kandidaten, sondern der „Wir retten den Geschäftsführer"-Erlöser. Es gibt geheime Vereinbarungen zwischen Chef und Bedienung. Taucht Gast X auf und der Boss ist zu einem Small Talk mit diesem gezwungen, wird spätestens nach 5 Minuten ein Kellner das Gespräch stören, weil der „Chef dringend in der Küche gebraucht werde" oder sonst etwas sehr Wichtiges anliegt.

Es gibt Stammgäste, die im Laufe der Jahre immer spleeniger werden. In unserem Restaurant erschien jeden Tag ein Gast, der immer das gleiche Essen bestellte. Den großen gemischten Salat mit Putenstreifen. Die einzige Einschränkung war, dass er auf die Putenstreifen verzichtete und stattdessen mehr von den gebratenen Pilzen orderte. Er hatte auch einen Lieblingsplatz, der stets um die Mittagszeit für ihn reserviert wurde. Im Laufe der Zeit wurde der Herr immer schrulliger. Plötzlich wollte er auch keinen Paprika mehr in seinem Salat, wenig später sollte die Küche ebenfalls die Gurkenscheiben weglassen. Dann kam er mit genauen Anweisungen wie viele Anteile Feldsalat, Eisbergsalat etc. sein Essen beinhalten sollte. Die Küche wurde immer genervter, wenn wir seine gesammelten Sonderwünsche vortrugen. Irgendwann wurde ihm auch unser Hausdressing zu knoblauchlastig und er brachte sein eigenes Dressing mit ins Restaurant. Später ergänzte er seine Eigeninitiative und schleuste Supermarkt-Fetakäse und selbst gebackenes Brot in unser Lokal. Da sah dann auch der Chef ein, dass dringend Handlungsbedarf bestand.

Es ist für alle Beteiligten eine wünschenswerte Erfahrung, dass solche „Wiederholungstäter" hin und wieder das Restaurant wechseln, um einen neuen Horizont aufgezeigt zu bekommen. Nicht jedes Gasthaus hat so viel Geduld mit exzentrischen Gästen und ihren individuellen Eigenarten.

Andere, sogenannte Stammgäste, hatten einen Lieblingstisch, an welchem sie jeden Sonntag Mittag saßen. Da wir einmal eine größere Gruppe zu Besuch hatten, war es unvermeidlich, die Stammgäste an einem anderen Tisch zu platzieren. Die Herrschaften bekamen sich kaum ein vor lauter Bestürzung, dass sie einmal wo anders sitzen sollten. Der so brutal vorgeführte Kunde ließ den Geschäftsführer aufmarschieren, um diesem seine Rechnung zu präsentieren. An die 3000 Euro würden er und seine Frau jedes Jahr in unserem Restaurant lassen und wir würden andere Gäste vorziehen. Unverschämtheit usw.

Welcher Kellner kennt und liebt ihn nicht, den viel zitierten Satz:

„Wie, alles ist reserviert – wir sind schließlich Stammgäste".

Ja und nun? Sollen wir deshalb für euch extra einen neuen Tisch schnitzen oder andere Gäste rauswerfen, die sich die Mühe gemacht haben, zu reservieren?

Wenn ihr wirklich Stammgäste wäret, solltet ihr die Gepflogenheiten in unserem Haus eigentlich besser kennen.

Klasse auch der ältere Herr, den ich noch nie zuvor gesehen hatte.

Er meinte, er sei ein Stammgast, kenne den Chef und brauche sofort einen schönen Tisch für sich und seine Bekannte. Nur einen Atemzug später fragt er mich, wo sich die Toiletten befänden. Ich konnte mir die Antwort nicht verkneifen, dass er dies eigentlich wissen müsse, als Stammgast?

Der Gast ist solange *König*, wie er sich wie einer benimmt

TRINKGELD

Beim Bezahlen wird es für viele Gäste heikel.

„Wie viel sollen wir dem Kellner denn geben?" fragt die junge Dame ihren männlichen Begleiter. Der überlegt kurz und rechnet im Kopf die Pros und Kontras für sein Trinkgeld-Verhalten zusammen. Zwei Mal hat der Ober sein Bier vergessen, die von ihm empfohlene Dorade stellte sich als Flop heraus, und einmal hatte der Knilch ziemlich ungeniert in das Dekolletee seiner neuen Freundin gestarrt. Gute Gründe, nicht all zu spendabel zu sein. Wenn da nicht die junge, bildhübsche Dame wäre, mit der er seit knapp zwei Wochen liiert war. Sie hatte gar darauf bestanden, ihn heute mal zum Essen einzuladen, aus Gründen der Emanzipation. Wenn er jetzt all zu knauserig daher kam, könnte sie womöglich falsche Schlüsse bezüglich seiner Großzügigkeit ziehen.

„5 Euro sind, glaube ich, okay. 5 Prozent vom Umsatz sind normal." Ein salomonisches Urteil. Zugleich hatte er sich auch noch als Mann von Welt geoutet, der sich schlafwandlerisch sicher in Restaurants zu bewegen vermochte. Wie funktioniert das denn jetzt genau mit dem Trinkgeld?

Tun wir mal so, als seien wir Reporter und arbeiten gerade an einer brandheißen Story. Also schnappen wir uns Kamera und Mikrofon und begeben uns auf einen reichlich bevölkerten Marktplatz. Menschen laufen zielorientiert umher, Plastiktüten mit den Logos von H & M oder C & A in den Händen und wirken gestresst. An ein paar der weniger gestressten Innenstadt-

Besucher stellen wir die Frage, ob der oder diejenige denn regelmäßig Trinkgeld geben. Der erste, ein junger Mann mit Dreitagebart und Camouflage-farbenen Parka, überlegt kurz und antwortet dann: „Ja, eigentlich schon. Wenn der Service stimmt". Was genau meint er mit Service, möchten wir wissen. „Ja, also – wenn ich mein Essen schnell bekomme und die Bedienung freundlich ist". Aja, okay. Dass für die Schnelligkeit des Essens eigentlich der Koch verantwortlich ist, dem in diesem Fall das Trinkgeld zustünde, verheimlichen wir dem Befragten. Unser nächstes „Opfer" ist eine junge Dame in Designerklamotten und 200-Euro-*Hairstyle*. „Klar gebe ich regelmäßig Trinkgeld. Ich glaube, die Bedienungen leben auch davon. So weit ich weiß, verdienen die echt nicht die Welt?" Ob sie auch der Verkäuferin im Supermarkt was zustecke oder dem Schaffner im ICE, möchten wir wissen. Immerhin verdienten die ja ebenfalls nicht die Welt. „Nö, aber das ist ja auch nicht üblich" lautet die überraschend schlagfertige Antwort.

Unsere letzten Kandidaten für heute sind zwei ältere, aber körperlich und geistig rüstige Herrschaften. Während sich die Dame hinter dem Rücken ihres Mannes versteckt, gibt er sich jovial: „Wenn die ihren Job gut gemacht haben, sollen sie auch etwas dafür bekommen". Mit „die" sind Bedienungen gemeint. Was denn zu einem guten Job dazugehöre, möchten wir wissen. „Lächeln" antwortet der Herr wie aus der Pistole geschossen „einfach lächeln. Die meisten von denen gucken immer so griesgrämig. Die haben auch nichts verdient". Mit „denen" meint er ebenfalls Bedienungen.

Mir fällt spontan die Geschichte einer Freundin ein, die ebenfalls in der Gastronomie tätig ist. Sie war felsenfest davon überzeugt, dass für eine weibliche Bedienung nicht eine Horde Männer, sondern ein Frauenschwarm das schlimmste Unheil darstellen würde.

Typen ließen sich leicht mit ein paar markigen Sprüchen in Schach halten. Ein Frauenrudel dagegen würde eine weibliche Bedienung allzu gern als Bedrohung ansehen. Auf alle Fälle hatte sie es an einem Abend mit solch einem Trupp Damen zu tun, die irgendetwas zu feiern hatten und schon reichlich überdreht wirkten. Meiner Kellner-Freundin war am Morgen ein Weisheitszahn gezogen worden. Aus Loyalität gegenüber ihrem Chef hatte sie sich nicht krank gemeldet, sondern trotz erheblicher Schmerzen ihren Dienst aufgenommen. Durch die Zahn-OP war ihre Gesichtsmimik stark eingeschränkt und das Sprechen fiel ihr schwerer als unter normalen Umständen. Eine der angetrunkenen Damen beschwerte sich irgendwann lautstark darüber, dass die Bedienung überhaupt nicht lächeln würde. Auch die Fragen, ob sie sich für etwas Besseres halte oder mit ihrem Job unzufrieden sei, wurden gestellt. In solchen Momenten ist es, weiß Gott nicht einfach, ruhig zu bleiben und die Situation auszusitzen.

Ergo: Nicht jede Bedienung, die Euch nicht ständig anlächelt, ist gleich ein unfreundliches Biest.

Hat uns unser kleines Fake-Interview jetzt etwas weitergebracht bei der Frage, ob Trinkgeldgeben rechtens ist in unserer Gesellschaft? Nein, hat es nicht.

Schon bei der Formulierung „ist es rechtens" habe ich ein zwiegespaltenes Gefühl. „Unrecht" ist es auf alle Fälle nicht, einer Servicekraft Trinkgeld zuzustecken. Nur warum tun wir das? Weil ein Kellner oder eine Kellnerin ihren Job macht? Wenn das der einfachste Nenner bei der Trinkgeldvergabe ist, warum lassen wir nicht auch in der Arztpraxis ein paar Extra-Münzen oder beim KFZ-Mechaniker oder im Schnellimbiss?

Kürzlich holte ich mein Fahrrad aus der Rad-Werkstatt ab. Der Monteur hatte es tatsächlich geschafft, die erforderliche Reparatur innerhalb weniger Stunden zu absolvieren. Hocherfreut wie ich war, wollte ich den Preis für die rasche Instandsetzung meines Bikes freiwillig um 10 Euro nach oben korrigieren. Der Mechaniker lehnte dies allerdings aus zwei Gründen ab – wegen der Steuer und weil dies nicht üblich sei. Demzufolge ist die Trinkgeldvergabe für Mitarbeiter des einen Berufes ein gesellschaftlich akzeptierter Konsens, während er für andere Berufszweige schlichtweg unüblich ist? Worin unterscheidet sich die Freundlichkeit einer Bedienung von der einer Verkäuferin, die dich in einer Boutique sehr nett und ruhig zu deinem neuen ockerfarbenen Sommerkleid überredet hat? Hätte die sich nicht ebenfalls für ihre Beratung einen Obolus verdient?

Klar, Servicekräfte gab es schon in der Steinzeit – vielleicht auch ein wenig später. Service = *Servante* = Dienen. Das könnte erklären, warum auch heute noch so mancher Kellner von unterbelichteten Zeitgenossen wie ein Leibeigener behandelt wird. Selbst Sklaven im alten Rom war es möglich, sich durch Münzen, die sie von ihrem Herrn zugesteckt bekamen, freizukaufen. Der Droschkenkutscher im Mittelalter erhielt einen Obolus und der Kofferträger im Hotel, Anfang des 19. Jahrhunderts ebenso.

Haben wir es mit einem antiquierten Relikt aus aristokratischen Zeiten zu tun? Gehört das Trinkgeld nicht schon lange abgeschafft, so wie die Monarchie in vielen westlichen Ländern ausgelöscht wurde? Stattdessen folgen wir im Okzident immer noch einer langen Tradition, bei der scheinbar privilegierte dem angeblich mehrere Klassen unter ihm stehenden ein paar Münzen gratis geben, um ihn bei Laune zu halten bzw. dessen Dienste zu honorieren. Die Kellner der Neuzeit würden sicherlich übereinstimmend erklären, dass der Gast mit seinem monetären Extraaufwand, die Arbeit der Bedienung vergüte. Ist es tatsächlich so trivial? Wieder einmal drehen wir uns im Kreis.

Doch auch die Arbeit der Altenpfleger, Krankenschwestern und der Handwerker erkennen wir an. Warum ist uns deren Tätigkeit nicht auch eine Extra-Gratifikation wert? Einmal mehr landen wir bei einer gesellschaftlichen Konvention, die sich über Jahre eingebürgert hat und kaum noch hinterfragt wird. Zum Glück – wird sich so manche Bedienung denken. Die Damen und Herren aus dem Service haben aus freien Stücken den Weg in die Dienstleistungsbranche gewählt. Damit verpflichteten sie sich, den Gästen nicht nur Speisen und Getränke auf den Tisch zu stellen, sondern insgesamt für eine entspannte Wohlfühl-Atmosphäre zu sorgen. Höflichkeit und ein respektvolles Auftreten gegenüber dem Kunden sollten selbstverständlich sein. Mit anderen Worten – unsere Servicekräfte machen doch nur ihren Job.

Muss der Gast tatsächlich extra dafür zahlen, dass die Bedienung nett und freundlich ist? Andere Arbeitnehmer bekommen schließlich auch keinen Bonus, nur weil sie ihren

Job machen. Sind die Gäste also lediglich Opfer einer moralischen Verpflichtung?

In den USA beispielsweise sieht das Ganze etwas anders aus. Die Bedienungen dort sind vom gesetzlichen Mindestlohn ausgenommen und auf das Trinkgeld angewiesen. 15–20 Prozent Tip werden in den Vereinigten Staaten erwartet. In Deutschland derweil kann man mittlerweile recht gut vom Grundgehalt in der Gastronomie leben. Die Frage sei trotzdem erlaubt, wie viele Leute noch den Weg in die Hotel-und Gaststätten-Branche wählen würden, gäbe es diese zusätzlichen Gratifikationen nicht? Wer würde sich noch auf lange Arbeitszeiten, Wochenend-Dienste oder Teildienst einlassen?

Stichwort: Fachkräftemangel.

Wie gehen denn andere Länder mit dem Thema „Trinkgeld" um? Gerade haben wir schon einmal über den großen Teich geschaut, jetzt blicken wir doch mal ins Land der aufgehenden Sonne.

Sollte ein deutscher Kellner auf die Idee kommen, nach Japan auszuwandern, um dort seine Service-Karriere fortzusetzen, droht so manche unangenehme Überraschung. Dort gilt es allgemein als Beleidigung, dem Ober Trinkgeld zu geben. ´Guter Service ist selbstverständlich´, argumentieren die kleinwüchsigen Bewohner, ´dafür nimmt man doch kein Extra Geld´. Also, ehe einem ein humorloser Sumo-Ringer ein paar kräftige Ohrfeigen verpasst, schnell die Münzen vom Teller wieder in die Tasche gesteckt. In großen Teilen Chinas läuft es im Übrigen ähnlich.

Zurück nach Europa. In italienischen Restaurants ist es üblich, für das Coperto (Gedeck) zu zahlen. Darin eingeschlossen ist die

Servicegebühr von etwa 2 Euro, die automatisch auf den Rechnungsbetrag aufgeschlagen wird. Natürlich freut sich die italienische Bedienung trotzdem über einen kleinen Obolus. Auch in Frankreich ist üblicherweise eine Servicepauschale von 15 Prozent auf der Rechnung beim Restaurantbesuch enthalten. Spanische Kellner verdienen nur einen sehr geringen Mindestlohn, der bei etwa 4 Euro liegt. Daher sind die Camareros verständlicherweise auf Trinkgelder angewiesen. Viele Restaurants in Spanien laufen als Familienbetriebe. Die Söhne und Töchter sind es gewohnt, im Lokal der Eltern mitzuarbeiten, da diese sich kein Personal leisten können. Da Mittagsmenüs inklusive Tischgetränke oft schon für etwa 10 Euro angeboten werden, sollte ein kleiner Obolus für den Kellner, auch für den deutschen Sparfuchs, noch drin sein. Unüblich ist in Spanien dagegen das Aufrunden der zu zahlenden Summe. Wer dort „stimmt so" oder „machen Sie 10 Euro" sagt, wird verständnislose Blicke ernten. Also lieber nach der Zahlungstransaktion ein paar Münzen auf dem Teller liegen lassen.

In skandinavischen Ländern ist Trinkgeld zu geben eher unüblich. Aus der Reihe tanzt allenfalls Schweden, wo ein Serviceaufschlag von 10 Prozent erwartet wird. Ist ein Kellner lange genug im Geschäft, weiß er, wie der Hase läuft. Mühelos kann er potenzielle Trinkgeldgeber und Trinkgeldverweigerer den jeweiligen Herkunftsländern zuordnen. Steigt ein Trupp Holländer oder Franzosen aus dem Reisebus, weiß der Fachmann: Heute werde ich nicht reich. Errät die erfahrene Bedienung am Idiom des Gästequartetts an Tisch 9, dass es sich um Bewohner des Stiefels handelt, wird er seine Service-

Bemühungen augenblicklich auf ein Minimum herunterfahren. Auch hier heißt es einmal mehr: außer Spesen nichts gewesen.

Eigentlich bin ich kein Freund vom Klassifizieren von Gästen in trinkgeldfreudig oder knauserig. Das beschränkt sich dann irgendwann nicht mehr alleine auf die Herkunftsländer der Klienten, sondern setzt sich bei Stammgästen und Laufkundschaft fort. Leider erlebe ich es immer wieder, dass gerade die älteren Kollegen komplett auf das Trinkgeld fixiert sind. Schon zu Dienstbeginn spekulieren diese Herrschaften, „wie viel wohl heute drin ist" oder was dieser oder jener Gast wohl geben wird. Am Abend wird die Kellnerbörse entleert und auf Heller und Pfennig genau ausgerechnet, was „hängen geblieben" ist. So wird kategorisiert, ob es ein lohnenswerter Tag gewesen sei oder einer „zum Vergessen": Ist der großzügige Gast denn der wertvollere Kunde, als der eher sparsame?
Mir persönlich ist der Besucher lieber, der höflich und freundlich auftritt und 2 Euro Tip gibt, als jener, der 5 oder gar 10 Euro da lässt, aber dafür Anbetung und Hofierung erwartet. In einem Restaurant, in welchem ich viele Jahre tätig war, gab es zwei Stammgäste, die bei ihren Besuchen stets die maximale Aufmerksamkeit der Bedienungen wünschte. Sie galten als schwierig, allerdings honorierten sie die Arbeit des Kellners für gewöhnlich besonders intensiv. Oft kam man kaum dazu, sich um die andere Kundschaft zu kümmern, so sehr wurde man von diesen zwei Exemplaren vereinnahmt. Gerne hätte ich manches Mal auf das exorbitante Trinkgeld dieser Gäste verzichtet, um einfach nur in Ruhe meinen Job ausüben zu können. Kommen wir zum Ausgangspunkt dieses Kapitels.

Wie viel Tip gibt man der Bedienung denn jetzt, bzw. was ist so üblich?

Viele Restaurantbesucher sind unsicher ob der vom Kellner erwarteten Summe. Ist man wenig spendabel, wird ihn die Bedienung sicherlich für einen Geizhals halten und beim nächsten Mal bekommt er dann zum Dank den Platz neben der Toilette. Gibt man zu viel, wird man den Kellner wahrscheinlich nie wieder los. Beim nächsten Besuch läuft der Ober eventuell Gefahr, sich eine schiefe Wirbelsäule zu holen, vor lauter Bücken und Katzbuckeln. Wer braucht schon eine dauergrinsende Bedienung, die einem alle zwei Minuten Wein nachschenkt oder fragt, ob alles in Ordnung sei?

Vor einiger Zeit fragte mich ein Gast beim Bezahlen, welche Trinkgeldhöhe ich von ihr erwarte. Es war Silvester, und die Rechnung belief sich für vier Personen auf 410 Euro. Da ich auf eine solche Frage nicht vorbereitet war, geriet ich ziemlich ins Schleudern. Selbst bei ausreichender Bedenkzeit wäre ich nicht in der Lage gewesen, eine eindeutige Antwort auf diese Erkundigung geben zu können. Zunächst einmal tat ich meine Meinung kund, dass ich grundsätzlich keine Extra-Gratifikation von einem Gast erwarte, mich aber dennoch freue, wenn meine Arbeit honoriert würde. Ich versuchte zu erklären, dass eine Bedienung an einem Feiertag arbeite, was man eventuell bei der Höhe des Trinkgeldes bedenken könne. Andererseits war das Gäste-Quartett sehr höflich und „pflegeleicht" gewesen. Bei „schwieriger" Kundschaft ist mir der Gedanke nicht abwegig, dass von deren Seite der Tip ruhig etwas höher ausfallen dürfe, quasi als Wiedergutmachung für erlittene Seelenpein. Irgendwann brachte ich, gequält lächelnd, heraus, dass ich mich über 20 Euro sehr freuen würde, worauf mir die Dame das Doppelte gab.

Bis auf den heutigen Tag bin ich nicht dahinter gekommen, warum einem Gast die Summe X als Anerkennung meiner Arbeit wert ist, während der Nächste einen anderen Betrag für angemessen hält. So etwas wie eine Faustformel habe ich noch nicht gefunden. Klar erwische auch ich mich hin und wieder dabei, erraten zu wollen, auf welchen Betrag Gast X,Y wohl aufrunden würde, wenn ich ihm die Rechnung präsentiere. Manchmal bin ich komplett überrascht, um wie viel Euro ich bei meiner Einschätzung daneben gelegen habe. Es kommt vor, dass ich meiner Meinung nach einen professionellen Service an den Tag gelegt habe. Ich habe den Gast sehr gut bei der Speisenauswahl beraten, er durfte sich wohl betreut fühlen, und statt Small Talk-Brocken gab es eine angenehme Plauderei. Am Ende des Abends rundet der Besucher dann den Zahlungsbetrag von 97,60 Euro auf glatte 100 Euro auf. ´Habe ich irgendetwas falsch gemacht?´ denke ich noch, aber das scheint nicht der Fall gewesen zu sein. Beim Verlassen des Lokals lässt „mein" Gast den Restaurantleiter noch wissen, dass er komplett zufrieden gewesen sei und vor allem vom Service sehr angetan sei. Zwei anderen Kunden habe ich am Nachmittag Kaffee und Kuchen serviert. Ohne größere Service-Anstrengungen rundeten sie den zu zahlenden Betrag von 14,90 Euro auf 18,00 Euro auf.

Die Mysterien des Kellner-Lebens.

Es kam auch schon vor, dass ich mich extrem schwertat, Trinkgeld anzunehmen, das meiner Meinung nach in keinem Verhältnis zu meiner erbrachten Service-Leistung stand. Nicht dass ich in irgendeiner Form unhöflich aufgetreten war oder ignorant. Ich war einzig und allein der Ansicht, ein solch exquisites Trinkgeld nicht verdient zu haben. Manchmal gelang es mir, den Gast zu beschwichtigen, während andere Kollegen auf den von ihnen erwarteten finalen Betrag beharrten.

Ein junges, frisch verliebtes Pärchen verirrte sich an einem Sommerabend auf unsere Restaurant-Terrasse. Man merkte dem etwa 16 Jahre alten Paar an, dass es sich nicht oft außerhalb von Schnellimbissen aufhielt, wenn der kleine Hunger kam. Unsicher fragten sie, ob es möglich sei, bei uns zu essen, obwohl sie keine Hausgäste seien. Da mir die Höflichkeit des Paares imponierte, gab ich ihnen einen der begehrten Plätze direkt am Wasser. Als seine Freundin auf Toilette war, wollte der Knabe heimlich zahlen. Artig bedankte er sich für den tollen Tisch und wollte mir 5 Euro Extra zustecken. Ich konnte mir vorstellen, dass dieses Geld für ihn einen ziemlichen Wert darstellte, da beide offensichtlich noch zur Schule gingen. Also lehnte ich sein Trinkgeld charmant ab und riet dem Jungen stattdessen, seine Freundin später noch zum Eis einzuladen. So gingen beide Parteien am Abend glücklich und zufrieden zu Bett.
Ich lehnte auch schon den Tip von Leuten ab, die augenscheinlich frustriert gewesen waren von ihrem Restaurantbesuch. Manche waren auch mit meinem Service unzufrieden. Vielleicht war ich nicht im Stande gewesen, ihren hohen Ansprüchen gerecht zu werden, oder mir war irgendein Fauxpas widerfahren. Auf alle Fälle lehnte ich dann höflich, aber bestimmt das angedachte Trinkgeld dieser enttäuschten Gäste ab. Einige hielten das für unhöflich, andere betrachteten es als Affront. Ich dagegen vertrat die Ansicht, das der Kunde

doch nicht verpflichtet sei, Trinkgeld zu geben, trotz seiner Unzufriedenheit. Darin sah ich einfach keinen Sinn.

Auch nach unten gibt es scheinbar keine Grenze beim Verteilen von Tip. An anderer Stelle erwähnte ich schon einmal, dass ich keine Kollegen kenne, die freiwillig und bereitwillig auf Hochzeiten arbeiten. Diese Veranstaltungen sind in der Regel sehr aufwändig, während der „Ertrag" für die Bedienungen oft überschaubar ist. Die Feiernden haben meist keine Vorstellung von den Vorbereitungsarbeiten zu solch einem Event. Ebenfalls nicht von den Aufgaben der Kellner, die anliegen, wenn dann der letzte Gast endlich gegangen ist. Die Feier an sich benötigt in der Regel viel Fingerspitzengefühl und Kraft seitens der Service-Crew.
Bei Rechnungssummen jenseits der 5.000 Euro Marke, 50 Euro für Küche und Kellner zu überweisen, fällt in die Kategorie „schlechter Scherz".
Es wird keinesfalls böse Absicht dahinterstecken, sondern ein unterbewusster Reflex, wenn sich die Bedienungen bei der Ausrichtung der nächsten Hochzeit vielleicht nicht mehr ganz so viel Mühe geben werden wie beim letzten Mal.

Also dann, „stimmt so" und „nicht alles auf einmal ausgeben".

**Kommt ein Mann in ein Lokal,
gibt ein großes Trinkgeld und sagt:**

UM RESERVIERUNG WIRD GEBETEN TEIL 1

Ich gebe zu, so ganz durchschaut habe ich noch nicht, was in vielen Gästen vor sich geht. Ist es Imponiergehabe, Gedankenlosigkeit oder schlichtweg Dummheit, die ihre Auftritte im Restaurant rechtfertigt? Die einfachste Erklärung ist sicherlich eine Mischung aus allen Dreien.

Trifft sich eine größere Gruppe unvorhergesehen in einem Lokal, dann werden erst einmal wie selbstverständlich sämtliche zum Restaurant gehörende Möbelstücke zusammengeschoben. Ob andere Gäste oder die Kellner dann noch durchkommen, spielt für die Herrschaften überhaupt keine Rolle. Hauptsache, sie haben es schön gemütlich. Hier sind Egoismus und Ignoranz in schöner Regelmäßigkeit in Reinkultur zu erleben. Diejenigen, welche die glorreiche Idee hatten, die Lokal-Tische mal eben komplett zu derangieren, sind anschließend sowas von stolz auf sich selbst und ihre Kreativität. Man sieht es ihnen an – denselben selbstzufriedenen Gesichtsausdruck haben Kleinkinder, nach dem Stuhlgang, mit Blick auf ihren eben produzierten Haufen.

„Welt, schau her, was ich gerade für einen riesigen Haufen Sch… produziert habe". Dann kommt auch noch der Patron des Lokals und staucht die Truppe zusammen, was denn dieser Unsinn soll, und wie die Gäste es wohl fänden, wenn bei ihnen Zuhause einfach jemand die Einrichtung umkrempeln würde? Nun verstehen die verkannten Innenarchitekten die Welt nicht mehr.

Dabei hatten sie es doch nur gut gemeint. Statt Applaus oder einen Orden zu erhalten, gibt es erst einmal einen auf den Deckel. Während sie ihren Unmut lautstark kundtun (natürlich fällt auch der Klassiker-Satz („der Kunde ist König"), verlangt der Hausherr die sofortige Originalanordnung seiner Möbel.

Nun gibt es zwei Szenarien, wie das Drama weitergehen könnte. Die Gäste ordnen sich mürrisch dem Diktat des Restaurantbesitzers unter. Der Wirt ist natürlich schon daran interessiert, an der spontan aufgetauchten Clique etwas zu verdienen. Also denkt er kurz nach, pfeift dann die zwei polnischen Aushilfskellner heran und stellt aus mehreren Tischen eine Tafel zusammen. Eine Tafel, die genügend Spielraum lässt für andere Gäste und Servicekräfte. Alle sind zufrieden – einer der Besucher entschuldigt sich später noch beim Wirt und ein jeder geht glücklich ins Bett.

Leider läuft es meistens auf die zweite Variante hinaus. Die größere Gruppe beschimpft den Hausherrn noch eine Weile, dann bricht die Riege erzürnt auf und versucht ihr Glück im Nachbarlokal. Läuft es gut, so steht dem Wirt des nächsten Hauses gerade das Wasser bis zum Hals. Er hat Umsatzverluste und sämtliche Händler verlangen ausschließlich Barzahlung bei Lieferung. Vermutlich drückt dieser Lokalbesitzer dann ein Auge zu, wenn die Bande wieder zum Möbelrücken ansetzt. Später am Abend wird noch mindestens einer aus dem fidelen Haufen eine bitterböse Kritik über den ersten Wirt bei TripAdvisor absondern. Es wird zu lesen sein, dass „das Lokal und dessen Besitzer total unflexibel seien und es scheinbar nicht nötig haben".

Wie einfach könnte es doch sein, allen Wünschen gerecht zu werden und gemeinsam eine gute Zeit zu haben. Die allerbeste Lösung wäre, zunächst einmal zu reservieren.

Das geht so einfach. Das Handy ist immer am Mann, und ins Internet gelangt man in Windeseile, um die umliegenden Lokale und deren Telefonnummern zu erfragen.

Dann weiß der Betreiber des Etablissements Bescheid und kann entsprechende Vorkehrungen treffen. Sie und ihre Freunde werden bei ihrer Ankunft eine nett arrangierte Tafel vorfinden und mit etwas Glück gut gelaunte Servicekräfte, die bereits auf Sie warten und Sie mit Freude bedienen werden. Mindestens einer ihrer Gäste wird sich am Abend an den Computer setzen und einen freundlichen Text über das Lokal und deren Betreiber in den gängigen Foren verfassen.

Das Problem an der Sache ist nur, dass es neben den harmlosen Traditionalisten immer mehr Individualisten gibt. Verstehen sie mich bitte nicht falsch. Ich mag Menschen, die gegen den Strom schwimmen und nicht jedem noch so bescheuerten Trend hinterherhecheln. Leute, die eventuell nicht einmal ein Handy besitzen, die nicht wissen, wer oder was ein Pokemon ist und Fernsehen für Verschwendung halten. Man erkennt diese Spezies in den Arbeitspausen ihrer Betriebe daran, dass sie stumm in der Ecke stehen, während die anderen über Bundesliga, DSDS oder ähnliche Themen schwadronieren. An Traditionalisten ist sowieso nichts falsch, so lange es nicht irgendwann in Richtung Zwangsneurose kippt. Meistens handelt es sich um ältere Herrschaften, die immer vorher reservieren, und zwar für exakt den gleichen Tag und dieselbe Uhrzeit. Sie sind zuverlässig und hinsichtlich ihrer Speisenauswahl im

Restaurant extrem berechenbar. Selbst deren Sonderwünsche werden mit einem Augenzwinkern als lieb gewonnene Schrullen akzeptiert. Berechenbarkeit ist eine gern gesehene Eigenschaft für jeden Betreiber in einem unberechenbaren Metier.

Nur leider stirbt die Vorhersehbarkeit immer mehr aus. Dank der Individualisten. Wenn man diese Spezies auf ihre hervorstechendsten Charaktereigenschaften anspricht, dann entfährt es ihnen voller Stolz: Kreativität und Spontanität. Gegen Ersteres gibt es nichts einzuwenden, und Impulsivität in den richtigen Lebenslagen und der richtigen Dosis sind auch toll. Hast du plötzlich einen Wasserrohrbruch und rufst den spontanen Freund an, so kannst du dir sicher sein, dass dieser innerhalb der nächsten halben Stunde mit der Werkzeugkiste vor deiner Tür steht und versucht, den Schaden zu reparieren. Sollte das Ganze nicht funktionieren, so darfst du ganz bestimmt spontan beim Spontanen übernachten und bekommst den vollen Abend spannende Geschichten zu hören. Vielleicht landet ihr auch noch spontan in irgendeiner Szene-Kneipe oder er organisiert auf die Schnelle eine *House-Party*. Egal, mit dem Spontanen wird es nie langweilig, allenfalls anstrengend auf die Dauer.

In der Gastronomie sind die Individualisten eher ungern gesehene Gäste. Sicher freut es so manchen Betreiber, wenn den ganzen Abend „tote Hose" angesagt war und plötzlich solch ein Individualist mit einer Schar Gleichgesinnter auftaucht und den Umsatz des Abends noch rettet. Das sind aber leider die Ausnahmen. Viel eher passiert es, dass sich diese Klientel plötzlich überlegt, mit ein paar Freunden deinem Lokal einen Besuch abzustatten, und zwar zu einem absolut unpassenden

Zeitpunkt. Vielleicht an einem Abend, wo es gerne mal ruhig zuging und sich Betreiber und Angestellte über einen frühen Feierabend gefreut hatten. Stattdessen taucht eine Meute lauter Gäste auf, die nicht vor dem Zapfenstreich zu gehen gedenken. Noch bessere Zeitpunkte für das Erscheinen von Individualisten sind Sonn- oder Feiertage zur Mittagszeit.

Wie oft habe ich in meiner „Karriere" erleben müssen, dass plötzlich an einem angenehm warmen Sonntag im Sommer, an dem jeder Platz auf der Terrasse unseres Ausflugslokals komplett ausreserviert war, eine Gruppe von 10 Leuten auf der Matte stand, um zu essen. Fragt man diese Menschen dann, ob sie denn wohl reserviert hätten, wird man angeschaut wie ein Wesen aus einer anderen Galaxie. Reservieren? An einem Sonntagmittag? Warum denn das? Wo bleibt denn da die Spontanität? Bei anschließenden Wortgefechten mit dem Oberkellner fallen einmal mehr die beliebten Worte „unflexibel" und „die haben´s nicht nötig".

Wie, bitte sehr, kommt man am 1. Weihnachtsfeiertag zur Mittagszeit auf die Idee, mit der gesamten Familie, inklusive Oma und Opa, ein Restaurant zu betreten, um gemütlich eine Weihnachtsgans zu verspeisen? Hier muss ich meine an anderer Stelle bereits gestellte Frage wiederholen – ist das Ignoranz oder schlichtweg Dummheit? Haben diese Leute an Sonn- oder Feiertagen noch nie zuvor auswärts gespeist? Kennen sie das Prozedere noch nicht einmal vom Hörensagen oder ist ihnen das Ganze einfach egal? Der Kunde ist schließlich König und der Wirt lebt nun einmal von ihren Umsätzen. Das scheint ihnen das Recht zu geben, einfach aufzukreuzen, wann immer es ihnen passt und natürlich noch den schönsten Platz zu beanspruchen.

Die kuschelige Nische etwa oder direkt am Fenster, wo man so hübsch hinausschauen kann? Selbstverständlich doch, kein Problem. Dann schicken wir halt ein paar von den anderen Gästen weg, die sich extra die Mühe gemacht haben, rechtzeitig zu reservieren.

Natürlich ist eine Reservierung trotzdem keine Garantie dafür, einen elitären Platz zu bekommen. Restaurants haben in der Regel ein gut funktionierendes Reservierungssystem.
Hier gilt das alte Prinzip – wer zuerst kommt, mahlt zuerst. Also nicht: die Letzten werden die Ersten sein, sondern wer frühzeitig reserviert, steht auch auf der Liste ganz oben und kommt als Erstes dran.
Gut, es gibt natürlich Ausnahmen. Prominente, ganz klar, mit denen sich viele Lokale nur all zu gerne schmücken. Es ist nun mal ein schickes Aushängeschild, das Restaurant zu sein, in dem Künstler X oder Politiker Y schlemmt. Aber es gibt auch Stammgäste, die sich durch jahrelange, regelmäßige Einkehr in ihrem Stammlokal verständlicherweise einen gewissen Vorsprung vor anderen Gästen geschaffen haben, die vielleicht zum ersten Mal dieses Restaurant aufsuchen. Da kann es vorkommen, dass diese Herrschaften plötzlich Besuch bekommen und sich spontan entscheiden, in ihrem Lieblingsrestaurant zu speisen. Da wird das Reservierungssystem auch schon einmal zu deren Gunsten manipuliert und die „Frühbucher" müssen sich mit einem Tisch in der 2. Reihe begnügen.

Bitte jetzt keine Panik – das kommt wirklich nicht all zu häufig vor und sie werden ganz bestimmt durch ein wunderbares Menü und erstklassigen Service entschädigt.

Wenn Sie, liebe Leser, die Größe besitzen, dies sportlich zu sehen und dem Restaurant eine 2. und 3. Chance einzuräumen, wird aus Ihnen ebenfalls ein sogenannter Stammgast mit Eliteplatz-Garantie.

Versprochen!

UM RESERVIERUNG WIRD GEBETEN TEIL 2

Meine Lieblings-Morgenlektüre, die „Bild", berichtete auf ihrer News-Seite von einem Restaurant in Norddeutschland, welches bei Tischreservierungen über 5 Personen die Kreditkartendaten des Kunden fordert, um bei Nichterscheinen der Gäste 20 Euro einzuziehen. Pro Gast, versteht sich. Ich rechnete bei dieser Story mit einem Aufschrei in der Bevölkerung und begab mich auf die Facebook-Präsenz des Lokals. Der Wirt erklärte dort noch einmal für jedermann verständlich, weshalb er sich gezwungen sah, zu solch unpopulären Mitteln zu greifen. Sein Betrieb sei leider nicht sehr groß und der wirtschaftliche Schaden deshalb erheblich, wenn eine oder mehrere Gruppen trotz fester Zusage einfach fortblieben, ohne abzusagen.

Wer jemals als Besitzer, Pächter oder Manager eines Restaurants von durchschnittlicher Größe gearbeitet hat, kann dem norddeutschen Wirt nur zustimmen. Man verlässt sich schließlich nicht nur auf die Laufkundschaft, sondern kalkuliert bereits Tage, manchmal Wochen im Voraus. Maximalauslastung lautet das Stichwort. Der Lokalbesitzer ist nicht der nette Herr vom Sozialamt, sondern ein Geschäftsmann, der nach größtmöglichem Gewinn strebt. Das Restaurant ist ein Wirtschaftsunternehmen, welches starken Umsatz-Schwankungen unterlegen ist.

In so fern unterscheidet sich der gastronomische Betrieb nicht von anderen Unternehmen. Wenn ein Wirt nach höchster Profitabilität in seinem Lokal strebt, ist das kein Grund, ihn argwöhnisch zu betrachten. In einer launischen Branche versucht er, zu überleben. Also probiert er alles, um Schaden von seinem Werk abzuwenden, analysiert und kalkuliert. Zu rechnen, oder zu versuchen die Dinge berechenbar zu machen, ist das A und O in jedem Unternehmen.

Wie aber soll ein Unternehmer eine Materie berechnen, die immer unberechenbarer wird? Dass die Bierpreise demnächst erhöht werden, davon ist auszugehen. Auch, dass der Froster in der Küche in absehbarer Zeit seinen Geist aufgibt – sei es drum.

Was leider in den letzten Jahren immer weniger kalkulierbar wird, sind die Gäste. Damit ist noch nicht einmal deren stetig extremer werdendes Anspruchsdenken und Egozentrik gemeint, sondern vielmehr deren Zuverlässigkeit. An anderer Stelle habe ich bereits berichtet, wie viel Wert heutzutage auf größtmögliche Flexibilität gelegt wird. Frühbucher-Reisen sind out. Man überlegt spontan, wo es hingehen soll. Wetter und Kontostand markieren Zeit und Ziel. Wochenend-Aktivitäten werden auch nicht mehr Monate im Voraus geplant. Alles ist vage, ca. oder „schauen wir mal". Diese Tendenz macht bei Restaurantbesuchen keinen Halt. Genau da liegt das Problem für den Lokalbesitzer. Außer ein paar Hochzeitsaspiranten planen nur noch wenig Gäste lange im Voraus. Klar, auf die Senioren und die meisten Stammgäste ist Verlass. Nach deren Eintreffen in deinem Restaurant kann man die Uhr stellen. Leider gehören die zu einer aussterbenden Klientel. Das Ausflugslokal direkt am

Wasser muss sich ebenfalls keine Gedanken machen. Der Laden wird auch in 30 Jahren noch jeden Tag brummen. Deren Besitzer brauchen keinen Gedanken verschwenden, wie sie die Bude voll bekommen. Das sind zuverlässige Selbstläufer.

Zum Trost für die weniger Privilegierten sei erwähnt, dass die Elite-Gasthäuser mit ganz anderen Problemen zu kämpfen haben. Auch die haben ein Reservierungssystem. Mindestens 80 Prozent der Gäste, die während der Sommersaison bei ihnen reservieren, wollen vorne in der 1. Reihe am Wasser sitzen. Es gibt aber nur 14 Wassertische. Wem zusagen, wen vertrösten? Salomonisch, nach dem Prinzip – wer zuerst kommt, malt zuerst? Was ist mit den Stammgästen, die einem auch im Winter die Treue halten und nicht nur bei Sonnenschein? Sollte man die nicht vorziehen?

Aber wie verhält es sich bei kleinen Restaurants, die nicht von der Laufkundschaft leben? Die haben es um einiges schwerer. Gerade an „starken Tagen" wie Wochenenden oder Feiertagen wird mit spitzem Bleistift gerechnet. Zusammen mit dem Küchenchef wird überlegt, wie viel Waren eingekauft werden müssen und wie viel Personal nötig sein wird, um den zu erwartenden Gästestrom optimal zufriedenzustellen. Meldet sich eine größere Gruppe zum Mittagessen an, sind kleinere Betriebe oft schon zu 25 Prozent ausgelastet. Überlegt es sich diese Gesellschaft spontan anders, und entscheidet sich für ein Grillfest im Garten eines der Gruppenmitglieder, hat der Wirt ein ernsthaftes Problem. Weil er fest mit diesen 20 Personen gerechnet hat, hat er keine weiteren Reservierungen mehr angenommen, obwohl es genügend Interessenten gegeben hätte. Jetzt kann er nur noch auf die Laufkundschaft hoffen, aber eine Garantie, sein Restaurant an diesem Tag noch voll zu bekommen, hat er nicht.

Noch schlimmer gestaltet sich die Sache an „schwachen Tagen". Gehen wir wiederum von einer rund 20 Mann starken Vereinigung aus, die eine separate Stube für eine Geburtstagsfeier angemietet hat. Der Wirt hat, weil es normal an einem Montag eher beschaulich in seinem Haus zugeht, extra eine Aushilfe für den Service bestellt und der Küchenchef hat mehr Lebensmittel eingekauft. Dumm nur, dass die Gäste gar nicht erst auftauchen und es auch nicht für nötig halten, abzusagen. Nun bleibt der Küchenchef auf seinen zu viel eingekauften Waren sitzen, und der Betreiber darf der verärgerten Aushilfe den Anfahrtsweg und eine kleine Entschädigung zahlen.

Die Kommentare der Facebook-Follower über die Idee des norddeutschen Wirtes waren wie erwartet tendenziell abwertend. „Was erlaubt der sich?", „soll froh sein, wenn überhaupt noch Gäste kommen" oder „völlig übergeschnappt" lautete in etwa der Grundtenor. So ist es meistens, wenn sich Menschen ihrer scheinbar verbrieften Grundrechte beraubt fühlen. Erst einmal tüchtig auf den Putz klopfen und alles Neue und Unbekannte ablehnen.

Glücklicherweise gab es auch ein paar Ausnahmen. Nicht-Gastronomen, die Verständnis zeigten für die Aktion des Wirtes und darum baten, den eingeschlagenen Weg konsequent weiterzuführen. Dabei betritt unser Restaurantbetreiber nicht wirklich Neuland mit seiner Idee. In amerikanischen Edelrestaurants ist es Usus, die Kreditkarten der Kunden bei der

Reservierung zu verlangen und probehalber einen Dollar abzubuchen, der bei Erscheinen des Gastes zurückerstattet wird. Auch in anderen Ländern ist das gängige Praxis. Schaut man sich außerhalb des gastronomischen Kosmos um, so fallen einem spontan einige Institutionen ein, wo Kreditkartenangaben verlangt werden, bevor die Bestellung getätigt wird. Bei Hotel- oder Urlaubsbuchungen regt sich kein Mensch mehr über diese Praxis auf, auch nicht bei der Reservierung eines Leihwagens oder beim Internetkauf, wenn die Waren einen bestimmten Wert haben. Warum bitte machen die Leute solch ein Gezeter, wenn Restaurants dieses System übernehmen?

Es sei den Skeptikern unter den Lesern versichert, dass die Wirte dieses Landes gar nicht erst auf die Idee kämen, etwas an der traditionellen Praxis ändern zu wollen, wenn nicht ein eindeutiger Trend zu den schwarzen Schafen unter den Restaurantbesuchern bestehen würde. Gäste, die einen der begehrten Tische in einem gut besuchten Restaurant bestellen und einfach nicht auftauchen, ohne abzusagen. Was ist so absurd daran, die Leute mit ein wenig finanziellem Druck, zur Einhaltung einer verbindlichen Zusage zu bewegen? Eine Reservierung ist nichts anderes als ein *Gentleman Agreement* zwischen Wirt und Gast. Eine Vereinbarung, die im beiderseitigen Interesse getroffen wurde und bitteschön eingehalten werden sollte. Klar kann immer mal etwas dazwischen kommen, aber kurz anzurufen, dass es später werden wird oder ganz absagen, stellt in Zeiten des Smartphones kein unüberwindbares Hindernis mehr da.

Vor ein paar Jahren passierte es bei meinem damaligen Arbeitgeber, dass sich eine Trauergesellschaft von 40 Leuten drei Tage im Voraus anmeldete. Ein seriöser Herr im mittleren Alter reservierte telefonisch und hinterließ seine eigene Nummer. Auf Nachfrage ließ er verlauten, dass die Gesellschaft À-la-carte zu essen gedachte und gerne, dem Anlass entsprechend, einen eigenen Raum vorziehen würde. Da das Ganze relativ kurzfristig war, verzichtete der Inhaber auf eine sonst übliche Vorauszahlung von 500 Euro für die Bereitstellung einer Privat-Stube zur Alleinbenutzung. Auch stellte er extra für die Trauergesellschaft einen Kellner ab. Dieser legte sich so richtig ins Zeug, erschien drei Stunden vor dem Eintreffen der Gäste und gab sich besondere Mühe beim Eindecken und dekorieren. Dann begann das große Warten. Für 13 Uhr hatte der Sohn des Verstorbenen die Ankunftszeit der Gruppe angekündigt. 13 Uhr. Keine schwarz gekleideten Menschen in Sichtweite, 13.30 Uhr – immer noch niemand zu sehen. Der Kellner begann allmählich, nervös zu werden und sah sein bereits fest eingeplantes Trinkgeld davonschwimmen. Auch der Chef wurde zusehend unsicherer. Um 13.45 Uhr rief er die Mobilfunk-Nummer des Sohnes an, aber niemand hob ab. Um 14 Uhr sprach er dem Gast aufs Band, dass dieser sich doch bitte melden solle. Inzwischen wartete nicht nur der Kellner, sondern auch noch drei Köche, die zu dieser Zeit eigentlich in ihre Teildienstpause gehen sollten. Als um 15 Uhr immer noch kein Trauergast erschien, löste der Chef die Tafel für die Gäste auf und schickte das Personal nach Hause. Erst am nächsten Morgen kam eine ältere Dame ins Lokal, die sich als Witwe des gestern beerdigten Herrn vorstellte. Auf die berechtigte Frage meines Chefs, wo denn die

Trauergesellschaft, welche fest reserviert hatte, geblieben sei, antwortete die ältere Dame vollkommen unschuldig: „Ach, plötzlich wollten nach dem Begräbnis nur noch fünf Leute mitgehen zum essen und da war es mir zu peinlich, anzurufen. Wir sind dann zu mir nach Hause und haben ein paar belegte Brote gegessen".

Wirte in Großstädten wie Berlin, München oder Hamburg berichten unisono, dass der Trend wieder zu Reservierungen geht. Auswärts zu essen ist zur Freizeitaktivität geworden. Vor allem an den Wochenenden platzen die Restaurants in den Innenstädten fast aus allen Nähten. Waren es früher eher die In- oder Szeneläden, wo eine Vorbestellung zwei Wochen im Voraus Pflicht war, geht heutzutage manchmal beim Griechen um die Ecke kaum noch etwas ohne Reservierung. Die Spontanen irren dann mit grummelnden Mägen durch die Straßen, probieren es in diesem oder jenem Lokal und landen letztendlich beim „Alibaba Kebab" in der Bahnhofstraße.

Viele Wirte gehen mittlerweile dazu über, mit *Double Seatings* am Abend zu arbeiten. Meist eine Früh-Reservierung gegen 18 Uhr und eine spätere, etwa 20.30 Uhr. Dumm nur, wenn die ersten Besucher statt 18 Uhr erst um 18.45 Uhr eintrudeln, sich ewig Zeit lassen mit der Bestellung und das Zeitfenster bis zum Eintreffen der zweiten Gast-Partei immer enger wird. Der Geschäftsführer lässt in der Regel eine Zeitspanne von 10–15 Minuten zwischen Verabschiedung eines Gastes und Begrüßung des Neuen. In dieser Zeit kann der Kellner den Tisch wieder für die nächsten Klienten herrichten. Auch hier wäre es wünschenswert, wenn jeder Gast die Spielregeln einhalten würde.

Hat ihnen der Oberkellner freundlicherweise einen Platz im ausreservierten Restaurant zugewiesen, mit dem Hinweis, dass dieser Tisch erst ab 20 Uhr reserviert wäre, akzeptieren sie seinen Wunsch, den Platz bis spätestens 19.50 Uhr geräumt zu haben. Damit ist gemeint, dass sie bis zur Deadline bereits gezahlt, ihrer Begleiterin in den Mantel geholfen und das Lokal verlassen haben. Es ist teilweise zur Unsitte geworden, den Moment des Abganges bis zur allerletzten Minute herauszuzögern. Manchmal stehen bereits die Gäste auf der Matte, die reserviert haben und müssen mit einem Aperitif aufs Haus vertröstet werden, dass ihr Tisch gleich frei sei.

Liebe Leute, spielt fair. Solltet ihr einmal reserviert haben, weil ihr die neue Flamme schick ausführen wollt, so erwartet ihr doch auch, dass euer Tisch sauber eingedeckt auf euch wartet. Der Auftakt zu einem gelungenen Abend ist schon einmal versaut, wenn bornierte Gäste auch nach zweimaligem Hinweis des Oberkellners immer noch nicht aufgestanden sind. Haben sie dann endlich das Feld geräumt, müssen die Herren von der Service-Brigade ihren Tisch in Windeseile neu arrangieren. Gemütlich sieht für gewöhnlich anders aus.

So manches Mal darf der Geschäftsführer mit uneinsichtigen Gästen auch noch ewig diskutieren, warum diese denn jetzt den Platz verlassen sollen. Man könne den Klienten, die reserviert haben doch auch einen anderen Tisch geben. Die altbekannten Schlagworte „unflexibel" und „der Gast ist König" fallen. Der Oberkellner wird sich beim nächsten Versuch solcher Exemplare dreimal überlegen, ob er einen reservierten Tisch mit Spontanen vorbelegt.

Im letzten Jahr hatten wir es in unserem Restaurant mit besonders hartnäckigen Gästen zu tun. Zwei leicht angeschickerte Damen betraten das Lokal am späten Nachmittag, um sich einen Aperol Spritz zu genehmigen. Unser Geschäftsführer wies die Frauen höflich darauf hin, dass der Tisch ab 19 Uhr reserviert sei und sie doch bitte so nett sein mögen, sich um spätestens 18.45 Uhr umzusetzen oder zu gehen. Es sei noch erwähnt, dass genau dieser Ecktisch von den Herrschaften explizit gewünscht wurde, da sie einen kleinen Hund dabei hätten, der dort keine anderen Gäste stören würde. Weiterhin möchte ich erwähnen, dass die zwei Gäste, welche extra reserviert hatten, einen besonderen Anlass feiern wollten. Daher brauchte der Kellner im Vorlauf etwas mehr Zeit zum Arrangieren von Kerzen, Rosenblüten und stilvollen Servietten. Um 18.45 Uhr wies der Geschäftsführer die zwei Grazien noch einmal darauf hin, dass er den Tisch jetzt bräuchte. Eine der beiden Damen hörte kurz zu und plapperte dann fröhlich weiter in ihr Smartphone. Auch 5 Minuten später machten sie noch keine Anstalten, zu gehen. Diesmal kam der Kellner, um abzukassieren und wies ein weiteres Mal darauf hin, dass sie jetzt bitte gehen oder den Platz wechseln mögen. Wieder gab es nur abfällige Reaktionen. Statt sich zu entfernen bestellten die zwei Damen noch einmal jeweils einen Aperol Spritz. Der Geschäftsführer stellte diesen auch in Aussicht, allerdings sollten die Getränke doch bitte an einem anderen Tisch eingenommen werden. Nun begannen die zwei, den Serviceleiter aufs Übelste zu beschimpfen, drohten gar mit Polizei und schlechter Publicity. Eine der beiden erwähnte immer wieder, dass sie selbst Anwältin wäre und dem

Geschäftsführer aber so was von gefährlich werden könne. Mittlerweile war auch das verliebte Pärchen eingetroffen, das sich ihren romantischen Abend natürlich ganz anders vorgestellt hatte. Stattdessen mussten sie das unsägliche Theater der zwei betrunkenen Damen miterleben. Um es kurz zu machen – der Prozess wegen Beleidigung und übler Nachrede – dauert bis auf den heutigen Tag.

Wäre es nicht einfacher gewesen, einfach das Hausrecht und ein Reserviert-Schild zu respektieren, statt sich in seine Ego-Migräne hineinzusteigern?

Was man als Bedienung so alles mit reservierten Tischen erleben kann, erspare ich den Lesern aus Platzgründen. Von versteckten Reserviert-Schildern, die noch aus der Hemdtasche des Gastes herausschauten, bis auf dummdreiste Ausreden, sie hätten kein Schild gesehen, gibt es nichts, was mich noch überraschen könnte.

Dreist ist es auch, an einen Sonntagmittag im Hochsommer, wo sich ohne Mühe jeder Tisch drei Mal verkaufen ließ, mit acht Leuten zum Essen zu reservieren, um dann nur einen Eisbecher zu bestellen. Konsequent und richtig fand ich Aktionen, bei denen unser Geschäftsführer solchen Gästen sofort bei der Bestellung die Rote Karte gezeigt hat. Die anschließenden Negativbewertungen im Internet kümmerten ihn nicht die Bohne.

Nimmt der Wirt eine Reservierung an, ist dies bereits die Anbahnung eines Bewirtungsvertrages. Findet der Gast nicht innerhalb von 15 Minuten einen freien Platz vor, so hat er Anspruch auf Schadensersatz. Laut BGB, Paragraf 611, darf der Gast sich sogar die Fahrkosten erstatten lassen. Umgekehrt ist es für den Wirt bedeutend schwieriger nachzuweisen, dass ihm ein finanzieller Schaden durch das Ausbleiben der Gäste, die reserviert haben, entstanden ist. Gerade bei Reservierungen bis zu vier Personen lohnt es in der Regel nicht, bis zum Obersten Gerichtshof nach Karlsruhe zu klagen.

Anders sieht die Sache aus, wenn sich größere Gruppen angesagt haben. Hochzeiten oder Familienfeste beispielsweise, wo schon mit langem Vorlauf ganze Festbanketts geplant wurden. Hat Frau Müller anlässlich ihres 60. Geburtstages im Gasthaus zum Wilden Mann 80 Menüs bestellt und am Tag X erscheinen nur 70 Personen, so wird ihr der Wirt mit höchster Wahrscheinlichkeit die vollen 80 Gedecke berechnen. Es sei denn, Frau Müller hat rechtzeitig die Anzahl ihrer Gäste herunterkorrigiert oder der Wirt ist ein guter Freund der Familie und daher besonders kulant.

Es wäre wünschenswert, diese gängige Praxis nicht zu verdammen. Schließlich hat der Betriebsleiter im Vorfeld für das gewünschte Menü eingekauft und das Essen war sicherlich auch schon vorbereitet worden. Was soll er mit 10 teuren Gedecken anfangen, für die er in finanzielle Vorleistung getreten ist? Darauf hoffen, dass der dösige Kellner die irgendwie noch anderen Gästen verkauft oder sie dem slowakischen Spüler abtreten?

Reservieren kann so einfach sein. Jeder hat ein Smartphone und einen Internet-Zugang. Reservierungssysteme, wie Resmio, Open Table, Booktable oder Quandoo überschlagen sich fast, um ihnen das Reservieren noch einfacher zu machen.

Also dann, probieren Sie es bitte aus!!!

260

EIN GANZ NORMALER SONNTAG

Wie immer vor Dienstbeginn versammelten sich die Kellner und Köche im Pausenraum. Der folgende Ablauf glich fast schon einem Ritual. Die Herren in weiß hatten eine feste Zuteilung, wer gerade dran war mit Kaffee holen. Der Auserwählte marschierte los und kam mit einem Tablett voller Cappuccini, Latte Macchiato und Caffe Crema zurück. Die Service-Crew holte sich ihren Kaffee selbst. Einer nach dem anderen schlich los und kam – meist mit Espresso oder Espresso Doppio zurück. Die 14 Restaurant-Mitarbeiter unterteilten sich in die Schweiger und die Plauderer. Die Schweiger – das war fast die gesamte Küchencrew. Die rauchten und nahmen kleine Schlucke aus ihren Kaffeetassen. Vermutlich gingen sie gerade noch einmal in Gedanken ihr Mise en place durch. Hatte der Spätdienst gestern Abend genügend Schweinefilets vorgebraten? Hatte der Küchenchef ausreichend Spargel für das Extra bestellt? Gab es heute etwa wieder Reklamationen über die Qualität der Enten? Die Kellner-Garde bestand fast komplett aus famosen Plauderern. Von Natur aus ist die Spezies der Restaurantfachleute eher extrovertiert.

Diese Charaktereigenschaft war es wohl auch, die sie in die offenen Arme der Gastronomie getrieben hatte. Wahrscheinlich wären sie sonst prima Schauspieler oder sonstige Akteure geworden. Jetzt war das Lokal ihre Bühne. Während sie gierig an ihren Zigaretten saugten und einen weiteren Espresso schlürften, wurde der vorangegangene Fußballtag ausgewertet. Jeder kannte die Lieblingsmannschaft des anderen, und so zog man diejenigen unter den Anwesenden auf, bei deren Team es gerade nicht all zu gut lief. Da fast alle Kellner auch Zocker sind, wurden Wettscheine ausgetauscht und verglichen. Wer hatte gestern wieder verloren (alle, wie immer) und wie sahen die Vorhersagen für den heutigen Tag aus? Würden die Bayern locker zur Meisterschaft durchmarschieren oder stolperten sie noch über die Dortmunder? War der Abstieg von Hannover 96 in die 3. Liga aufzuhalten oder bereits besiegelt?

Es wurde gelacht und gescherzt, bis wie immer Mario, ein Kellner aus Sizilien, auf die Uhr schaute und rief: „So, Schluss jetzt, es ist gleich 11 Uhr". Die Küchencrew hatte scheinbar nur auf ein Signal gewartet. Hörig schlichen sie an ihren Arbeitsplatz. Die Kellner drückten ihre Zigaretten in den Aschenbechern aus und marschierten nacheinander auf die Terrasse. Es war Sonntag, es war Sommer und es herrschten hochsommerliche Temperaturen. Der ideale Mix, um auch die souveränste Bedienung auszuknocken.

Wie immer an solchen Tagen war die Restaurant-Terrasse bis auf den letzten Platz ausgebucht. Der Oberkellner war schon seit zwei Stunden damit beschäftigt, die Reservierungen zusammenzuschreiben und seine Schilder aufzustellen. Man konnte ihn leise fluchen hören. Ein paar Stammgäste und Möchtegern-Prominente hatten sich wieder einmal erst in letzter Minute dazu entschlossen, unser Restaurant aufzusuchen. Natürlich erwartete diese Klientel einen exklusiven Tisch in der 1. Reihe. Fair war das nicht gegenüber den anderen Gästen, die zum Teil schon vor 14 Tagen reserviert hatten. ´Das wird nachher wieder schön für Diskussionen sorgen´ dachte der Maitre und bearbeitete weiter seinen Reservierungsplan.

Die Kellner-Einteilung hing bereits am Schwarzen Brett vor dem Restaurant. Einer nach dem anderen von der Service-Brigade schlich zur Liste und schaute nach seiner Station. Zufrieden schien keiner zu sein, dabei konnte man an Tagen wie diesen ohnehin nur zwischen Pest und Cholera wählen. Dem einen waren die Wege bis zu seiner Station zu weit, der nächste hatte eine Familienfeier zu Gast und ein anderer schniefte verärgert, weil der Kellner-Kollege, der neben ihm eingeteilt war, als echte Schlafmütze berüchtigt war. Das bedeutete dann, doppelt so viele Schritte machen zu müssen, weil man dessen Service-Station mitbeackern musste. „Wo bleibt ihr denn, ihr Schnarchlappen?" knurrte der Service-Chef, als seine Crew endlich die Güte hatte, vollständig auf der Terrasse zu erscheinen. „11 Uhr" wagte einer der Herren in schwarz-weißer Uniform einen Einspruch. „Klappe. Man kann ja auch ruhig mal etwas früher antreten. Da fällt keinem von euch ein Zacken aus der Krone". Dieses Mal wagte keiner, zu widersprechen.

Routiniert begannen die Kellner, die Stationen für das Mittagsgeschäft herzurichten. Tischdecken, Sitzpolster, Blumen und Menagen. Dann kümmerten sie sich um die Service-Tische. Wie immer startete der tägliche Kleinkrieg um die Besteckkästen, Servietten und Aschenbecher. War ein Kellner der Ansicht, sein Nebenmann hätte sich zu viele Aschenbecher in die Service-Station gestellt, begann die erste Diskussion. War die Besteckkiste eines Kellners voller als die der anderen? Schon war der nächste Streit im Gange. Der Kollege mit der am üppigst gefüllten Besteckkiste wurde bezichtigt, die eigene Kiste am

Vorabend nicht richtig vollgemacht zu haben, jetzt aber die Frechheit zu besitzen, sich die kompletteste zu greifen. Der Oberkellner musste seine Schäflein ein ums andere mal lautstark beruhigen. Die Service-Brigade war noch nicht einmal ganz fertig mit dem Herrichten fürs Geschäft, da stand auch schon das erste Rentnerpaar auf der Terrasse. „Haben Sie geöffnet?" krähte die alte Dame. Der Kellner, den sie soeben angesprochen hatte, schaute sich ungläubig auf der Sommer-Terrasse um. 80 komplett eingedeckte Tische, sieben Servicemitarbeiter in voller Uniform und dann eine solch intelligente Frage. Der Kollege schaute sich schnell um, ob der Serviceleiter nicht in Hörweite war und raunte den Herrschaften zu: „Nein, leider nicht. Wir sind nur Schauspieler, die sich als Ober verkleidet haben." „Ach so, ja schade. Einen schönen Tag noch". Die zwei Betagten schlichen von dannen. „Was wollten die zwei denn gerade?" Das war wieder die Stimme des Oberkellners, der den Rentnern skeptisch nachschaute. Dem Kellner lief jetzt nicht nur aufgrund der Hitze der Schweiß den Rücken herunter. „Ach die wollten nur wissen, wann der nächste Dampfer fährt." Puh, das war noch einmal gut gegangen.

Zum Glück zog die Nummer mit der Abfahrt der Schiffe immer, weil sich in unmittelbarer Nähe ihres Ausflugslokals die Dampfer-Anlegestelle befand. Als Nächstes erschien ein junges Pärchen auf der Sommer-Terrasse. Sie sahen aus, als hätten sie die Nacht durchgemacht. Ob es wohl möglich war, Frühstück zu bekommen? Der Service-Leiter verneinte die Frage. Als die beiden Turteltauben außer Sichtweite waren, schaute er auf seine Armbanduhr und schüttelte den Kopf. Es war 11.45 Uhr und die zwei fragten tatsächlich nach Frühstück. Unglaublich, diese Sittenverrohung.

Allmählich begann sich die Terrasse mit Gästen zu füllen. Der Restaurant-Leiter war wahrlich nicht zu beneiden. Seine Aufgabe war es, alle Restaurant-Plätze optimal zu belegen. Das schloss auch Vorreservierungen ein. War der Tisch für 13 Uhr reserviert und um 12 Uhr bogen zwei hungrige Herrschaften um die Ecke, bot er denen den gebuchten Platz für 50 Minuten an. Dann informierte er den dort eingeteilten Ober, dass es sich bei den Gästen um eine Vorreservierung handle. Der Kellner wusste nun, dass er das Reserviert-Schild auf dem Tisch stehen lassen musste. Er begrüßte die Gäste höflich und verwies sicherheitshalber noch einmal darauf, dass die Plätze doch bitteschön bis spätestens 12.50 Uhr geräumt werden sollten. „Wenn Sie sich beeilen" lautete die Standard Floskel seitens der Gäste. Die Küche arbeitete schnell und effizient – von der Seite drohte keine Gefahr, das Zeitlimit nicht einzuhalten. In der Regel waren es die Gäste, die trotz besseren Wissens, sehr viel Ruhe und Gelassenheit bei der Nahrungsaufnahme an den Tag legten. Wenn sie irgendwann realisierten, dass es bereits 12.45 Uhr war und das Schnitzel gerade Mal zur Hälfte verspachtelt war, kamen sie auf die geniale Idee, sich zu erkundigen, ob man die Reservierung denn nicht auf einen anderen Platz stellen könne. Der mindestens genau so starke Alternativ-Gedanke war, sich mit dem halbvollen Teller an einen der leeren Tische zu setzen. Als ob der nicht genauso für 13 Uhr reserviert wäre? Für derlei Diskussionen war zum Glück sowieso der Restaurant-Leiter zuständig. Der bereute es offensichtlich bereits, den beiden Tisch-Vorbelegern überhaupt einen Platz angeboten zu haben. Undank ist der Welten Lohn. Fürwahr.

Immer wieder war es eine große Freude, in Windeseile abzukassieren und den Tisch neu einzudecken, während die offizielle Reservierung dem Kellner schon in den Nacken blies. Um 13.30 Uhr ging dann nichts mehr. Land unter. Jeder Tisch war mittlerweile belegt. Noch immer strömte neue Kundschaft auf die Terrasse und schaute sich erwartungsfroh um. Man hatte es nicht für nötig gehalten, zu reservieren, aber irgendetwas geht ja schließlich immer. Jetzt wurden sie mit dem Angebot konfrontiert, doch bitte im Lokal Platz zu nehmen und zu warten, bis ein Tisch frei würde. Gingen die Konsumenten auf diesen Vorschlag ein, würden sie sich schon bald in illustrer Gesellschaft befinden. Mindestens 20 Personen saßen bereits im Lokal und hofften, dass endlich der Maitre mit der frohen Kunde um die Ecke bog, dass nun ein freier Tisch auf sie warte. Möglich auch, dass die zwei Klienten keine Lust hatten, auszuharren, lautstark „Scheißladen" riefen und beschlossen: „komm, lass uns zum Fischerwirt gehen. Die sind auch nicht so überheblich wie die hier". Was war geschehen? Welches himmelschreiende Unrecht war ihnen gerade widerfahren? Der Service-Leiter hatte höflich darauf hingewiesen, dass man ausgebucht sei. Er hatte sich ebenfalls um eine alternative Lösung für die Gäste bemüht und vorgeschlagen, zu warten. Hier wurden scheinbar wieder einmal die Tatsachen verdreht und der Gastgeber zum Sündenbock erklärt. Der allerdings konnte nichts dafür, dass es Gäste gibt, die sich in ihren Spontanitätsduseleien eingeschränkt fühlen, wenn man sie bittet, doch vorher zu reservieren. Er konnte genauso wenig etwas dafür, dass so viele Menschen an diesem Sommertag den gleichen Gedanken gehabt hatten. Auf der Sonnenterrasse essen, natürlich in Wassernähe.

Die Küchen-Gladiatoren rotierten wie Planeten – es war eine helle Freude, ihnen bei der Arbeit zuzuschauen. Wie ein gut geölter, leistungsstarker Motor arbeitete die Crew. Hochkonzentriert und effizient, bei stets gleichbleibender Qualität. Trotz Stress sahen die arrangierten Speisen auf den Tellern vorbildlich aus. An der Service-Front ging es derweil hektisch zu. Normalerweise waren die ausnahmslos männlichen Ober routinierte Profis. Das Team, als solches schon einige Jahre zusammen, wurde nur in den Sommermonaten um den einen oder anderen Saisonarbeiter ergänzt. Der grandioseste Einfall, den der Chef seit Langem gehabt hatte, war, ausgerechnet an solch einem starken Tag eine neue Kellner-Aushilfe einarbeiten zu wollen. Der etwa 30-jährige Schlacks kam aus Bulgarien. Dem Chef gegenüber musste er ungeheuer versiert aufgetreten sein, denn dieser hatte ihn bei seinem Restaurant-Leiter als echten Diamanten angepriesen. Von dem könnten sich die anderen Kellner gerne mal eine Scheibe abschneiden. Soweit zur Theorie.

Beim morgendlichen Kaffeeplausch, vor dem offiziellen Dienstbeginn, hatte er noch mit den Lokalen geprahlt, in denen er überall gearbeitet hatte. Die Antwort, warum er stets nur kurz geblieben war, ließ er unbeantwortet. Dafür hatte der Bulgare reges Interesse an Geld. Wann kommt für gewöhnlich das Gehalt? Wie hoch fällt das aus? Wie viel Trinkgeld war üblich? Bereits als die ersten drei Tische in seiner Service-Station besetzt waren, geriet der Aushilfskellner in arge Bedrängnis. Als zwei weitere Möbelstücke okkupiert wurden, meldete er SOS. Dummerweise hatte jede Bedienung aber acht Tische zu beackern. Außerdem waren es weite Wege von der Küche auf die Terrasse, genau wie vom Tresen auf die Terrasse. Jedes vergessene Getränk, jede stehengelassene Beilage zu einem Essen, kosteten Zeit und Nerven. Der Bulgare entpuppte sich schon nach kurzer Einarbeitungszeit als Rohrkrepierer. Er war dem Druck nicht gewachsen und hatte kein Verständnis für die Service-Abläufe. Es hatte nicht all zu lange gedauert, um seine wahre Natur zu durchschauen. Ein Dummschwätzer und Aufschneider – davon gibt es leider in der Gastronomie all zu viele.

Die wahren Profis erkannte man in der Regel daran, dass sie nicht viel redeten, dafür aber umso besser zupacken konnten.

Allmählich ließ das Mittagsgeschäft nach und Phase 2 begann. Phase 2 war weitaus gefährlicher als Phase 1 – die Mittagszeit. Die Mittagsgäste konnte man leichter händeln als die Kaffee- und Kuchen-Fraktion. Hier konnte man seine Reservierungsliste abarbeiten und darauf hoffen, dass nicht all zu viele spontane Gäste um die Ecke bogen, die er noch irgendwie unterbringen oder vertrösten musste. Nachmittagsgäste sind weniger berechenbar. Weder von ihrer Anzahl noch von ihren individuellen Vorlieben.

Das Restaurant bot ganztägig warme Küche an, war aber auch überregional bekannt für sein vielfältiges Kuchen- und Dessert-Angebot. Die Servicekräfte waren weiß Gott nicht zu beneiden. Während der Oberkellner endlich etwas Luft hatte und in der

Küche die ruhige Zeit anbrach, arbeitete die Kellner-Brigade weiterhin auf Hochtouren. Die in klassischem schwarz-weiß gekleideten Herren hievten Teller, Schüsseln und Pfannen auf riesige Tabletts und balancierten diese auf ihren Schultern durch den engen Küchentrakt. Dann kamen sie wieder und erweiterten das Sortiment auf ihrem Tablett um Saftschorlen, Kaffee, Kuchen und Eisbecher. 34 Grad im Schatten und kein kühlendes Lüftchen weit und breit. Sie schwitzten wie mexikanische Minenarbeiter und hetzten über den Kies, der unter der Last auf ihren Tabletts bedrohlich knirschte. Mittlerweile befanden sie sich im Auge des Hurrikans. Noch immer strömten die Touristen in breiten Scharen auf die Terrasse. Gut zu erkennen an den ewig gleichen Bermuda-Shorts aus dem KiK Sortiment und den weißen Einwegsocken. Dampfer spien die homogene Masse aus, Reisebusse taten ihr Übriges. Dann glotzten die Horden mit großen Augen umher und wunderten sich ganz offensichtlich, dass keiner einen Platz für sie freigehalten hatte. Wie war denn so etwas möglich? An einem Sonntagnachmittag? Diese undankbaren Restaurant-Betreiber. Da waren sie extra hunderte Kilometer mit PKW oder Bahn angereist, um den Inlands-Tourismus zu fördern und dann das. Hungrige und durstige Touristen blickten wütend auf bereits gesättigte Besucher, die genau so aussahen wie sie auch – nur irgendwie zufriedener. In ihren schadenfrohen Augen flackerte die Botschaft: „Schaut mal, wir haben einen Platz auf der Terrasse ergattert und ihr nicht." Dann zogen sie ihre Sonnenbrillen tief in die Stirn, lehnten sich genüsslich in ihre Rattansessel und gähnten bedächtig. Paare und ganze Familien blieben mitten auf der Terrasse stehen, um sich über die weitere

Vorgehensweise zu beratschlagen. Die Kellner mussten jetzt doppelt aufpassen, dass sie nicht mit einem Mitglied dieses Gästeensembles kollidierten. Es war wie ein Parcours. Kinderwagen ausweichen, über Hunde steigen und sich vorsichtig an Kleinkindern vorbei pressen. Die Touristen-Familien entsandten jetzt Mama, die sich an einem bereits besetzten Tisch erkundigte, ob man sich dazuhocken könne. Das wurde nach nur ganz kurzem Abwägen akzeptiert und flugs wurde der für vier Personen gedachte Tisch um eine 5-köpfige Familie erweitert. Die fehlenden Stühle „borgte" man sich geistesgegenwärtig aus einer anderen Servicestation aus. Der dort arbeitende Kollege hatte jetzt plötzlich ein Möbelstück aber keine dazugehörenden Sitzgelegenheiten. Dort, wo unsere blitzgescheite Touristen-Combo, gerade eigenmächtig das Mobiliar erweitert hatte, kam jetzt natürlich kein Mensch mehr durch. Kein Kellner und auch kein anderer Gast. Das schien den widerrechtlichen Besatzern des Tisches allerdings vollkommen egal zu sein. Hauptsache, sie hatten es jetzt schön bequem.

Das war ein klassischer Fall für den Oberkellner. Er machte den Gästen klar, dass es so nicht ginge, und stellte ihnen in Aussicht, doch bitte solange zu warten, bis ein Tisch für fünf Personen frei geworden ist. Dieses Mal gab es nur leise Widerworte und schon nach 5 Stunden und 31 Minuten fand auch unsere Familie einen adäquaten Platz an der Sonne. Wo der Service-Leiter eh schon mal auf der Terrasse stand, konnte er sich auch gleich noch um ein paar andere „Patienten" kümmern.

Zwei angetrunkene Russen hatten es für eine gute Idee gehalten, sich ihrer T-Shirts zu entledigen und eine weitere Lage Wodka auf Eis zu ordern. Der Oberkellner machte ihnen klar, dass sie sich in einem öffentlichen Restaurant befänden und nicht etwa auf der Liegewiese am Badesee. Widerwillig streiften sie ihre Oberbekleidungen wieder über. Eine etwa 65-jährige Frau hatte es sich derweil besonders bequem gemacht an ihrem Platz. Ihre Füße lagen samt Schuhen auf dem Sitzpolster eines anderen Stuhles. Den Hals streckte sie wie eine Gans Richtung Sonne und gab Laute des Wohlbehagens von sich. Mit der älteren Dame durfte der Oberkellner etwas länger diskutieren, bevor sie sich bequemte, die Füße vom Stuhl zu nehmen.

Der Service-Leiter war immer wieder entsetzt, dass es den Gästen scheinbar an grundsätzlichen Verhaltensregeln mangelte. Gerade von einer Generation, wie der, welcher diese ältere Dame angehörte, sollte man doch etwas Benehmen erwarten dürfen. Es war Zeit, die Reserviert-Schilder für das Abendgeschäft aufzustellen. Höflich fragte der Oberkellner an jedem Tisch nach, ob es wohl recht wäre, wenn er für den späteren Abend ein Schild fixieren dürfe. Die meisten bejahten dies, aber ein paar Querulanten gab es immer, die in dem Akt des Reserviertschild-Aufstellens einen potenziellen Konfliktherd erkannten. „Wieso, wollen Sie uns loswerden?" ging so mancher Kunde sofort auf Konfrontationskurs. „Nein" blieb der Oberkellner auch weiterhin ruhig „ich habe auch ausdrücklich gefragt, ob es für Sie in Ordnung ist, wenn ich ein Schild aufstelle. Außerdem ist der Tisch erst um 19.30 Uhr reserviert und jetzt haben wir es 16.30 Uhr". „Na vielleicht wollen wir ja auch noch bleiben und trinken noch etwas" lautete die pampige Antwort. Da war nichts zu machen. Also steckte der Oberkellner sein Schild wieder ein und disponierte um. Außerdem brauchte er noch seine Nerven für die Abendgäste. Ein Blick auf seine

Reservierungsliste verriet ihm, dass der Abend knackig werden würde.

Als gegen 18.30 Uhr die ersten Abendgäste eintrafen, Madame im farbenfrohen Abendkleid und Monsieur im legeren Sommerlook von Lacoste, ging der Ärger auch schon los. „Wir sind die Klein´s und haben einen Tisch reserviert. Da vorne am Wasser". Das hellgrüne Abendkleid, mit der Dame darin, zeigte auf die vorderste Tischreihe. Klar, die Wasserplätze waren natürlich die beliebtesten und begehrtesten Plätze auf der Terrasse. Der Tisch in der 1. Reihe ist das Symbol der Klassenzugehörigkeit. Hier unterscheidet sich, wer Top oder Flop ist, wer es bereits geschafft hat und wer sich noch auf dem Weg nach oben befindet. „Tut mir leid, aber die Tische in der 1. Reihe sind alle schon reserviert". Der Oberkellner setzt bei der Verkündung dieser schlechten Nachricht sein freundlichstes und empathischstes Lächeln auf: „aber hier habe ich einen schönen Tisch für Sie". Damit versucht er, sie in die dritte Reihe zu delegieren. „Ja aber, wir haben doch extra heute Morgen schon angerufen" versucht es das sprechende Sommerkleid noch einmal. Der Oberkellner zeigt den beiden seine Liste. „Schauen Sie doch bitte einmal. Das sind all die Leute, die noch vor Ihnen reserviert haben. Zum Teil schon vor zwei Wochen."

Die gleiche Diskussion wird er an diesem Abend noch ein Dutzend mal führen müssen. Mit jedem neuen Disput wird er routinierter im Umgang mit den unzufriedenen Gästen. Ein paar mal muss er sich um die Reklamationen der Kunden kümmern.

Die Frau eines bekannten Ingenieurs beschwert sich darüber, dass ihre Suppe kalt sei. Der Maitre nimmt die Suppentasse kurz unter die Lupe und spricht dann mit ernsthafter Miene zu der Dame: „Entschuldigen Sie, dass hier ist eine Gazpacho, die Sie bestellt haben. Eine spanische Gemüsesuppe, die kalt serviert wird. So steht es auch in der Speisekarte." Die Frau klappt die Kinnlade herunter und möchte etwas entgegnen, aber ihr Mann entschärft die Situation, in dem er fröhlich ruft: „Siehst du, wer lesen kann, ist klar im Vorteil. Liebling, wenn du möchtest, esse ich deine kalte Suppe und du bekommst meinen Salat."
Dem nächsten Gast ist sein Zander zu roh und der Maitre lässt ihn von der Küche nachbraten. Auch diese Situation ist gerettet.

Gegen 23 Uhr ist dann endlich Feierabend. Fast Dienstschluss, denn während alle anderen Gäste, ohne Protest, die Öffnungszeiten des Lokals akzeptiert haben, verharrt ein etwa 55-jähriges Paar stur an Tisch 37. Es handelt sich um selbst ernannte Stammgäste, die bereits ein paar Mal verhaltensauffällig geworden sind. Einer der Kellner hat ihnen den Namen „das Drama-Pärchen" gegeben. Filmreif zoffen die sich auf der voll besetzten Terrasse, um sich danach wieder zu versöhnen. Ganz großes Kino, wenn man nicht eigentlich endlich Feierabend machen möchte. Immer noch freundlich erklärt er den beiden, dass das Restaurant nun schließen würde und sie doch bitte den Heimweg antreten möchten. Gezahlt hätten die beiden bereits vor einer Stunde, hatte der Kellner versichert. „Nur noch eine halbe Stunde" lallt der weibliche Anteil des Gästeduos. „Nein, sofort" spricht der Oberkellner. Die Diskussion zieht sich noch eine Weile, bis das betrunkene

Pärchen endlich ein Einsehen hat und von dannen zieht. Der Service-Leiter schaut noch einmal auf seiner Liste nach, ob die zwei reserviert hatten oder ohne Reservierung aufgetaucht waren. ´Ah da... Herr und Frau Thellberg´. Ein Fall für die schwarze Liste. Schon morgen früh würde er die Herrschaften von der Reservierungszentrale benachrichtigen, dass man keine Buchungen von Herrn und Frau Thellberg mehr annehmen möge.

Auch dieser ganz normale Sonntag ist endlich zu Ende gegangen. Zeit für das wohlverdiente Feierabendbier mit den Kollegen von Küche und Service.

MEIN CHEF

Die Gastronomie ist ein eigener Zirkel mit exklusiven Regeln und Riten. Wer jemals im erlauchten Kreis seinen Dienst verrichten durfte, weiß was ich meine. Wenn sich das Leben im Gaststättengewerbe von dem in anderen Berufsfeldern unterscheidet – gilt das dann auch für deren Führungsetage? Tickt der Chef in einem Restaurant anders als der *Big Boss* in einem Pharma-Konzern? Bewirbt sich Herr oder Frau Mustermann für den Posten im Management eines Industrieunternehmens, ist davon auszugehen, dass sie mit der Materie vertraut sind. Hat der Bewerber ungefälschte Zeugnisse, so wird er ein abgeschlossenes Studium sowie erste Standortbestimmungen in der jeweiligen Branche vorweisen können.

Wenn jemand ein gastronomisches Objekt zu pachten gedenkt, begibt er sich zur IHK und belegt den Hackfleischschein. Jetzt darf er offiziell ein Restaurant eröffnen. Als Elektriker braucht man einen Meisterbrief, zum Eröffnen einer Arztpraxis einen Doktortitel. Als Gastronom ist es egal, ob man etwas von der Materie versteht, oder nicht. Das wiederum erklärt die hohe Zahl an Insolvenzen. Leute, die aus welchen Gründen auch immer, ein paar Euro zu viel auf der hohen Kante haben, entdecken plötzlich ihre Liebe zum eigenen Restaurant für sich. Vielleicht kochen sie recht passabel oder haben einen exquisiten Geschmack bei der Gestaltung von Inneneinrichtungen. Eventuell sind sie sogar gewiefte Buchhalter und in der Lage, ihre Steuererklärung selbstständig auszufüllen. Aber macht sie das auch zum erfolgreichen Unternehmer in einem schwierigen Sektor? Sind diese Herrschaften jetzt ideale Chefs und geborene Anführer? Diese Frage kann ein jeder für sich beantworten, der jemals für einen Gastro-Novizen gearbeitet hat.

Ich habe dieses Musterexemplar eines Neueinsteigers in die Welt der Gastronomie an anderer Stelle bereits erwähnt. Herr und Frau Z waren, so munkelte man, durch undurchsichtige Geschäftspraktiken im süddeutschen Raum, zu einem netten Sümmchen gelangt. Herr Z kam ursprünglich aus der Autobranche, Frau Z hatte ihre Brötchen bislang mit dem Verkauf von Textilien verdient. Mit ganz viel Liquidität im Rücken hatten sie eines Tages die glorreiche Idee, einen Landgasthof in Niedersachsen zu kaufen. Nach einem halben Jahr an Umbauarbeiten stand dann die Neueröffnung ins Haus. Die beiden Neugastronomen hatten wirklich Geschmack bewiesen bei der Restaurierung des alteingesessenen Traditionshauses – das konnte man ihnen nicht absprechen. Stilsicher ließ Z für seine Gäste auffahren, was Küche und Keller hergaben. Feinste Gerichte, edle Tropfen, teure Zigarren. Kein Produkt war zu exklusiv, als dass es nicht seinen Weg in seinen Gourmet-Tempel gefunden hätte.

Trotzdem lief das Restaurant nicht. Die Gründe dafür habe ich schon an anderer Stelle aufgeführt. Das Ehepaar Z suchte ebenfalls nach Erklärungen für das Fiasko und machte das Personal dafür verantwortlich, dass ihr Lokal von der Landbevölkerung gemieden wurde. Wohlgemerkt – die Mitarbeiter welche sie selbst eingestellt hatten. Die Z's waren in meinen Augen nie wirklich gute Chefs gewesen. Zu selbstverliebt, zu überheblich und realitätsfern. Selbstkritik war ein Fremdwort für sie und Kritik von außen ließen sie schon gar nicht zu.

In der Krise wurde es dann noch schlimmer. Da zeigte sich das ganze Ausmaß ihres Dilettantismus überdeutlich. Keine Ahnung von Krisenmanagement, null Geschick bei der Mitarbeiterführung. Auch als sich das Eigenkapital der beiden allmählich erschöpfte und die Banken weitere Finanzspritzen ablehnten, saß Herr Z noch immer Zigarre rauchend in seinem Ledersessel und machte auf dicke Hose. Selbst mitanpacken im eigenen Lokal war ihm ein Gräuel. Dafür hatte er völlig verworrene Vorstellungen vom Service in seinem Lokal. Gästeaschenbecher durften maximal zwei aufgerauchte Zigarettenstummel enthalten, dann musste dieser ausgetauscht werden. Die Bedienungen hatten dieses Prinzip, bei Todesstrafe, zu beherzigen. Auch hatte das Wein- oder Champagnerglas unverzüglich wieder vollgeschenkt zu werden, wenn der Gast nur einen winzigen Schluck konsumiert hatte. Die bewährte Formel „hat es Ihnen geschmeckt?" oder „waren Sie zufrieden?" sollte ausgetauscht werden durch ein gestelztes „hat Ihnen die Speise Freude bereitet?"

Im Ernst, welch ein derangiertes Gehirn denkt sich so einen Unsinn aus? Wie ein Wahnsinniger schlich Herr Z durch sein spärlich gefülltes Restaurant und kontrollierte, ob es an einer der Tafeln etwas zu bemängeln gab. Warum hat ein Gast an Tisch 11 eine Vorspeise, der andere jedoch nicht? Seid ihr unfähig, zu verkaufen? Weshalb hat sich noch keiner um den neuen Klienten an Tisch 15 gekümmert? Der hat sich doch gerade erst hingesetzt und ich war soeben auf dem Weg zu ihm.

Vor lauter Fragen beantworten kam man kaum noch dazu, seinen Service korrekt zu bewerkstelligen. Furchtbar, furchtbar.

Chefs wie diesen hat wohl in dieser Form oder einer anderen fast jeder schon kennengelernt. Die gesamte Sparte der berüchtigten Cheftypen kann man in der Gastronomie erleben, wenn man hin und wieder den Job wechselt. Den kauzigen Patriarchen etwa, den man gerne in familiengeführten Gasthöfen und Restaurants findet. Eigentlich hat dessen Sohn bereits seit vier Jahren offiziell das Sagen, aber der alte Leuteschinder kann einfach nicht loslassen, weil er sonst keine Hobbys hat und nichts mit sich anzufangen weiß. Ständig mischt er sich in die Belange des Restaurants ein und gibt seinen Senf ungefragt dazu. Für den eigenen Sohn und sämtliche Mitarbeiter ist seine Omnipräsenz im Betrieb ein wahrer Fluch. Sein bedauernswertes Pendant ist der Filius, welcher vom eigenen Vater, gegen seinen eigenen Willen, als neuer Geschäftsführer in das Familiengeschäft gedrängt wurde. Oft hat dieser Null Ambitionen, ein Lokal zu betreiben und das auch noch mit dem alten Zankapfel im Genick. Er agiert oft nur zögerlich und schiebt wichtige Entscheidungen gerne auf die lange Bank. Wie gerne wäre er zur See gegangen oder hätte etwas mit Tieren gemacht. Das Einzige, was er jetzt mit Tieren veranstaltet, ist diese in einer schwammigen Soße auf einem Teller durchs Restaurant zu tragen.

Ich habe Despoten erlebt, die wegen Kleinigkeiten ausflippten und Köche oder Kellner lautstark herunterputzten. Von einer Minute auf die andere konnte die Stimmung umschlagen und keiner war sicher vor ihren extremen Launen. Ich habe unter

Chefs mit ausgeprägtem Kontrollwahn gearbeitet, die in ständiger Angst lebten, von ihren Angestellten betrogen zu werden.

Anlass zu dieser Sorge gab es in der Regel keine aber der Kontrollfreak hockte ständig über Monitore gebeugt und schaute, was seine Untergebenen hinter seinem Rücken ausbaldowerten. Seine größte Leidenschaft ist das Kontrollieren von Kellnerabrechnungen. Heute Morgen wurden vom Konditor sechs ganze Torten geliefert, die zu je 14 Stücken aufgeschnitten wurden. Das sind dann 84 Kuchenstücke. Am Abend hat die Auszubildende noch eine halbe Torte ins Kühlhaus verräumt. Der Kontrollfreak schaut sich jetzt sämtliche Abrechnungen seiner drei Kellner an, auf denen die verkauften Waren ausgezeichnet sind. Dabei fällt ihm auf, dass alle drei Bedienungen zusammen auf 76 verkaufte Kuchen kommen. Wenn sieben Kuchenstücke übrig geblieben sind, was ist mit dem Kuchenstück Nr. 77 passiert? Diese Frage lässt den Kontrollfreak nicht mehr los. Am Abend werden alle drei Kellner in sein Büro zitiert, um diese Frage aller Fragen zu klären. Wie Inspektor Columbo marschiert der Kontrollfreak auf und ab und traktiert seine Servicemitarbeiter mit bohrenden Fragen. Erst Stunden später wird die Auszubildende unter Tränen gestehen, dass ihr beim Verräumen des Kuchens ins Kühlhaus ein Stück auf den Boden gefallen sei. Aus Angst vor Repressalien hätte sie ihren Fauxpas verschwiegen.

Schlimm ist es auch, unter einem chaotischen Chef zu arbeiten. Die haben für gewöhnlich jeden Tag Dutzend neue, total unsinnige Ideen, die dringend umgesetzt werden mussten, um noch erfolgreicher zu sein als bisher. Sieben Tage in der Woche finden irgendwelche Aktionstage statt. Ententag, Schnitzeltag oder Forellen-Special. Nicht nur die Mitarbeiter verlieren langsam den Überblick, sondern auch die Gäste. Die rücken am Mittwoch mit Gutscheinen oder Coupons für den All-you-can-eat-Tag an und erfahren, dass heute Kids Day sei. Jeder Steppke in Begleitung seiner Eltern bezahlt das Doppelte oder bekommt zwei Wochen Zwangshaft im Kartoffelkeller. Für allerlei elektronische Spielereien ist der Chaot ebenfalls empfänglich. Selbst wenn das eigene Restaurant nur über sechs Tische verfügt, hält er tragbare Kassensysteme für lebensnotwendig. Für Lieferanten und Vertreter von Gastro-Artikeln ist er ein dankbares Opfer. Leuten wie ihm kann man einfach alles aufschwatzen.

Blender gibt es in jeder Branche. Da macht das Gastgewerbe keine Ausnahme. Es sind vor allem junge oder krampfhaft auf jung machende Alpha-Männchen, die sich in der Gastronomie versuchen. Mit ein wenig Menschenkenntnis kann man diese Spezies leicht durchschauen. Sonnengebräunt, blonde Strähnchen und meist figurbetonte Klamotten. Die Sonnenbrille ist auch im kältesten und tristesten Winter festgewachsen mit dem Stirnlappen. Schon nach einem Jahr erfolgreicher Pacht und noch vor Festlegung der Steuer, legen sie sich einen Porsche zu, um ihren Erfolg zu dokumentieren. Mindestens fünfmal im Jahr fliegen sie zum Golfen nach Mallorca. Ihre besten Gäste sind sie selbst oder die vielen Freunde, die jeden Abend mit dem Blender am Stammtisch sitzen und literweise Schampus kippen. Der Blender hat stets alles im Griff, kennt jeden, jeder kennt ihn.

Meist ist er gut gelaunt und spricht seine Angestellten mit Vornamen an.

Dann war da auch noch der eine Chef, der sich das für die Servicekräfte gedachte Trinkgeld des Öfteren mal selbst einsteckte. „Ist das denn überhaupt zulässig?" werden sich jetzt ein paar Leser fragen. Ganz klar nein. „Trinkgeld ist ein Geldbetrag, den ein Dritter ohne rechtliche Verpflichtung dem Arbeitnehmer zusätzlich zu einer dem Arbeitgeber geschuldeten Leistung zahlt." So steht es in § 107 der Gewerbeverordnung. Bei diesem Paragrafen handelt es sich dann auch um die einzig tragfähige, juristische Definition. Wir sprechen also von Geld, das ausdrücklich für den Arbeitnehmer gedacht ist und nicht für den Arbeitgeber. Das erhaltene Trinkgeld gehört ohne Wenn und Aber der Bedienung und nicht dem Chef.

Als ich meinen Vorgesetzten einmal, in einer besonders mutigen Stunde, auf sein Verhalten ansprach, argumentierte dieser, dass er uns Kellner schließlich besonders gut entlohne. Die Zeiten, in denen die Chefs deutlich mehr zu verdienen schienen als ihre Angestellten, mussten wohl der Vergangenheit angehören. Wie anders soll man sich solch eine Entwicklung erklären? Ein jeder Angestellte kennt auch jene Sorte von Chef, die ganz bewusst für Missstimmung innerhalb seines Teams sorgt. Der Druck auf die Belegschaft wird künstlich hochgehalten, Mitarbeiter effektiv manipuliert und gegeneinander ausgespielt. Manchmal ist es ein wie versehentlich gestreutes Gerücht, dann wieder ein vergiftetes Lob und in Härtefällen gar eine gezielte Einschüchterung. Solche Chefs scheinen nur für solche Spielchen zu leben. Heute noch der überzeugende Gönner, morgen der Bösewicht vom Dienst.

Innerhalb von Sekunden vermögen es diese Chefs, jede Rolle anzunehmen. Die echten Psychopathen unter ihnen haben eine wahre Freude daran, Mitarbeiter zu „verheizen". Absichtlich geben sie neuen Kellnern die größten Stationen, um sich dann ins Fäustchen zu lachen, wenn diese anschließend „absaufen". Dass sie mit solchen Manövern das eigene Geschäft ruinieren, scheint dabei nicht von Bedeutung zu sein. Dass ein solcher Betrieb in dieser vergifteten Atmosphäre überhaupt noch läuft, grenzt manchmal an ein Wunder.

Hin und wieder trifft man dann doch noch auf so etwas wie einen idealen Chef. Über 10 Jahre arbeitete ich für einen geradlinigen, glaubwürdigen Restaurantbesitzer. Es war teilweise verwunderlich, zu sehen, wie einfach es doch sein konnte, das eigene Personal zu motivieren. Nach all den selbstverliebten, tyrannischen oder sonst wie charakterlich verschrobenen Arbeitgebern in meiner gastronomischen Laufbahn, war dieser ein wahrer Lichtblick. Nur äußerst selten ließ er den Chef raushängen. Das geschah, wenn die Dinge drohten, aus dem Ruder zu laufen oder sich Zwietracht unter den Angestellten anbahnte. Dann zog er sich mit den streitenden Parteien zurück in ein Hinterzimmer und klärte den Sachverhalt ruhig und sachlich. Nie habe ich ihn schreien oder toben hören. Wenn in anderen Restaurants mal tote Hose angesagt war, saßen die Chefs mit düsteren Mienen in der Ecke, tranken morgens schon Hochprozentiges und ließen ihre schlechte Laune an den Angestellten aus. Dann wurden Kellner zu Putz- oder Strafarbeiten verdonnert oder aus niedrigsten Gründen runtergeputzt. Als ob diese etwas für die Flaute im Lokal konnten oder es dadurch besser wurde.

Mein Chef akzeptierte ruhige Tage als Laune der Natur oder höhere Macht. Er wusste, dass es auch schon bald wieder aufwärts gehen würde. Intuition kann man nicht lernen – man hat sie oder man hat sie nicht.

Nie zuvor oder danach sah ich jemanden, der mit solch treffsicherer Bestimmtheit sagen konnte, wie sich das Tagesgeschäft entwickeln würde. Wie viele Köche und Kellner vonnöten waren, um den Gästen einen optimalen Service bieten zu können. Auf meinen Streifzügen durch andere Restaurants kam ich an Betrieben vorbei, in denen sich ganze Kohorten von Kellnern die Füße platt standen. Für manchmal 10 Gäste wurden sechs Servicemitarbeiter abgestellt. Das wäre bei uns undenkbar gewesen. Unser Chef hatte ein geschultes Auge und schickte Personal eher nach Hause, als es sinnlos herumstehen zu lassen. Auch das war eine Form von Motivation. Wir spürten, dass da jemand war, der sich Gedanken machte und dem es nicht völlig egal war, ob wir unsere Zeit vertrödelten oder nicht. Er wusste auch um die individuellen Besonderheiten seiner langjährigen Mitarbeiter. Einige der Köche und Kellner arbeiteten nur zur Saison in Deutschland. Denen ermöglichte der Chef in ruhigen Zeiten Heimaturlaub, ohne das die Mitarbeiter darum bitten mussten. Hatte ein Angestellter einen Lieblingsfußballverein, wusste dies der Chef selbstverständlich. Wann immer es sich ermöglichen ließ, bekam der Mitarbeiter völlig überraschend frei, damit er das Spiel seines Teams verfolgen konnte.

Selbstverständlich ließen wir unseren Chef im Umkehrschluss ebenfalls nicht hängen, wenn er fragte, ob wir an unseren freien Tagen in den Betrieb kommen könnten. Da unser Restaurant-

Betrieb extrem von der Witterungslage abhängig war, musste man ständig den Wetterbericht im Auge behalten. Hieß es am Montag noch, das Wochenende fällt ins Wasser, so gestaltete er den Dienstplan so, dass nicht mehr Mitarbeiter als nötig eingeteilt waren. Vertrieb plötzlich ein Azorenhoch die bösen Regenwolken, war er gezwungen, seine Entscheidungen zu revidieren. Da fiel der eigentlich schon verplante, freie Tag ins Wasser. Das war in Ordnung, weil wir in eigenen „Notlagen" sicher sein konnten, dass er eine Lösung parat hatte.

Sein Arbeitspensum forderte uns Respekt ab. Morgens um 8 Uhr leistete er Büro-Arbeit, dann half er aktiv im Restaurant mit. Wenn es sein musste, stellte er sich selbst an die Spülmaschine oder schleppte Teller und Gläser durch das Restaurant – genau wie wir.

Solche Menschen brauchen ihre Angestellten nicht zusätzlich zu motivieren, deren Arbeitsmoral ist Motivation genug. Sie leben ihr Engagement für die Sache vor und wir Angestellten brauchen ihnen nur zu folgen. Im Anzug oder feinen Zwirn sah ich meinem Chef nie herumlaufen. Auch damit unterschied er sich von den meisten meiner vorherigen Arbeitgeber. Das machte ihn sympathisch, glaubhaft und sehr authentisch. Allenfalls bei den Gästen sorgte sein Aufzug für die eine oder andere Irritation. In deren archaischen Vorstellungen hatte ein Restaurant-Oberhaupt herausgeputzt wie ein Pfingstochse durch das Lokal zu schreiten. Unser Chef stand manchmal im Jogginganzug hinterm Kuchentresen und wurde für den Hausmeister gehalten oder gar für einen Gast, der sich frech an der Obsttorte bediente. An „starken" Sonntagen übernahm er das Platzieren der Gäste selbst. Auch hier konnte es passieren, dass ihn die Kunden überhaupt nicht als „Chef" oder Restaurantleiter wahrnahmen, der ihnen helfen wollte, einen freien Tisch zu finden. Trotz Reservierungsliste in der Hand und mehrfachem Zuruf, ob er behilflich sein könne, liefen die Leute an ihm vorbei. Ein T-Shirt mit der Aufschrift „Ich bin der Chef" hätte eventuell geholfen. Sicher bin ich mir allerdings nicht.

WEIßE SCHAFE, SCHWARZE SCHAFE

Wie sollte ein guter Kellner sein? Diese Frage stelle ich mir oft. Jedes Mal läuft es auf die gleiche Antwort hinaus – so wie ich.

Die Annahme, kellnern könne jeder, ist schlichtweg Blödsinn. Richtig ist, jeder ist in der Lage, einen Teller vom Küchenpass zu tragen und vor dem Gast auf den Tisch zu stellen. Mit etwas Geschick schafft er es sogar, keine Soßenflecken auf dem H & M-Hemd des Kunden zu hinterlassen. Auch gut, dass der Kellner-Anwärter sich zumindest die Bestellung des Gastes gemerkt hat und diese richtig in die Registrierkasse eingegeben hat. Jetzt muss nur noch die Rechnung stimmen und das Wechselgeld korrekt herausgegeben werden.

Gratulation und Tusch – jetzt könnt ihr es in jedem Restaurant der Welt schaffen. Mein kleines Beispiel möchte zeigen, wie einfach die Grundlagen unseres Berufes funktionieren. Das gleiche Prinzip gilt für viele Berufe auch, die auf den ersten Blick recht simpel daherkommen. In den Vorstellungen der meisten Menschen ist der Landwirt ein eher tumber Geselle, der auf Stammtischniveau kommuniziert und stets einen Riesenappetit hat. Die bedauernswerten Opfer, welche von RTL bei „Bauer sucht Frau" für das Publikum vorgeführt werden, unterstützen diese These nur zu gern.

Der Bauer steht früh auf, zapft seine Kühe an und macht sich nach dem Frühstück (Schweinekotelett mit Bohnen) auf dem

Weg zur Heuernte. Zwischendurch fährt er mit seinem uralten Trecker nach Berlin, um mit den anderen Landwirten für faire Preise für Kuhmilch zu demonstrieren. So weit zu unseren simplen Vorstellungen vom Leben auf dem Lande. Was aber ist mit Management und Führung eines Landwirtschaftsbetriebes? Was ist mit den Energiewirten, die sich mit Agrarenergie und Energieproduktion beschäftigen? Anbau von Biomasse und ihre energetische Verwertung? Windkraft und Photovoltaik? Die Damen und Herren, die damit ihre Brötchen verdienen, werden ebenfalls zu den Landwirten gezählt. Statt am Kuheuter und mit der Mistschaufel arbeiten sie am Laptop und beschäftigen sich mit Tabellen und Statistiken. Da staunt der herkömmliche Bildzeitungsleser, dass es tatsächlich Bauern gibt, die fehlerfrei ihren eigenen Namen schreiben können.

Der Fischer wirft auch nicht nur die Angel ins Wasser und wartet Pfeife rauchend darauf, dass ein kräftiger Seebarsch am Haken hängt. Der soeben gefangene Barsch plus zehn seiner Fischkumpels werden im roten Plastikeimer zur nächsten Wirtschaft geschleppt und für 50 Euro Cash auf die Kralle verhökert. Den Rest des Tages hat der Fischer dann frei und trinkt Pils und Bonekaamp, während seine Frau die Netze flickt. Auch hier hat der simpel gestrickte Europäer recht überschaubare Vorstellungen vom Berufsbild des Fischers. Die Wahrheit ist auch hier um einiges vielfältiger. Der Petrijünger sollte sich nicht nur mit Nautik auskennen, sondern auch mit Satelliten- und Radarnavigation. Der Fischer muss heutzutage nicht nur Fische fangen können, sondern auch Unternehmer sein, um seine Ware gewinnbringend zu verkaufen. Kenntnisse in Ökologie, Biologie und Bürokratie gehören da zum Standard.

So kann und wird ein jeder Vertreter irgendeines Berufsbildes seine Profession anpreisen, als explizit innovativ und elitär.

Da ich mich der Gastronomie verschrieben habe, erachte ich es als meine Aufgabe, deren Status in ein helles und freundliches Licht zu rücken. Es ist etwas anderes, als junge Studentin während der Semesterferien in einem Straßencafé zu kellnern, als den Job bis zur Rente durchzuziehen. Viele Chefs von großen und kleinen Firmen habe ich erlebt, die ihre Betriebsfeiern bei uns durchführten und beim Trinkgeldverteilen jovial meinten: „Ich hab' während meines Studiums auch mal gekellnert". Beim späteren überprüfen des Trinkgeldes überlegt man gerne mal, ob er oder sie dann nicht besser wissen sollte, dass Almosen eine Beleidigung für jede Servicekraft sind.

Die junge Saison-Bedienung findet es sicherlich saucool, für 2–3 Monate die *Part Time Waitress* zu mimen. Die tragbaren Gastro-Kassen, sogenannte *Orderman*, erwiesen sich als weniger *tricky* als gedacht, die niedrige, moralische Schranke bei dem jungen Personal ist faszinierend und die Gäste störten auch nicht wirklich. Das Trinkgeld ist ein mehr als angemessener Ausgleich für ihre schmerzenden Füße am Abend. Eines aber ist der jungen Studentin schon nach drei Tagen klar – auf Dauer wäre ihr der Job in der Gastronomie doch zu eintönig.

Aber zurück zu den professionellen Kellnern. Im Idealfall haben diese eine dreijährige Lehrzeit hinter sich gebracht, mit allen Schikanen, die eine solche Ausbildung mit sich bringt. Womöglich ist eine Qualifizierung in der Gastronomie oft härter als in anderen Berufsfeldern. Eine wunderbare Vorbereitung auf die Widrigkeiten des Lebens. Manch ein Auszubildender, der seine Lehre in einem gut besuchten Ausflugslokal absolviert hat, ist anschließend immun gegen schwerste Proben, die ihm der Allmächtige in die Biografie wirft. Er wird zu einem Gastronomie-Terminator, dem weder Hitze, noch 24-stündige Arbeitstage oder physischer und psychischer Stress etwas anhaben können. Eine stets gut gelaunte Ein-Mann-Armee, die man bedenkenlos in jedes Feuergefecht schicken kann und die heil aus den Stahlbädern der Gastronomie heraus klettert.

In meiner beruflichen Laufbahn habe ich derweil mit Kollegen zusammengearbeitet, die sich als Quereinsteiger outeten, aber gelernte Fachkräfte mühelos in den Sack steckten. Sie hatten eine schnellere Auffassungsgabe, eine bessere Übersicht und bewegten sich leichtfüßiger und geschmeidiger durch das Restaurant. Das nötige Fachwissen eigneten sich die Quereinsteiger in abendlichem Selbststudium an und waren den sogenannten Experten oft um Meilen voraus, wenn es um Wein- oder Speise-Wissen ging. Manchmal fragte ich mich, was die Gelernten in ihren drei Lehrjahren überhaupt veranstaltet haben und ob diese Periode nicht vollkommen vertan war. Hätten sie statt ihre Zeit in der Gastronomie zu vergeuden, Omas im Seniorenstift beim Gebissreinigen zugeschaut, wäre das interessanter gewesen.

Ein Jung-Kellner, der seine Ausbildung in einer der vielen Hotelketten in den Großstädten der Republik verbracht hat, wird in der Regel mit profundem Fachwissen glänzen. Für die praktische Arbeit in einem gut besuchten Restaurant sind diese Service-Novizen kaum zu gebrauchen. Während der Ausbildung wurden sie umhegt und gepflegt wie ein niedlicher Welpe. Ihnen zur Seite standen ganze Heerscharen von emsig bemühtem Personal. Traute sich ein müder Hotelgast in ein solches Restaurant, um nach einem langen Anreisetag kurz zu dinieren, reihte sich die gesamte Armada von Servicekräften in dessen Nähe auf. Der Oberkellner, der Chef de Rang, der Demi Chef de Rang, ein Sommelier und ganz zum Schluss der Auszubildende. Fast unmöglich erscheint es, dass ein solch angehender Restaurantfachmann auch nur einen einzigen Tag in einem Ausflugslokal bestehen würde. Da herrschte nämlich Krieg. Ein neuer Kellner hatte dort von der ersten Minute an zu funktionieren. Alle anderen wurden sofort aussortiert und ersetzt.

Ja, aber was macht denn nun einen guten Kellner aus? Wie wird man so was? Wie man ein perfekter Kellner wird, ist nicht einfach zu beantworten. Ein guter Gastgeber zu sein, lernt man nicht in drei Lehrjahren, man kann es sich auch nicht antrainieren. Es ist dieses berühmte und viel zitierte Händchen, das der eine hat, den meisten anderen aber komplett abgeht. Ein Restaurantfachmann, der einen exorbitanten Schatz an Fachwissen in seinem Kopf spazieren trägt, ist ein fachlich versierter Kellner, nicht mehr und nicht weniger. Er vermag es, 100 Cocktail-Rezepturen aus dem Stegreif aufzusagen, kann fehlerfrei bei Wein-Blind-Proben die Rebsorte, das Anbaugebiet und die Blutgruppe des Winzers erkennen und weiß alle Service-Regeln auswendig. Werden ihn die Gäste deshalb lieber haben, als den leicht übergewichtigen Kollegen, der stets gut gelaunt zur Arbeit kommt und ehrliches Interesse an den Belangen der Kundschaft ausstrahlt? Die Antwort auf diese Frage lautet:

„Nein". Im Übrigen werden auch die Kollegen den Fachmann nicht lieber haben, sondern stets argwöhnisch betrachten.

Allerdings kann man lernen, ein guter Kellner zu werden. Beobachten, studieren und nachmachen. Es ist möglich, so etwas wie Routine zu erlangen, die einen in jedem Betrieb weiterbringt. Es sind oft nur Kleinigkeiten, die einen *Food Runner* von einer versierten Servicekraft unterscheiden. Ein gepflegtes Äußeres ist das A und O in der Gastronomie. Akkurater Haarschnitt, ein gepflegter Gesamteindruck und saubere Klamotten sollten Usus sein. Bedienungen, deren nächtliche Eskapaden und Alkohol-Exzesse man schon auf 10 Meter Entfernung sehen und riechen kann, sind kein gutes Aushängeschild für ein Lokal. Hat die Bedienung lange Haare, wird erwartet, dass sie diese zu einem Zopf oder Dutt bindet. Das gilt gleichermaßen für weibliche und männliche Bedienungen. Wenn der Gast nicht all zu lange braucht, um das Haar in der Suppe zu finden, ist nicht nur euer Trinkgeld futsch, sondern auch noch der gute Ruf des Restaurants. Parfüm sollte dezent aufgetragen werden. Knausert nach Möglichkeit nicht in der Deo-Abteilung eurer Lieblings-Drogerie-Kette. Die Schminke, liebe Damen, sollte, auch nach einer harten Nacht, am nächsten Morgen nicht mit der Spritzpistole aufgetragen werden, sondern ebenfalls dezent. Es sei denn, ihr arbeitet in einer Travestie Show oder der Geisterbahn. Der äußerliche Aspekt ist das eine. Allerdings ist es das gleiche Prinzip, wie auf einer Partnerbörse im Internet. Gutes Aussehen ist der Türöffner, doch oft muss man nicht mal bis zum ersten Date warten, um herauszufinden, dass die Person deiner Wahl außer heißer Luft wenig zu bieten hat. Ist man Mitglied der Chippendales oder verdient man seine Brötchen in einem Strip Lokal, reicht ein Mindestmaß an Attraktivität vollkommen aus. In herkömmlichen Restaurants sollte es schon etwas mehr sein.

Vergisst der sonnengebräunte italienische Gigolo-Kellner mit dem strammen Hintern auf dem Weg von eurem Tisch in die Küche sowohl die Bestellung als auch den eigenen Vornamen, kann der Abend ärgerlich enden. Es ist nicht all zu schwer, die Basis für eine erfolgreiche Bedienung zu erlernen. Fängt ein Profi in einem neuen Restaurant an, so kopiert er sich schon Tage im Voraus dessen Speisekarte und lernt sie auswendig. Es spricht auch nichts dagegen, nicht geläufige Begriffe aus der Küchensprache nachzulesen. Gäste sind oft sehr wissbegierig. „Was für ein Fisch ist der Wolfsbarsch aus der Tageskarte und wo kommt der her?" werdet ihr unvermittelt von der netten, älteren Dame gefragt. Schlechte Idee, jetzt irgendetwas zu stammeln wie „keine Ahnung" oder „woher soll ich das denn wissen? Bin ich Fischer oder was?" „Einen kleinen Moment bitte, ich bin neu hier, frage aber sofort den Küchenchef" ist akzeptabel. Am praktischsten ist es jedoch, umgehend einen kleinen Monolog abzuspulen, über Merkmale, Vorkommen und Gefährdung der Art durch den Klimawandel. Der Gast erkennt, dass ihr über ein fundiertes Wissen über die angebotenen Speisen verfügt, und wird es euch danken.
Nicht nur in noblen Restaurants sollte man ein Mindestmaß an Weinkenntnis und Weinberatung von einer Bedienung voraussetzen können. Ist der edle Tropfen trocken oder lieblich,

passt der Bordeaux Grand Crus besser zum Lammgericht oder zu Bratwurst mit Kartoffelsalat?

Ihr solltet in der Lage sein, den Gast zu beraten. Bonieren, servieren und kassieren kann jede Aushilfsbedienung. Hier trennt sich die Spreu vom Weizen.

Ein guter Kellner sorgt für das Wohlbefinden der Gäste. Er ist in der Lage, aus einem angenehmen Abend einen besonderen zu zaubern. Dass dazu zunächst einmal die Herrschaften aus der Küche ihren Job tadellos gemacht haben sollten, versteht sich von selbst.

Ein guter Kellner strahlt Wärme und Freundlichkeit aus. Er verfügt über ein fotografisches Gedächtnis, merkt sich die Namen der Stammgäste und deren individuelle Vorlieben. „Guten Tag Frau Maier, schön das Sie uns heute wieder einmal besuchen. Darf es das Hirschragout mit Rosenkohl sein? Das mochten Sie beim letzten Mal doch so gerne. Natürlich mit Spätzle statt Kartoffelknödeln. So wie immer". Die so freundlich begrüßte Dame wird während des gesamten Restaurant-Besuches strahlen, wie eine Plutonium-Fabrik und der Kellner kommt nach dem Abkassieren der Frau seinem Traum vom Porsche Cayenne ein kleines Stück näher. Gerade ältere Herrschaften kommen nicht nur zum Essen in euer Restaurant, sondern suchen gesellschaftliche Nähe.

Selbst wenn wenig Zeit ist, ein wenig Small Talk geht immer. ´Wie geht es Ihrem Hund? Frisst er schon wieder oder ist er immer noch krank? Hat sich die Schwiegertochter inzwischen gemeldet oder geht die wieder nicht ans Telefon?´ Es gibt so viele kleine Geschichten, die ältere Herrschaften zum besten geben und die man sich leicht merken kann.

Interesse am Gast ist hier die Grundvoraussetzung. Je nach Anlass und Gästeklientel sind auch eure Entertainer-Qualitäten gefragt. Ihr könnt Familienfeiern retten, bei denen alle Anwesenden vor lauter Langeweile einzuschlafen drohen. Ihr habt die Macht, mit Witz und Charme für das Wohlsein der Gäste zu sorgen. Ihr seid Verkäufer, die den Umsatz des Hauses steigern. Ihr erkennt, dank eines geschulten Auges, welcher Gast empfänglich ist für gewisse Produkte, die der Küchenchef gerade im Angebot hat. Ihr wisst, wie man argumentiert, um den Kunden von diesem Produkt zu überzeugen. Ihr seid witzig, eloquent und charmant.

Ein guter Kellner sollte auch ein ausgezeichneter Psychologe sein. Das setzt Empathie, Einfühlungsvermögen und Kommunikationsstärke voraus. Ich kenne relativ wenig Servicemitarbeiter, die gerne auf Banketts arbeiten. Die meisten Kollegen ziehen das reine À-la-carte-Geschäft allen anderen gastronomischen Tätigkeiten vor. Das hat vor allem auch finanzielle Hintergründe. Das À-la-carte-Geschäft ist im Normalfall eine sichere Bank, Banketts eine Gleichung mit mehreren Unbekannten. Vor allem das Trinkgeld ist eine dieser Unbekannten. Oft steht der Tip in keinerlei Verhältnis zu den Vor- und Nachbereitungsarbeiten, die bei der Ausrichtung einer Feierlichkeit unvermeidlich sind. Dazu sind Gäste, die eine Veranstaltung in einem Lokal gebucht haben, meist sehr anstrengend. Hier muss man allerdings zwischen den „alten Hasen" und den Novizen unterscheiden. Der „alte Hase" richtet bereits das achte Fest in seinem Stammlokal aus. Stets war er mit Küche und Service zufrieden. Die Menü-Besprechung ist nach 20 Minuten absolviert und auf die meisten Fragen des

Geschäftsführers antwortet der Gast mit „wie immer". Diese Gäste sind in jeder Hinsicht eine leichte „Aufgabe" für jeden Service-Profi. Mit den Feier-Novizen ist es da schon deutlich schwieriger. Sie sind unentschlossen bei der Festlegung des Menüs, haben Tausend Bedenken und viele Fragen. Jeden zweiten Tag melden sie sich beim Veranstaltungsleiter, um Änderungen des Ablaufs oder Erweiterungen durchzugeben. Der Bankettchef gibt die Modifikationen an den Serviceleiter und Küchenchef weiter. Die bessern ihre Erstversion des Festes aus, um sie zwei Tage später erneut zu korrigieren. Mögen wir hoffen, dass sie Profis genug sind, um nicht irgendwann den Faden zu verlieren. Dann ist endlich der große Tag gekommen. Der 70. Geburtstag einer netten, älteren Dame steht an. Wie man sich leicht denken kann, ist Oma Mühldorf an diesem Samstagmittag mega aufgeregt. Die letzten Nächte hat sie kaum geschlafen. Die Sorge, dass ihr großes Fest zum Rohrkrepierer wird, hat sie oft bis weit nach Mitternacht wach liegen lassen. Hat sie an alles gedacht? Die Einladungskarten, das Blumen-Arrangement, die Musik? Würde jeder der Gäste mit dem ausgesuchten Menü zufrieden sein? Hoffentlich korkte der Wein nicht. War ihre Sitzordnung für irgendeinen Gast nicht tolerierbar? Pastor Meier neben Ferdinand Ludwig, der schon vor Jahren aus der Kirche ausgetreten war – würde das gut gehen? Waren die pubertierenden Zwillingstöchter von Anke Rehjoff nicht seit neuestem Vegetarierinnen? Zur Not mussten die halt das Fleisch beiseite lassen.

Ein professioneller Ober sollte diese Gäste auffangen und „erden" können. Mit etwas Fingerspitzengefühl, Ruhe und

Gelassenheit, geht er auf die Nervenbündel ein und nimmt ihnen die Bedenken.

Mir persönlich macht es jedes Mal Spaß, zu sehen, wie sich der eben noch komplett aufgeregte Gast spätestens nach dem zweiten Sekt in ein ruhiges, zufriedenes Wesen verwandelt. Klar kann es passieren, dass bei solchen Feiern etwas schiefläuft. Ein plötzlicher Überraschungsgast taucht auf und ihr seid gezwungen, zu improvisieren. Kein Problem. Ihr löst das Ganze souverän. Die Küche braucht verhältnismäßig lange zum Anrichten der Vorspeise. Ein guter Kellner beruhigt seine Gäste und streckt die Wartezeit bis zum Essen galant und humorvoll. Es haben sich schwierige Klienten in eurem Restaurant niedergelassen? Vielleicht ein ca. 50 Jahre altes Ehepaar, das offensichtlich gerade einen größeren Streit hinter sich hat. Auf alle Fälle liegt eine gereizte, angespannte Stimmung in der Luft.

Eure Aufgabe in diesem Fall heißt Deeskalation. Fährt euch der Typ gleich nach der Begrüßung schroff an, warum er keinen Fensterplatz bekommen hätte, gebt ihm eine höfliche aber bestimmte Antwort. Es sei Wochenende, in der Stadt gäbe es eine Messe usw. Meint der Gast, sich über die Qualität des Essens beschweren zu müssen, bietet an, das Gericht von der Küche neu arrangieren zu lassen. Auch eine andere Speisewahl, ein Dessert aufs Haus und vieles mehr ist in solchen Fällen denkbar.

Fühlt euch nicht persönlich angegriffen von Wichtigtuern oder Stänkerern. Ordnet sie ein in euren privaten Leitkosmos und bleibt besonnen. Gerade männliche Gäste, die es geschafft haben, die Karriereleiter zu erklimmen, winseln oft geradezu nach Anerkennung. Deren Profilneurose springt euch beinahe an? Gebt dem Affen Zucker. Bestärkt sie in ihren Entscheidungen. „Eine ausgezeichnete Wahl der Herr", „Bezahlen Sie wieder mit der Platin Amex?", „Ist das ihr Lamborghini da draußen?". Nach ein paar Probeläufen gehen euch solche Sätze wie selbstverständlich über die Lippen. Er wird sich vor seinen Gästen bei euch ausgesprochen spendabel zeigen und mit einem kleinen Schmierentheater sind zwei Leute sehr glücklich gemacht worden. Einer davon seid ihr.

Ja und was ist mit den schwarzen Schafen?
Richtig, die gibt es auch. Leider werden es immer mehr.
Hin und wieder führe ich meine Lebensgefährtin ganz schick zum Essen aus. Schon im Vorfeld mosert sie, ich solle doch, um Gottes Willen, endlich einmal abschalten und nicht ständig die Kellner bei der Arbeit beobachten. Natürlich verspreche ich dies hochheilig, um nur 10 Minuten später in den alten Trott zu verfallen. Meine Liebste tut mir allerlei ganz wichtige Neuigkeiten kund, wie ihren bevorstehenden Jobwechsel und das sie schwanger sei – vom Nachbarn. Mein Beitrag zu diesen News lautet: „Sag bloß" oder „das ist ja interessant", während ich aus dem Augenwinkel meine Zunftgenossen bei der Arbeit beobachte. Hat der Einfaltspinsel tatsächlich gerade beim Öffnen der Weinflasche am Plastik-Korken gerochen, um zu überprüfen, ob ein Weinfehler vorliegt? Wieso beachtete sein Kollege die gesetzlich vorgeschriebene Reihenfolge beim Verteilen der Speisekarten nicht? Erst die Großeltern, dann Mutter, anschließend Vater, das weibliche Kind und zuletzt das

männliche. Andererseits, ich mag hier auch ungern den Korinthenkacker geben.

Es gibt weitaus Schlimmeres, was eine Bedienung im Sichtbereich des Gastes tun kann, als ein paar Serviceregeln zu missachten. Auch ich habe mich schon mächtig aufgeregt über Kellner, die die grundsätzliche Bedeutung unseres Berufes nicht zu verstehen schienen. Dem Gast ein angenehmes Gefühl bei dessen Besuch im Restaurant zu geben und beratend zur Stelle zu sein, falls erwünscht. Selbst wenn man nicht mit solidem Fachwissen punkten kann, so ist es dennoch möglich, diese Makel durch Charme und Herzensbildung auszugleichen.

Mit der Höflichkeit ist es so eine Sache – auch hier schwingt die Tür nach beiden Seiten. Wer von den Herren und Damen im Service sich allabendlich über angeblich unhöfliche Gäste echauffiert, möge vielleicht erst einmal das eigene Verhalten überprüfen. In manchen Wirtschaften fühlt man sich schon beim Eintreten komplett deplatziert. Unmotiviertes Servicepersonal steht in Gruppen herum und vermittelt sofort den Eindruck, dass man unerwünscht sei. Ich will aber in einem Lokal kein Störfaktor sein. Ich bin ein Gast, der zu speisen wünscht. Ich bin gewiss auch kein komplizierter Kunde, sondern trete höflich und friedlich in Wirtschaften auf. Darf ich da nicht um ein klein wenig Freundlichkeit und Engagement bitten? Ich erwarte keine Anbetung, noch nicht mal ein fachgerechtes Einsetzen meines Tellers, einfach nur eine harmonische Interaktion zwischen Gast und Bedienung.

In einem Lokal machte ich mir mit einem Kollegen den Spaß, zu wetten, wie selbstständig denkend das anwesende Service-Volk wohl sei. Auch hier hatten wir ständig das Gefühl, eher eine Belästigung für die Herren Ober zu sein. Das Restaurant war spärlich besucht, aber trotzdem hielt es der Geschäftsführer für eine gute Idee, fünf Pinguine umher laufen zu lassen. Nur, dass die gar nicht umher liefen, sondern in Grüppchen zusammen standen, um sich über private Dinge auszutauschen. Man hielt Smartphones in der Hand und zeigte einander, nicht gerade in dezenter Lautstärke, irgendwelchen Nonsens. Es wurde in verschiedenen Idiomen herum gealbert und laut gelacht. Die Bestellung unserer Speisen und Getränke hatten wir bei einem geistig abwesend erscheinenden Kellner aufgegeben, dessen Uniform reichlich abgewetzt wirkte. Das Restaurant wurde im Internet als „feine Adresse" angepriesen. Dementsprechend gesalzen waren die Preise. Was man vom Essen allerdings nicht sagen konnte. Mein Kollege und ich hatten uns beide für ein Filetsteak vom Angus Rind entschieden. Eine feine Sache – in der Theorie. Schon bei der Bestellung war ich verwundert, dass der ältere Ober nicht einmal nach der Gar-Stufe für das Fleisch fragte. Auch nach Vorspeisen oder eventuell einem kleinen zusätzlichen Salat wurde nicht gefragt. ́Die arbeiten hier bestimmt nicht auf Umsatz, sondern haben einen Festlohn ́ dachte ich sofort. Während wir unsere Steaks aßen, hielt es von fünf anwesenden Kellnern keiner für nötig, nachzufragen, ob alles in Ordnung sei. Nicht nur bei Steaks ist es doch wohl absolut wünschenswert, sich zu erkundigen, ob der Gast zufrieden sei mit seiner Speise. Damit schließt man eine anschließende Reklamation zu 75 Prozent schon mal aus. Hat der Kunde später etwas zu monieren, lässt sich wunderbar argumentieren, dass man doch gefragt hätte, ob alles gut sei und warum der Gast denn nicht gleich etwas gesagt hätte. Den Kaffee oder Schnaps auf´s Haus kann man sich schon einmal sparen. Gerne hätten wir auch noch mal ein Getränk nachbestellt, leider erschien keine Bedienung, der wir unsere Wünsche mitteilen konnten. Die Teller wurden stumm und mit stoischer Miene abgeräumt, ein Dessert wurde nicht offeriert. Da kam ich auf die Idee, einmal zu schauen, ob mich einer der Pinguine aufhalten würde, wenn ich einfach in die Küche marschieren würde. Also ging ich los. Ich tat so, als hätte ich mich auf dem Weg zur Toilette verirrt und lief an den Kellnern vorbei in den Küchentrakt. Wie erwartet, hielt es keiner der Kellner-Imitatoren für nötig, mich anzusprechen oder aufzuhalten. Ich hätte seelenruhig beim Küchenchef persönlich ein weiteres Steak bestellen können – niemanden hätte es interessiert. Da war nichts zu machen. Selbst wenn ich die Bande zur Rede gestellt hätte, wenn ich gedroht hätte, mich zu beschweren, mit der Pfeffermühle auf sie losgegangen wäre – die Kerle waren schon zu abgestumpft – die konnte nichts mehr aus ihrer Lethargie befreien.

Solcherart stoische, gleichgültige Kellner gibt es leider zuhauf. Die sind vielleicht schon zu lange in der Gastronomie tätig, warten auf die wohlverdiente Rente und tun nicht mehr, als sie tun müssen. Man kann ihnen nicht vorwerfen, unhöflich oder desinteressiert zu sein, aber irgendeine Form von Engagement darf man ebenfalls nicht erwarten.

Es interessiert mich bei meinem Restaurantbesuch auch nicht, ob die Servicekraft unzufrieden mit ihrem Leben an sich, ihrem Beruf oder dem cholerischen Chef ist. Das Privatleben sollte der Herr Ober vor Dienstbeginn ohnehin an der Garderobe abgegeben haben. Falls er an Chef und Job etwas Grundlegendes auszusetzen hat, so kann er doch gerne von seinem Kündigungsrecht Gebrauch machen. Läuft mir ein solches Exemplar des chronischen Kellner-Grantlers und Nörglers über den Weg, frage ich mich oft, was diesen noch in der Gastronomie hält. Warum tut der sich das Gastgewerbe noch an, wo es doch so viele andere Jobs gibt, die er auch nicht kann?

Das Video „*World´s rudest Waitress*" wurde unzählige Male geteilt und gehört zu dem beliebtesten Anschauungsmaterial für gestresste Kellner. Ob Fake oder nicht, ganz egal, die Bedienung in diesem Film verdient auf alle Fälle Aufmerksamkeit. Als erwachsene Menschen Kinder-Menüs bestellen, ätzt sie, dass die Gäste das gesparte Geld ja für ihr Trinkgeld verwenden könnten. Einem älteren Herrn, der süffisant meint, er hoffe, das Essen sei besser als die Bedienung, entgegnet sie schnippisch, den Spruch hätte er vorhin bereits gebracht und da wäre er auch schon nicht lustig gewesen. Das Restaurant, aus dem dieses Video stammt, hatte mit Absicht unfreundliche Bedienungen eingestellt, als Teil einer cleveren Geschäftsidee. Gäste kamen tatsächlich, nur um sich von den Kellnern vor allen Leuten herunterputzen zu lassen. Sozusagen die Billig-Variante vom Besuch einer Domina in einem SM-Studio.

Es gibt so einige Kellnertypen, die mir als Gast wahnsinnig auf die Nerven gehen. Ich mag einen dezenten, freundlichen Service. Unaufdringliche Bedienungen, die immer da sind, wenn man sie braucht. Bedienungen, die Antennen zu besitzen scheinen für meine Wünsche und Befindlichkeiten. Möchte ich in Ruhe meine Zeitung lesen, servieren sie schweigend mein Essen, und habe ich Lust zu kommunizieren, plaudern die Servierer nett und charmant. Wo gibt es noch die alten k&k-Kellner, die freundlich und aufmerksam wie ein guter Geist die Seele eines Lokals verkörpern?

Bedienungen, die milde und nachsichtig mit den kleinen Eigenarten der Stammgäste umgehen, und deren kleine liebevolle Gesten den ganz großen Unterschied zu herkömmlichen Bedienungen ausmachen? Im krassen Gegensatz zu dieser leider aussterbenden Spezies, stehen all die Kellner-Darsteller, die man in Ermangelung von Fachpersonal auf die Gäste loslässt.

Wer die Profession eines Restaurantfachmanns ergreift, dürfte eher zu Extrovertiertheit neigen und ein gesundes Selbstbewusstsein haben. Also erwarte ich auch kein bedienendes Mauerblümchen, dass mit dünner Stimme schüchtern nach meinen Wünschen fragt, sondern ein aufgeschlossenes, kontaktfreudiges Wesen. Leider begegne ich bei meinen Streifzügen durch die Gastro-Szene immer öfter Selbstdarstellern und Egozentrikern. Ihnen möchte ich zurufen: „wenn ihr unbedingt eine Bühne für euer aufgeblähtes Ego braucht, geht doch bitte zum Theater oder meldet euch bei einer Casting-Show auf RTL an". Die suchen Leute, denen Selbstentblößung und Fremdscham im Blut zu liegen scheint. Kellnern wie diesen geht jegliches Feingefühl für die jeweilige Situation komplett ab. Die palavern auf die Gäste ein, wo Ruhe und Distanz angebracht wäre, plustern sich auf und geben ihre private, uninteressante Meinung zum Besten. Sie ignorieren persönliche Gespräche von Kunden, benehmen sich wie ein

Elefant im Porzellanladen und verstehen es, jegliche Harmonie zu torpedieren.

Dann kommt der Besserwisser. Der hat scheinbar noch nie von der Serviceregel „widerspreche den Gästen nicht" gehört. Der will unbedingt sein Recht durchsetzen bzw. das, was er für rechtens hält. Fragt der Besucher nach der „Biermarke" des Hauses, korrigiert ihn der Kellner sogleich, es hieße „Biersorte" und nicht anders. Ordert ein älterer Gast zum Nachtisch ein gemischtes Eis, bestehend aus drei Kugeln Vanilleeis, fällt ihm der Besserwisser sofort ins Wort: „Das ist ja dann kein gemischtes Eis mehr. Ein gemischtes Eis besteht aus drei verschiedenen Eissorten". So geht es in einer Tour. Schlimm gerade für männliche Gäste, die ihre Frauen zum Essen ausführen, um dann ständig verbal „abgegrätscht" zu werden.

Ich bin auch schon so manchem Hochstapler begegnet, den ich nach einer Weinempfehlung fragte. Der erzählte mir daraufhin das Blaue vom Himmel, wortreich und geschickt – allerdings ohne einen Hauch von Wahrheitsgehalt. Mit fester Stimme, völlig von sich und seinen Worten überzeugt, tischte er mir Chardonnay als Rotwein auf oder empfahl Eiswürfel zum Merlot. Dann schon lieber die fachlich weniger versierte Servicekraft, die auf meine Frage nach einer Weinempfehlung antwortet: „Nehmen Sie den Riesling. Den trinke ich auch am liebsten, weil der total lecker schmeckt".

Wie schon erwähnt, erwarte ich einen unaufdringlichen, dezenten Service. Da kommt mir ein übermotivierter, plakativer Kellner gerade recht. Einer, der ständig um meinen Tisch herum wuselt, mir 10-mal Wein nachschenkt und alle drei Minuten nachfragt, ob alles passe oder es noch etwas sein darf. Dann bin auch ich gezwungen, andauernd „Dankeschön" zu sagen oder irgendeine andere Höflichkeitsfloskel abzuspulen und die harmonische Atmosphäre geht den Bach herunter.

Bei „besonderen" Abenden zu zweit kann solch ein Event schon mal zum Alptraum werden. ´Darf man einen aufdringlichen Maitre eigentlich verprügeln?´ denke ich, antworte aber auch beim fünften Mal auf die Frage des Obers, ob alles in Ordnung sei mit einem höflichen „Danke schön.

Genau so gut, wie vor zwei Minuten auch schon."

WENN WIR SAGEN WÜRDEN, WAS WIR DENKEN

Eine der beliebtesten Fantastereien in Gastronomie-Kreisen ist die Vorstellung, einmal einem exzentrischen Stammgast die Wahrheit über dessen Verhalten offen ins Gesicht sagen zu dürfen. Meistens beginnt dieser Tagtraum mit einem plötzlichen Lottogewinn. Endlich reich, endlich frei. Mit dem Einreichen der Kündigung wartet der diabolische Kellner allerdings noch ein paar Tage, schließlich möchte er ja seine Rache auskosten. Die Bestrafung all jener Menschen, die ihm während all der vielen Jahre in den diversen Restaurants sein Leben schwer gemacht haben. Gäste, die ihn gepiesackt hatten mit ihren vielen Sonderwünschen, ihrem ungehobelten Benehmen und dem mickrigen Trinkgeld.

In der Regel verhalte ich mich dem Gast gegenüber höflich und korrekt. Natürlich ist es auch schon vorgekommen, dass ich mich stressbedingt im Ton vergriffen habe. An einem Abend, als wider Erwarten das Restaurant voll besetzt war, fiel urplötzlich mein Kollege wegen eines Arbeitsunfalls aus. Gerne hätte ich die Tür geschlossen und noch dazu ein paar Gäste fortgeschickt. Das ging leider nicht. Also hieß es „Augen zu und durch". Irgendwann verlor ich komplett den Faden, welcher Gast wann gekommen war und wessen Bestellung ich daher als Erstes aufnehmen sollte. Als sich ein Kunde darüber beschwerte, dass er früher da gewesen sei als der andere, herrschte ich ihn an „ob er jetzt bestellen oder lamentieren möchte". Als sich die Wogen geglättet hatten, war mir meine Unbeherrschtheit sehr peinlich. Wie es sich gehört, entschuldigte ich mich bei dem Gast und erklärte die Situation, in die ich unverschuldet gestolpert war. Netterweise hatte auch der Klient ein Einsehen und bedachte mich beim Bezahlen mit einem beachtlichen Trinkgeld.

Dieses Beispiel soll nicht dazu dienen, aufzuzeigen, was wir Kellner dem Gast gerne einmal sagen möchten. Hier geht es um eine Klientel, die in dieser oder ähnlicher Form in jedem Restaurant anzutreffen ist.

Die meisten Servicekräfte kennen diese schwierigen „Patienten" nur zu gut und können über diese so manches Klagelied anstimmen.

Nehmen wir zum Beispiel die Spezies des ewigen Nörglers. Der bezeichnet sich selbst als langjährigen Stammgast und brüstet sich damit, schon fünf Generationen von Lokal-Vorbesitzern kennengelernt zu haben. Aus dessen Mund fallen immer wieder Sätze wie: „Bei Herrn Anders war das Bier aber billiger" oder „Unter Herrn Lindner waren die Kellner noch auf Zack". Klar war vor 20 Jahren, während Herrn Anders Pachtzeit, das Bier billiger, so wie die meisten anderen Dinge auch. Inzwischen haben die Bierbrauer ihre Preise angezogen, die Lieferanten genau so. Was bleibt dem Wirt also übrig, als die Preiserhöhungen an den Gast weiterzugeben? Was Pächter Lindner betrifft – da hat der Nörgler recht. Unter seiner eisernen Knute waren nicht nur die Servicekräfte, sondern auch die Köche und das übrige Personal komplett eingeschüchtert. Das hatte zur Folge, dass eine extrem hohe Fluktuation in allen Bereichen zu verzeichnen war. So etwas ist nie gut für einen Betrieb.

Eine unzufriedene Belegschaft ist stets ein schlechtes Aushängeschild für ein Unternehmen. Während die Angestellten kamen und gingen, eines blieb stets eine feste, berechenbare Größe – die Unzufriedenheit des Nörglers. Sein Lieblingsthema ist das Wetter. Mal ist es zu heiß, dann wieder zu kalt. Früher sei es nicht so extrem gewesen, da wären die Gezeiten noch sanft ineinander übergegangen. Ist das Lokal gut besucht, wird geschimpft. Haben die Leute denn nichts Besseres zu tun, als an einem ganz normalen Wochentag auswärts essen zu gehen? Arbeitet überhaupt noch irgendwer? Können die nicht selbst kochen? Ist das Restaurant schwach frequentiert, gibt er dem Gastwirt die Schuld. Die Speisekarte sei nicht mehr zeitgemäß, das Mobiliar gehöre ausgetauscht und die Kellner wirken unmotiviert. Mit dem Essen ist er ohnehin nie zufrieden. Ganz egal, für welches Gericht sich der Nörgler, nach endloser Bedenkzeit entscheidet – nichts besteht die Prüfung seines elitären Gaumens. Der Salat ist schlecht geputzt, das hauseigene Dressing zu sauer und das Schnitzel zu dünn. Die Bedienungen hören sich seine langweiligen Monologe stoisch an und nicken hin und wieder. Diskutieren ist ohnehin zwecklos. Insgeheim wird zwischen den Kellnern verhandelt, wer den Nörgler bedienen muss und hohe Geldsummen in Aussicht gestellt, damit man um diese unangenehme Aufgabe herumkommt. Meistens trifft es die Neuen oder Auszubildende. Die müssen sich schließlich noch beweisen. Gerne würde ich den Nörgler einmal fragen, warum er denn überhaupt immer wieder kommt, wenn bei uns alles so furchtbar sei? Ob er nicht sähe, dass unser Restaurant regelmäßig gut besucht sei und wir nur ganz wenige Reklamationen zu verzeichnen haben. Haben all die anderen einfach keinen Geschmack oder könnte es vielleicht doch am Nörgler selbst liegen?

Glücklich können sich diejenigen Gastronomie-Mitarbeiter schätzen, die einen Chef hinter sich wissen, der nicht eben zimperlich mit solchen Querulanten umgeht. Zweimal die gelbe Karte und zum Schluss die rote. Good bye alter Nörgler und auf nimmer Wiedersehen.

Das Pendant zum Nörgler ist der allzeit fröhliche Dampfplauderer. Gäste, die stets gut gelaunt sind und Menschen suchen, mit denen sie ihre Lebensfreude teilen können. Für die Kunden, die das Pech haben, am Nebentisch zu sitzen, kann der Abend mit einer bitteren Erfahrung enden. Der Komiker mischt sich unaufgefordert in die Gespräche der anderen Restaurant-Besucher ein und hat zu jedem Thema eine Meinung. Konzentriert sich ein Gast gerade auf sein Essen, beugt sich die Quasselstrippe fast über den Teller seines Tischnachbarn und erkundigt sich „was dieser denn da speise und wie es so schmecke". Solange es sonstige Gäste trifft, ist das eine Sache. Die können sich verbal gegen den Störenfried wehren und falls es gar zu arg wird, den Geschäftsführer um einen anderen Platz bitten. Wie aber soll sich die Bedienung gegen solche Scherzkekse verteidigen? Man kann Gästen schlecht ihre gute Laune verbieten, ohne selbst wie ein Miesepeter dazustehen.

Der Komiker scheint nie zu merken, wann es angebracht ist, ruhigere Töne anzuschlagen. Scheinbar lebt sein Geist gefangen in einer eigenen, nur ihm zugänglichen Welt. Das Lokal ist ausgebucht, die Bedienungen laufen hochkonzentriert im

Rekordtempo durch die Reihen und versuchen, ihren Job so effektiv wie möglich zu machen. Die meisten Kunden haben Verständnis dafür, dass es eventuell etwas länger dauern kann, ehe der Kellner Zeit für ihre Wünsche hat. Auch die Bestellungen werden ohne viel Aufhebens aufgegeben und auf Sonderwünsche verzichtet. Der Komiker scheint nie zu bemerken, dass die Servicekräfte gerade mächtig gestresst sind. Fröhlich versucht er *Small Talk* zu machen, oder erklärt bei seiner Bestellung haargenau, warum er gegenwärtig dieses oder jenes Gericht bevorzuge. „Heute nehme ich mal etwas vegetarisches. Fleisch soll man so wie so nicht jeden Tag essen. Wie sind denn die Ricotta-Spinat-Knödel? Was würden Sie denn gerne essen, wenn Sie hier Gast wären?" Während der Kellner angestrengt darüber nachdenkt, wie er den Bestellvorgang mit dem Dampfplauderer abkürzen kann, nimmt er aus dem Augenwinkel Dutzende Arme wahr, die nach ihm winken. Kommt die Bedienung schwer beladen an dem Komiker vorbei, ruft dieser laut durch den Raum: „Klatschen Sie doch mal in die Hände" und hofft, dass alle anderen Gäste über diese geistreiche Bemerkung lachen können. Wäre es nicht schön, wenn der Ober tatsächlich vor dem lustigen Kerl stehen bleiben würde und seinem Wunsch nachkäme, wobei sich sämtliche Speisen und Getränke über das Haupthaar des Spaßvogels ergießen würden? Ich wette, dann würde tatsächlich das ganze Restaurant mitlachen.

Jeder, der schon einmal in der Gastronomie gearbeitet hat, kennt die Gäste, die partout nicht gehen wollen. Es ist noch verständlich und entschuldbar, wenn eine größere Gruppe zusammengekommen ist, die sehr gut konsumiert hat und deren Rechnung zu einem interessanten Betrag angewachsen ist. Welcher Wirt würde Kunden, die solche Umsätze generieren, freiwillig vor die Tür setzen? Die Bedienung wird ebenfalls tapfer durchhalten, da solche Gäste erfahrungsgemäß die Opferbereitschaft des Kellners monetär honorieren. Bei Familienfeiern, Hochzeiten oder ähnlichen Zusammenkünften kann es auch schon mal später werden. Gerade bei Trauungen habe ich mehr als einmal erlebt, wie die ganze Gesellschaft von der abendlichen Feier direkt in den Frühstücksmodus übergegangen ist. Was aber ist mit dem verliebten Pärchen da in der Nische? Die sitzen dort schon seit fünf Stunden und alles was die zwei Turteltauben bisher konsumiert haben, sind zwei kleine Cola Light und einen Teller Pommes. Oder die zwei Damen um die 50, die ebenfalls bereits eine gefühlte Ewigkeit wie Pattex an ihren Stühlen kleben. Jeder von denen hat sich einen kleinen gemischten Salat bestellt, natürlich mit allerlei Umbestellungen, und dazu eine Weinschorle. Die Rechnung pro Person beträgt ganze 10,25 Euro. Später werden sie separat und jeweils mit Karte bezahlen. Jetzt aber hocken sie an ihrem Tisch, piksen alle 10 Minuten an ihrem Salat herum und schwadronieren ausschweifend über ihre unfähigen Taugenichtse von Ehemännern. Die bewährten alten Rausschmeißer-Tricks der Bedienungen haben versagt. Fünf mal in der letzten Stunde ist er bei den Plaudertaschen am Tisch gewesen und hatte gefragt „ob alles passe" oder „ob sie wunschlos glücklich seien". Im Normalfall würden Gäste spätestens jetzt erkennen, dass es Zeit wäre, zu gehen und die Rechnung anzufordern. Nicht so die zwei Wechseljahr-Tanten.

Die scheint nicht zu beeindrucken, dass sie seit Stunden die einzigen Gäste im Raum sind. Auch nicht, dass die Kellner mit müden Augen in der Ecke sitzen und von Zeit zu Zeit herzhaft gähnen. Selbst wenn die Ober beginnen würden, neben ihnen sämtliche Stühle auf die Tische zu stellen und den Boden zu putzen – so ließe dies die zwei Horror-Knödel in ihrem Presswurst-Look völlig kalt. Wäre es nicht schön, mitten im Winter, alle Fenster und Türen aufzureißen oder genau neben den renitenten Gästen mit dem Staubsaugen zu beginnen? Klar, den Tip könnte man sich abschminken und zwei wunderbare Kunden wären auf ewig vergrault – aber Hand aufs Herz – wäre das wirklich ein Verlust?

Gäste, die etwas fordern, das ihnen, ihrer exklusiven Meinung nach zusteht, sind ein gutes Beispiel für schlechte Manieren. „Die letzte Runde geht ja wohl aufs Haus, oder?" wird völlig ungeniert gefragt. Immerhin hat das Quartett reichlich Umsatz gemacht und der Wirt sich an ihnen eine goldene Nase verdient. Zeit, etwas zurückzugeben. Außerdem: beim Griechen (Ouzo), beim Italiener (Grappa) oder beim Chinesen (Pflaumenwein) wäre es doch auch üblich. Hat das Restaurant gerade eine Angebots-Woche, etwa einen Prosecco gratis zu jeder Bestellung, wird es immer Pfennigfuchser geben, die noch nicht einmal Platz genommen haben, aber bereits nach ihrem Freidrink schreien.

Dummen Fragen sollte man konsequent mit einer ebenso idiotischen Antwort begegnen.

„Ist der Tisch dort wirklich reserviert?"

„Nein, wir wollen hier keine Gäste, deshalb haben wir das Schild aufgestellt".

„Ist der Fisch auch wirklich frisch?"

„Ähem nein, aber der hat uns die ganze Küche vollgestunken, deshalb hat uns der Küchenchef befohlen, den schnell zu verkaufen."

„Haben Sie geöffnet?"

„Nö, die vier Kellner, die Sie hier sehen, sind nur Schauspieler und das ist unsere Generalprobe."

„Ich kann auf ihrer Speisekarte nichts finden, was mich anmacht. Was können Sie mir denn empfehlen?"

„Eiswürfel"

„Können Sie sich das überhaupt alles merken?"

„Was merken?"

Lustig fand ich auch die Geschichte eines Küchenchefs.

In dessen Restaurant hatte sich ein Gast verirrt, der seinen Burger reklamierte, nachdem er diesen schon zu drei Viertel aufgegessen hatte. Der Koch bereitete einen neuen Burger zu und brachte das Essen selbst zum Kunden. Am Tisch des Gastes teilte er den Burger in vier Teile und ließ dem Erstaunten ein Viertel auf dem Teller. Das Gesicht dieses Klienten hätte ich zu gerne gesehen. Da in nächster Zeit nicht mit einem Wettgewinn zu rechnen ist, heißt es also weiter kräftig seinen Ärger herunterschlucken.

Nur die Gedanken sind frei.

Dieses Buch ist auch als E-Book und als Hörbuch erhältlich.

Rene Urbasik ist seit über 30 Jahren Kellner. Bereits als 10-jähriger Junge fing er an, Texte zu schreiben. Aufgewachsen im hohen Norden Deutschlands zog es ihn vor einiger Zeit in seine Wahlheimat Südbayern. Er hat bereits zwei Bücher im Tredition-Verlag veröffentlicht: „Currywurst und Kaviar" (2012) und „Das Leben ist ein Minenfeld" (2015).